Kathrin Müller
Das Kreuz

Kathrin Müller

Das Kreuz

Eine Objektgeschichte des bekanntesten Symbols von der Spätantike bis zur Neuzeit

HERDER

FREIBURG · BASEL · WIEN

© Verlag Herder GmbH, Freiburg im Breisgau 2022
Alle Rechte vorbehalten
www.herder.de

Umschlaggestaltung: Gestaltungssaal, Rohrdorf
Satz: SatzWeise, Bad Wünnenberg
Herstellung: Graspo CZ, A. S.

Printed in the Czech Republic

ISBN Print 978-3-451-38713-5
ISBN E-Book (EPUB) 978-3-451-82847-8
ISBN E-Book (PDF) 978-3-451-82848-5

Inhalt

Kapitel 9:
Das katholische Kreuz: Verehrung und Verherrlichung

Kapitel 10:
Außer Kontrolle: Heutige Debatten über das Kreuz . . .

Vorwort

Das christliche Kreuz ist ein allgegenwärtiges, dabei schwer verständliches Symbol. Das Todesinstrument steht für das ewige Leben, Todesqual bedeutet Erlösung. Es ist in etwa so, als würde man den elektrischen Stuhl zum Symbol der Auferweckung machen. Das religiöse Verständnis des Kreuzes mag nicht für jede Verwendung – etwa als Tattoo oder politisches Emblem – ausschlaggebend sein. Dennoch assoziieren wir mit dem Kreuz immer das christliche Symbol. Meistens ist es dezidiert als solches gemeint, und dies nicht nur im kirchlichen Kontext. Auch in politischen Debatten über Identität, sei sie abendländischer, europäischer oder bayerischer Art, dient das Kreuz als gemeinsamer symbolischer Nenner. In den meisten Fällen kommen dabei visuelle Darstellungen zum Einsatz: Bilder, die das Kreuz darstellen, oder Kreuze als dreidimensionale Objekte. Dadurch wird das Thema für die Kunst- und Bildgeschichte interessant, denn sie beschäftigt sich nicht zuletzt mit der Funktion von Bildwerken in der Gesellschaft. Entscheidend ist dabei die Feststellung, dass Bildwerke keinesfalls nur dienender Art sind, sondern Reaktionen provozieren und ihrerseits Aussagen enthalten. Zudem gilt, dass kein Bildwerk jemals ganz „neu" ist, wie aus dem Nichts erschaffen. Vielmehr steht es in einer Darstellungstradition und besitzt Schichten von Bedeutungen und Problemstellungen.

Dieses Buch, eine kunst- und bildgeschichtliche Auseinandersetzung mit dem Kreuz, entstand aus der Verwunderung heraus, dass ausgerechnet das Kreuz, dieses komplizierte und paradoxe Symbol, in heutigen öffentlichen Debatten aussagekräftig sein soll. Das Buch analysiert das Spektrum des Kreuzverständnisses und seiner Bildwerke von der Spätantike bis in die Neuzeit. In diesem Spektrum sind wesentliche, bis in die Gegenwart wirkende Kreuzauffassungen enthalten.

Jedes Kapitel beginnt mit einem Bildwerk. Gleich zu Beginn wird sich zeigen, dass das Buch zu einer vielleicht ungewohnt detaillierten Betrachtung einlädt. Wer sich darauf einlässt, kann der Frage nachgehen, wie die künstlerische Gestaltung Bedeutung herstellt und unser Kreuzverständnis prägt. Ein klassischeres Thema der Kunst- und Bildgeschichte wäre die Darstellungstradition des Gekreuzigten und der Kreuzigung gewesen. Hier allerdings soll, wenn auch mit Ausnahmen, das schlichte Kreuz im Zentrum stehen, da es ganz eigene Herausforderungen sowie Möglichkeiten der Gestaltung in sich birgt.

Am Schluss des Buches wird ein Blick auf aktuelle Kreuzdebatten geworfen, die sicherlich nicht alle zuvor behandelten Inhalte wieder aufnehmen. Dennoch soll deutlich werden, wie sehr unsere Sicht auf das Kreuz historisch durchtränkt ist. Dabei ist zu betonen, dass dieses Buch keine lineare Entwicklung behaupten will, sondern sich überlagernde Deutungen und Instrumentalisierungen des Kreuzes diskutiert. Es muss folglich nicht zwingend in der vorgegebenen Kapitelreihenfolge gelesen werden, wenn diese auch mit Bedacht gewählt ist. Ein Stöbern je nach Interesse sollte gleichermaßen möglich sein.

Letztlich soll das Buch auch ein Plädoyer für die historischen Geisteswissenschaften, insbesondere die Kunst- und Bildgeschichte und hier die Erforschung der mittelalterlichen Bildkünste sein. Wenn es ihm gelingt, die Relevanz dieser – an den Universitäten häufig von Streichungen bedrohten – wissenschaftlichen Felder zu verdeutlichen, ist viel gewonnen. Ohne ein vertieftes Wissen über historische Kontexte lassen sich gegenwärtige Phänomene nur unzureichend verstehen.

Dieses Buch ist ein Gemeinschaftswerk. Mein größter Dank gilt Bruno Reudenbach, dem ich zumuten durfte, jedes frisch abgespeicherte Kapitel über die historischen Auffassungen des Kreuzes kritisch zu lesen und zu kommentieren. Ich danke ihm sehr für seine Zeit und die Begeisterung für das Thema. Er hat sein Wissen großzügig mit mir geteilt und mich vor so manchem inhaltlichen Schnitzer bewahrt, wobei ich befürchten muss, später neue Mängel eingebaut zu haben. Danken möchte ich auch Patrick Oelze vom Herder Verlag für sein Vertrauen und seine Geduld. Unsere Gespräche bedeuteten für mich immer eine sehr wohltuende Auszeit vom hektischen Universitätsbetrieb. So insgeheim Horst Bredekamp hinter diesem Buch steckt, so sehr möchte ich ihm für seine Initiative danken. Claudia Blümle und Eva Ehninger haben mir vieles in der Geschäftsführung unseres Instituts abgenommen, wenn es hart auf hart kam. Kathrin Heidenreich denkt für mich voraus und kontert die Bürokratie mit Schwung und guter Laune. Ihnen gilt mein herzlichster Dank. Ohne die verlässliche und engagierte Arbeit von Caroline Herma und Leon Pschierer hätte ich dieses Buch nicht schreiben können. Auch bei ihnen möchte ich mich sehr herzlich bedanken. Florentine Schaub vom Herder Verlag danke ich für die Betreuung des Manuskripts, Jitske Jasperse und Margherita Tabanelli für die Unterstützung bei der Bildbeschaffung in kniffligen Fällen. Schließlich danke ich den Studierenden, die an meiner Vorlesung über das Kreuz teilgenommen und auch noch im Nachhinein ihr Interesse an dem Thema gezeigt haben. Auf dieser Vorlesung baut das Buch auf.

Berlin, im September 2022

Abb. 1: Maskell-Elfenbein, Tod des Judas und Christus am Kreuz, Rom, zwischen 420 und 430, ca. 7,5 × 9,8 cm, London, The British Museum

Kapitel 1

Hohn und Spott: Die Schmach des Kreuzes

Auf einem kleinen Elfenbeintäfelchen im British Museum in London sind fünf Figuren zu sehen. Am auffälligsten unter ihnen ist Christus am Kreuz, da er alle anderen überragt. Aufrecht und erhobenen Hauptes, die Arme im rechten Winkel zu den Seiten gestreckt und die Füße akkurat nach vorn gerichtet, scheint er am Kreuz zu stehen oder vielmehr zu schweben. Seine Augen sind weit geöffnet; auf den Lippen deutet sich ein Lächeln an. Da die Hände an den Querbalken genagelt sind und eine Fußstütze fehlt, müsste der massige, nur mit einem Lendenschurz (*subligaculum*) bekleidete Körper eigentlich absacken, doch die breite Brust, die fülligen Hüften und kräftigen Beine bringen das Kreuz fast zum Verschwinden. Unten ist ein schlanker Schaft zu sehen, oben in verkürzter Form der sogenannte Kreuztitulus, den der römische Statthalter Pontius Pilatus am Kreuz anbringen ließ. Er verhöhnte Christus als „König der Juden" (*REX IVD*(aeorum)).

Unterhalb des Querbalkens wenden sich drei Figuren zum Kreuz. Rechts kommt der römische Soldat Longinus großen Schrittes aus der Fläche hervor. Sein Körper ist voller Dynamik. Zum einen verankert der rechte, hinter dem Kreuz stehende Fuß die Figur in der Bildfläche. Zum anderen setzt sie den linken Fuß resolut auf den Bildrahmen und stützt so die Bewegung aus der Fläche heraus.

Longinus, der den Kopf weit über den Bildrahmen hinausneigt, um zu Christus emporzuschauen, hielt ursprünglich eine Lanze, mit der er dem Gekreuzigten in die Seite stach. Bei genauem Hinsehen ist die Seitenwunde Christi als kleine Einkerbung zu erkennen. Beides, der Lanzenstich und die Seitenwunde, wird von dem Evangelisten Johannes erwähnt (Joh 19,34). Blut und Wasser kamen demnach aus der Wunde hervor, was beweisen sollte, dass Christus keinen Scheinleib, sondern einen menschlichen Leib aus

Fleisch und Blut besaß. Der ans Kreuz genagelte Erlöser war zweifacher Natur: Einerseits starb er wie ein Mensch am Kreuz, andererseits konnte er den Tod bald darauf mit göttlicher Macht überwinden. Auch das Elfenbeintäfelchen macht beide Naturen anschaulich: Christus hat einen dicklichen, nur allzu menschlichen Körper, dessen Last er jedoch nicht spürt, weil er seinen wachen Blick in eine Welt jenseits der irdischen Qual richtet.

Von der linken Seite nähern sich Maria und Johannes, die Mutter Jesu und der von ihm besonders geliebte Jünger. Der Zusammenklang der beiden Figuren ist besonders eindrücklich. Auf die gleiche elegante Weise setzen sie ihren rechten, etwas nach hinten gestellten Fuß auf den Bildrahmen. In der Beinstellung und mehr noch in den Obergewändern, die in einem leichten Schwung am Körper hinaufführen, setzt sich die Parallelität fort. Auch ihre identische Größe macht deutlich, dass Maria und Johannes wie ein Paar zusammengehören, sodass in der Darstellung die Aufforderung Christi, sie mögen sich einander als Mutter und Sohn anvertrauen (Joh 19,36–27), wiederzuerkennen ist.

Hinter Maria ist die erschütternde Figur des erhängten Judas zu sehen. Seine Reue, Jesus den Häschern der Hohepriester und Pharisäer ausgeliefert zu haben, war ihm unerträglich geworden. Er hatte die bewaffneten Männer nach Getsemani geführt, einen Olivenhain am unteren Abhang des Ölbergs vor den Toren Jerusalems, wo sich Jesus mit seinen Jüngern aufhielt. Mit seinem Kuss hatte er Jesus verraten und dessen Gefangennahme ermöglicht. Die Darstellung auf dem Elfenbeintäfelchen ist jedoch weniger am Verrat und an der Frage nach der Schuld interessiert. Letztere ist selbst auf der Basis der vier Evangelien nicht eindeutig zu beantworten, denn bei Matthäus und Johannes ist Judas ganz explizit ein von Jesus erwählter Verräter, der sich ebenso wie die übrigen Jünger davor fürchtet, die Tat ausführen zu müssen. „Bin ich es etwa?", fragt er im Matthäusevangelium, woraufhin Jesus antwortet: „Du hast es gesagt." (Mt 26,25)

Auf dem Elfenbeintäfelchen geht es vielmehr um die Todesarten. Die Strangulation ist das Gegenbild zur Kreuzigung und

14

wesentlich detailreicher dargestellt. Judas hat den Strick an einem Bäumchen angebracht und hängt mit überstrecktem Kopf in der Schlinge. Der schlaffe Körper ist so schwer, dass sich der Ast weit nach unten neigt und bald zu brechen droht. Unten auf dem Boden liegt ein geöffneter Beutel, aus dem die Silberlinge herausfallen, die Judas für den Verrat erhalten hatte. Sein Versuch, das Geld zurückzugeben und sich von seiner Schuld freizukaufen, war fehlgeschlagen. Auch die Darstellung auf dem Elfenbeintäfelchen bietet keinen Ausweg, denn sollte der Ast brechen und der Körper hinabfallen, würde Judas auf dem Geld liegen. Er gehört ganz der irdischen Welt mit ihren vermeintlichen Reichtümern an und stirbt einen einsamen Tod ohne Hoffnung auf Erlösung. Wer hingegen wie Maria und Johannes alles Weltliche hinter sich lässt und Christus folgt, so verheißt das Bild, erleidet einen Tod, der besiegbar ist.

Um diese Botschaft zu vermitteln, schuf der Künstler auf kleinster Fläche eine komplexe Komposition aus mehreren Figuren, in der allerdings manches nicht stimmt: So hatte Judas die Silberlinge vor seinem Tod weggeworfen, und Christus musste elendig am Kreuz sterben. Außerdem ist das Kreuz unglaubwürdig zierlich im Vergleich zum voluminösen Körper des Erlösers. Das Bild ist somit keine unmittelbare Wiedergabe dessen, was in den Texten erzählt wird, sondern schafft etwas Neues. Mit dem Kontrast der Todesarten liefert es ein Argument, das für den christlichen Glauben spricht, es demonstriert dessen Überlegenheit.

Die Maskell-Elfenbeine

Das kleine Bildwerk gehört zu einer Gruppe von vier Elfenbeintäfelchen identischen Formats, die das British Museum 1856 von dem Kleriker und Antiquar William Maskell ankaufte und die deshalb als „Maskell-Elfenbeine" bekannt sind. Das Wort Elfenbein lässt sich am besten über seine altdeutsche Form verstehen: *Helfant* meinte den Elefanten, *helfenbein* das Zahnbein der Stoßzähne. Letztere waren ein ebenso rares wie begehrtes Importgut, das im 5. Jahrhundert, als die Elfenbeintäfelchen in Rom entstanden, auf einem langen Weg – von Ostafrika über Handelsplätze an der nordafrikanischen Küste und im östlichen Mittelmeerraum – nach Europa gelangte. Elfenbein eignete sich aufgrund seiner Härte, Dichte und Elastizität besonders gut für die Schnitzerei. Der Künstler der Maskell-Elfenbeine beherrschte die Technik bravourös. Seine Figuren sind voluminös und voller Bewegung, was sich auch auf dem Täfelchen mit der Kreuztragung zeigt (Abb. 2). Es ist gut denkbar, dass die vier Elfenbeine ursprünglich ein Kästchen von außen zierten. Das auffällige Motiv des Kreuzes mag ein Hinweis darauf sein, dass sich darin eine Kreuzreliquie befand, ein kleines Stück vom Kreuz Jesu. Mit dieser ganz besonderen Sorte von Holz wird sich ein späteres Kapitel dieses Buches befassen.

Stilistische Eigenschaften weisen darauf hin, dass die Elfenbeine zwischen 420 und 430 in einer römischen Werkstatt geschnitzt wurden. Es muss sich um eine Sonderanfertigung für einen Käufer gehandelt haben, der die Aussagekraft der Bilder zu schätzen wusste und sich gerne in ihre Details vertiefte. Die Bestellung von Gegenständen mit dezidiert christlichen Bildprogrammen war Anfang des 5. Jahrhunderts keine Besonderheit mehr. Rund 100 Jahre zuvor hatte sich der römische Kaiser Konstantin der Große unter den Schutz des Christengottes gestellt und dem christlichen Glauben staatstragende Bedeutung gegeben. Die christliche Kunst steckte jedoch auch im 5. Jahrhundert noch in den Kinderschuhen. Die Reflexion darüber, auf welche Weise christliche Glaubensinhalte in Bilder übertragen werden konnten, hatte erst begonnen. Selbst die Darstellung Christi als Gekreuzigter, der Nukleus der christlichen Ikonografie, kam erst in dieser Zeit auf. Das Elfenbeintäfelchen ist eines der ältesten erhaltenen Bildwerke mit diesem Motiv. Das schlichte Kreuz ohne den Gekreuzigten war zwar schon früher, doch letztlich auch erst verblüffend spät zum Bildgegenstand geworden. Während es heute *das* christliche Symbol schlechthin ist, führte es vor dem

Abb. 2: wie Abb. 1, Pilatus, Christus mit dem Kreuz, Petrus

4. Jahrhundert ein Schattendasein, worauf noch zurückzukommen sein wird.

Obgleich sich dieses Buch nicht mit der Darstellung des Gekreuzigten beschäftigt, beginnt es dennoch mit den beiden Szenen auf dem Elfenbeintäfelchen, denn sie enthalten mit den Todesarten eine Thematik, die für die frühen Debatten über das Kreuz von zentraler Bedeutung war.

Die Kreuzigung Jesu

Zwar erwähnen nur wenige Schriftzeugnisse die Kreuzigung Jesu, doch da wesentliche Daten übereinstimmen, gilt die Hinrichtung als verbürgt. Jesus starb mit etwa 30 Jahren unter dem römischen Statthalter Pontius Pilatus in Jerusalem am Kreuz. In den vier Evangelien ist die Kreuzigung ein Ereignis mit vielen Beteiligten. Zwei Verbrecher werden ans Kreuz geschlagen und zu beiden Seiten Jesu hingerichtet; jemand bringt den Kreuztitulus an; dem dürstenden Jesus wird ein Schwamm mit Essig emporgehalten; die Soldaten losen um sein Gewand. Hinzu kommt die Gruppe jener, die Jesus verspotten: „Die Vorübergehenden aber schmähten ihn, schüttelten ihre Köpfe und sagten: ‚Der den Tempel zerstört und diesen in drei Tagen wieder aufbaut – rette dich selbst! Wenn du der Sohn Gottes bist, steige vom Kreuz herunter!' In gleicher Weise verspotteten ihn auch die Ersten der Priester mit den Schriftkundigen und den Ältesten und sagten: ‚Andere hat er gerettet, sich selber kann er nicht retten. Wenn er der König Israels ist, dann soll er jetzt vom Kreuz steigen, und wir werden ihm glauben! Er wird auf Gott vertrauen! Er soll ihn jetzt befreien, wenn er will; er hat nämlich gesagt: Ich bin der Sohn Gottes.'" (Mt 27,39–43)

Die Kreuzigung war ein öffentliches Ereignis mit vielen Zeugen. Einige von ihnen reagierten mit Häme auf die Machtlosigkeit, die sich ihren Augen darbot: Der vermeintliche Sohn Gottes musste die Strafe tatsächlich erleiden und am Kreuz sterben. Dieser Erneuerer des Glaubens, der den jüdischen Tempel in Jerusalem als gottfernen Ort kritisiert hatte, er war ein Betrüger. Die leibliche Auferstehung Jesu dürfte kaum einen der Spötter eines Besseren belehrt haben, denn sie geschah ohne Zeugen. Das Grab war schon leer, als die Frauen drei Tage nach der Kreuzigung dorthin kamen, um den Leichnam zu salben (Abb. 22, S. 92). Für viele Skeptiker blieb die Auferstehung daher nur eine Behauptung. Möglicherweise hatte man den Leichnam nur gestohlen und ihm war lediglich die Seele entwichen. Als Fakt konnte letztlich nur die Kreuzigung gelten.

Bedenkt man das historische Verständnis des Todes am Kreuz, so sind die Schmährufe ohne Weiteres nachvollziehbar. Am Kreuz starben verurteilte Straftäter, wie die beiden Männer rechts und links von Jesus, die des Mordes bezichtigt wurden (Mk 15,7).

Auch politische Agitatoren, Verräter und unwillige Sklaven ließen die Römer in aller Öffentlichkeit ans Kreuz schlagen, um jeden Gedanken an eine Auflehnung gegen die politische Ordnung im Keim zu ersticken. Ein besonders grausames Beispiel ist die Massenhinrichtung vor den Toren Jerusalems, von der Flavius Josephus, der Chronist des ersten jüdischen Krieges (66–70), berichtet. Titus (später Kaiser Vespasian), Oberbefehlshaber des römischen Heeres, ließ demnach all jene Bewohner Jerusalems kreuzigen, denen die Flucht aus der belagerten Stadt gelungen war. Flavius stellt Titus als einen durchaus mitfühlenden Feldherrn dar, der jedoch um des militärischen Erfolges willen nicht umhinkam, die hundertfachen Kreuzigungen als Kriegsstrategie einzusetzen: „Nur der Hunger verlieh ihnen den Mut, sich hinauszuwagen, und hatten sie auch die Stadt unbemerkt verlassen, war es immer noch nicht sicher, ob sie nicht den Feinden in die Hände fielen. Wenn sie aber gefaßt wurden, wehrten sie sich gewöhnlich aus ihrer Notlage heraus. Da es ihnen nach einem Kampf schon zu spät zu sein schien, noch um Gnade zu flehen, wurden sie folglich gegeißelt und mit Mißhandlungen jeder Art vor ihrem Tod gefoltert, um dann schließlich der Mauer gegenüber gekreuzigt zu werden. Freilich war Titus für dies jammervolle Schicksal nicht blind, zumal an jedem Tag 500 oder mehr Gefangene eingebracht wurden; doch andererseits erkannte er auch, daß man vorsichtigerweise diese mit Gewalt Ergriffenen nicht einfach freilassen könne. Eine solche Menge aber bewachen zu lassen, bedeute eigentlich, die Wächter bewachen zu lassen. Der Hauptgrund aber, warum er die Kreuzigungen nicht untersagte, war in Wirklichkeit noch ein anderer: er hoffte, daß dieser Anblick vielleicht die Juden zur Übergabe veranlassen könnte, da sie das gleiche Schicksal zu erwarten hätten, wenn sie sich nicht ergeben wollten. Die Soldaten aber trieben voller Wut und Haß ihren Spott mit den Gefangenen, indem sie jeden in einer anderen Stellung ans Kreuz nagelten, und bald fehlte es an Platz für die Kreuze und an Kreuzen für die Leiber, so viele waren es."[1]

Es gab unterschiedliche Arten des Kreuzes und verschiedene Foltermethoden. Das Kreuz Jesu wird in den Evangelien nicht näher beschrieben, sondern lediglich als *staurós* (σταυρός) beziehungsweise *crux* bezeichnet. Das griechische wie das lateinische Wort meint zunächst das Marterholz, das wahlweise dazu dienen konnte, den Verurteilten anzupfählen, aufzuhängen oder aufzuspießen. Die Quellen lassen jedoch keinen Zweifel daran, dass Jesus an einem Kreuz starb. Es wird, wie damals üblich, aus einem Längsbalken (*stipes*) und einem Querbalken (*patibulum*) bestanden haben. Am Längsbalken gab es häufig einen Pflock oder einen kleinen Sitzbalken (*sedile*), von dem der Gekreuzigte jedoch bald abrutschte. Das Sterben vollzog sich langsam, denn die Kräfte versiegten erst nach und nach. Am Ende hing der Oberkörper so weit nach vorne, dass die Atmung versagte und der Mensch erstickte. Eine Kreuzigung war unvergleichlich grausam und nahm den Verurteilten jede Würde.

Der bisher einzige archäologische Fund, der Aufschluss über diese Hinrichtungsart gibt, evoziert sogleich körperlichen Schmerz (Abb. 3). Ein massiver, etwa elf Zentimeter langer Nagel aus Eisen, der durch ein Holzstück zusätzlich stabilisiert wird, durchstößt das Fersenbein eines rechten Fußes. Der originale Nagel liegt oben links im Bild, und das Fersenbein wurde der besseren Anschaulichkeit halber durch künstliche Skelettteile ergänzt. Nur den Kreuzbalken, an den der Fuß geschlagen war, muss man sich hinzudenken. Die Knochenreste wurden 1968 in Giv'at ha-Mivtar nordöstlich von Jerusalem in einem Grab gefunden, dessen Inschrift den Namen des Gekreuzigten nennt: „Jehochanan, Sohn des Chezkil". Die Reste stammen vermutlich aus der ersten Hälfte des 1. Jahrhunderts und damit aus der Zeit der Kreuzigung Jesu. Die Verletzungen an Jehochanas Armknochen verweisen darauf, dass er nicht an den Händen festgenagelt, sondern an den Armen am Querbalken festgebunden worden war.

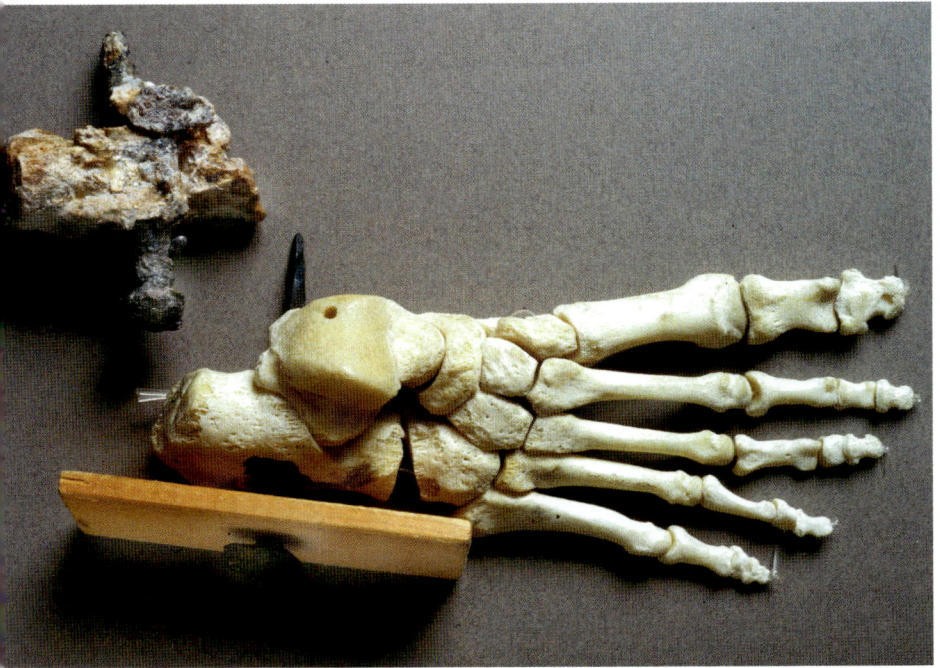

Abb. 3: Fußknochen eines Gekreuzigten, wohl 1. Hälfte 1. Jh. n. Chr.,
Grabungsfund, Israel, Giv'at ha-Mivtar

Die Form des Kreuzes

Auf dem vier Jahrhunderte später entstandenen Elfenbeintäfelchen hat das Kreuz eine ganz besondere, dem Buchstaben T
ähnelnde Form (Abb. 1, S. 12). Zum einen sind die Arme Christi
im rechten Winkel horizontal zu den Seiten gestreckt, zum anderen betont die geschlossene Beinstellung die Vertikale des Kreuz-
schafts. Wenn man sich fragt, ob dies die Form des historischen
Kreuzes gewesen sein soll, greift man am besten zu den „Drei
Büchern über das Kreuz. Nützlich für die heilige wie die profane
Geschichte" („De Cruce Libri Tres. Ad sacram profanámque historiam utiles"), einer Abhandlung des flämischen Philologen Jus-

tus Lipsius, die sich mit historischen Marterkreuzen und Foltermöglichkeiten beschäftigt und erstmals 1593 veröffentlicht wurde. Ausgehend vom Kreuz Jesu und den frühchristlichen Diskussionen über dessen Form, entwickelt Lipsius eine Typologie der unterschiedlichen Kreuzarten. Darin unterscheidet er zwischen der *crux commissa* und der *crux immissa*, dem „aneinandergefügten Kreuz" einerseits und dem „ineinandergesetzten Kreuz" andererseits.[2]

Die erste dieser beiden Varianten ist das T-förmige Kreuz, bei dem der Querbalken oben auf dem Längsbalken aufliegt. Manche der frühchristlichen Theologen, die Lipsius zitiert, beschreiben die Kreuzform des Buchstabens, ohne aber einen engeren Bezug zum Kreuz Christi herzustellen. Historisch wäre dies durchaus plausibel gewesen, da auch die *crux commissa* im römischen Strafvollzug zum Einsatz kam. Man ging jedoch mehrheitlich davon aus, dass es sich beim Kreuz Jesu um eine *crux immissa* mit einem Querbalken, der in der oberen Hälfte des Schafts aufgenagelt war, gehandelt hat. In der mittelalterlichen Kunst sind beide Varianten zu finden. So zeigt das zweite Maskell-Elfenbeintäfelchen eine zierliche, von Christus mit großer Leichtigkeit geschulterte *crux immissa*, die nicht zum Foltern taugt (Abb. 2, S. 17). Was wie eine Parodie des echten Kreuzes aussieht, ist zum einen als Attribut Christi zu verstehen, mit dem die Szene kenntlich gemacht wird. Dieser so forsch voranschreitende junge Mann ist Christus, der auf der letzten Etappe zur Kreuzigung sein Todesinstrument selbst tragen muss. Zum anderen signalisiert das kümmerliche Kreuz, dass selbst eine der fürchterlichsten Strafen durch Christus ihren Schrecken verlor. Letztlich sollte er den Sieg davontragen und jede irdische Pein zunichtemachen. Die Inszenierung Christi ist hier eine andere als auf dem Täfelchen mit der Kreuzigung (Abb. 1, S. 12), doch das Erlösungsversprechen ist das gleiche, denn in beiden Fällen dominiert Christus das Kreuz. Die beiden Bildwerke zeigen, dass das Kreuz ein variables Motiv war. Seine experimentierfreudige Handhabung in der Kunst täuscht ein wenig über die schwerwiegenden Probleme hinweg, die es den christlichen Theologen von Anfang an bereitete.

Die Verteidigung des Kreuzes

Mit welchen Argumenten macht man aus dem schmachvollsten Hinrichtungswerkzeug der Römer ein göttliches Heilszeichen? Noch während der Kreuzigung konnten die Christen eine Ahnung davon gewinnen, wie schwierig es werden würde, andere von ihrer Umdeutung des Kreuzes zu überzeugen. Mit der Frage, wie das Kreuz zu erklären sei, musste wohl jeder von ihnen rechnen. Die fortwährende Verhöhnung bezeugt das sogenannte Spottgraffito, eine Ritzzeichnung (Graffito), die auf dem Palastareal des Palatins in Rom gefunden wurde und vermutlich aus dem 2. Jahrhundert stammt (Abb. 4). In der unbeholfenen Zeichnung wendet sich eine männliche Figur mit stumpfartigen Gliedmaßen einem Kreuz zu, an dem ein eselsköpfiges Wesen hängt. In der krakeligen Inschrift unter dieser Karikatur Christi heißt es: „Alexamenos betet (seinen) Gott an." Man meint, das gemeine Lachen über diesen Alexamenos noch hören zu können.

Es nimmt deshalb kaum Wunder, dass die Apologie des Kreuzes, das heißt seine Verteidigung oder Rechtfertigung, zu einem zentralen Thema der frühchristlichen Theologie wurde. Sie hatte sich insbesondere gegenüber einem Fluch Gottes zu behaupten, der in der Thora beziehungsweise einem der fünf Bücher Mose zu Beginn des Alten Testaments steht. Die Christen konnten ihn nicht so einfach abtun, da viele von ihnen – wie Jesus selbst – ursprünglich jüdischen Glaubens gewesen waren. Das hebräische Wort „Thora" macht deutlich, dass die Texte als Sammlungen göttlicher Gesetze, Lehren und Weisungen gelten. Im fünften Buch, das sich wie ein strafrechtliches Kompendium liest, spricht der Gott Israels: „Wenn ein Mensch eine Sünde begangen hat, die mit dem Tod bestraft werden muss, und er zum Tod verurteilt an den Galgen (*patibulum*) gehängt worden ist, wird seine Leiche nicht am Holzpfahl (*in ligno*) bleiben, sondern am selben Tag begraben werden. Denn von Gott verflucht ist, wer am Holzpfahl hängt." (Dtn 21,22–23) Aus dieser Perspektive konnte Jesus, der am Marterpfahl (gr. *staurós*; lat. *crux*) starb und an das Querholz

23

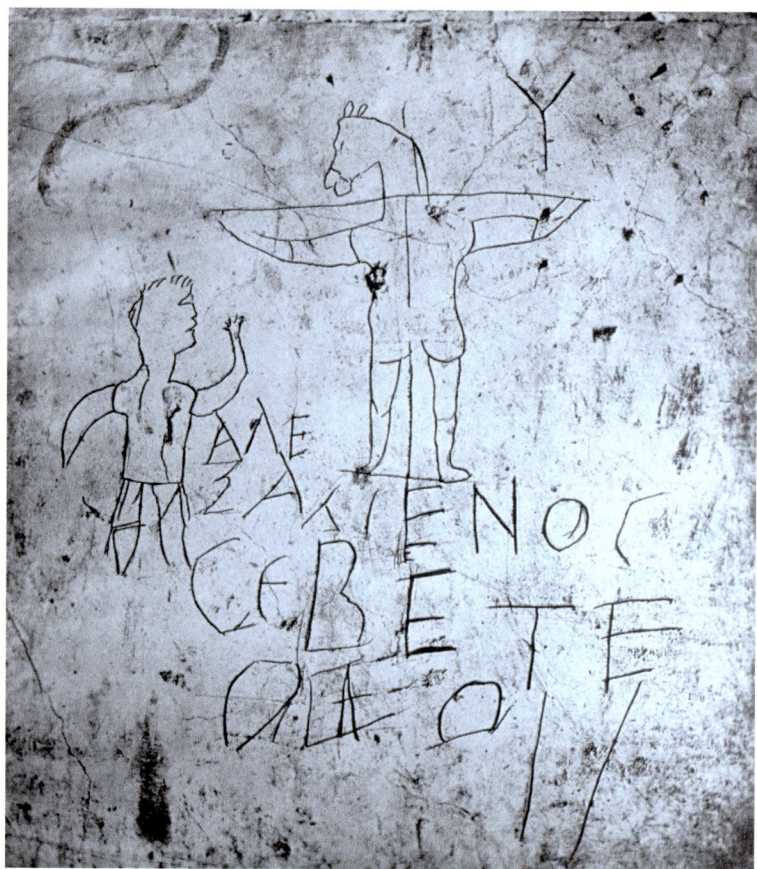

Abb. 4: Spottgraffito, Rom, wohl 2. Jh. n. Chr.

(*patibulum*) genagelt war, nicht der von Gott gesandte Erlöser, sondern nur ein gottferner, verbrecherischer Mensch sein.

Das Bemühen um eine Entkräftung der Thora und die Bestärkung des Glaubens an den Gekreuzigten sind bereits in den Briefen, die der Apostel Paulus zwischen 50 und 55 an verschiedene Gemeinden von Heidenchristen, nichtjüdische Konvertiten, sandte, eindrücklich zu vernehmen. Paulus, geboren in Tarsus in Kilikien und nach eigenem Bekunden ein ehemals strenggläubiger Jude, hatte nach einer göttlichen Vision eine radikale Kehrt-

24

wende in seinem Leben vollzogen und war zum Botschafter des christlichen Glaubens geworden (Apg 22,1–21). Mit seinen Briefen reagierte er auf Zerwürfnisse innerhalb der urchristlichen Gemeinden, was Aufschluss darüber gibt, wie fragil und unbestimmt der neue Glaube in seiner Anfangszeit war.

Für die Rechtfertigung des Kreuzes ist der erste Brief an die Gemeinde in Korinth besonders aufschlussreich. Paulus kritisierte die dortige Sektiererei und erinnerte daran, dass er das Evangelium verkünde, „damit das Kreuz Christi nicht entwertet wird". (1 Kor 1,17) Der folgende Passus enthält paradigmatische Äußerungen über den Glauben an den Gekreuzigten: „Weil auch die Juden nach Zeichen verlangen und die Griechen die Weisheit suchen, verkünden wir dagegen Christus, den Gekreuzigten, für die Juden zwar ein Ärgernis (*scandalum*), für die Heiden aber eine Torheit (*stultitia*), für die Berufenen aber selbst, Juden und Griechen, Christus, Gottes Kraft und Gottes Weisheit." (1 Kor 1,22–24) Das Ärgernis war die Anmaßung der Christen, in der gottverfluchten Kreuzigung eine Heilsbotschaft zu sehen, zumal eindeutige Zeichen, etwa der Sieg über den Tod noch während der Kreuzigung, ausblieben. Aus philosophischer Sicht wiederum war es eine Torheit, in den Worten und Taten des Gekreuzigten die Wahrheit zu erkennen, weil kein wahrhaft weiser Mann eine so unwürdige Strafe würde erleiden müssen.

Paulus aber verstand das Blasphemische der Kreuzigung als eine göttliche Provokation: „Aber was in der Welt töricht ist, hat Gott auserwählt, um die Weisen zu verwirren; und was schwach ist in der Welt, hat Gott auserwählt, um das Starke zu verwirren." (1 Kol 1,27) Wer gedacht hatte, Gott zu kennen, und wer der Überzeugung gewesen war, Macht äußere sich durch Stärke, den habe das Kreuz eines Besseren belehrt. Es deute auf eine neue Weltordnung und den Anbruch einer neuen Zeit. Auch für den göttlichen Fluch aus dem Alten Testament – „Denn von Gott verflucht ist, wer am Holzpfahl hängt" (Dtn 21,23) – fand Paulus eine recht kühne, doch der Logik des Sühneopfers folgende Antwort: Christus habe als Gekreuzigter gerade diesen größten Fluch stellvertretend auf sich genommen, um die Gläubigen von jeder Art des Fluches zu befreien.

Zu einem Bollwerk gegen den Fluch wurde die Deutungshoheit über die biblischen Schriften, die die Christen für sich beanspruchten. Erst das Heilsgeschehen, das sich durch Christus ereignet hatte und im Neuen Testament bezeugt wird, offenbarte ihnen zufolge den wahren Sinn der jüdischen Bibel. Jenseits des wörtlichen Sinns, so das Argument, enthielten die biblischen Texte Hindeutungen auf Christus – seine Menschwerdung durch eine Jungfrau, seinen Kreuzestod, die verzögerte Auferstehung und andere schwer erklärbare Dinge. Das heißt im Umkehrschluss, dass die jüdische Bibel den Glauben an Jesus Christus als dem prophezeiten Erlöser rechtfertigte. Auch der Kreuzestod sei von Beginn an im göttlichen Heilsplan verankert gewesen. Aus dieser Sicht hatte Gott sein Heilsversprechen eingelöst und durch Christus einen neuen Bund mit den Menschen gestiftet. Die Auffassung der jüdischen Bibel als das „Alte Testament" wird durch diese Überzeugung besser verständlich. Das christliche Bibelverständnis, das diese Art von Verknüpfungen zwischen beiden Testamenten herstellt, wird typologisches Bibelverständnis genannt, da es Handlungen, Personen oder Gegenstände aus dem Alten Testament als „Typen" (gr. *týpos*; Pl. *týpoi*) – Vorprägungen oder Vorwegnahmen – auffasst, die einen entsprechenden „Gegentypus" (gr. *antitýpos*) im Neuen Testament haben. Die Sinnbeziehung wirkt zugleich in die andere Richtung, sodass das Alte Testament im Neuen präsent ist und in diesem Sinn seine Gültigkeit behält. Gleichwohl ist das Neue Testament dem Alten übergeordnet, da es den göttlichen Heilsplan nicht allein vervollständigt, sondern dessen Erfüllung bedeutet.

Entsprechend galten einzelne Vorkommnisse als Verwirklichung alttestamentlicher Prophezeiungen. So habe sich im Verhalten der Soldaten unter dem Kreuz der Psalm „Sie haben meine Kleider unter sich aufgeteilt, und über mein Gewand haben sie das Los geworfen" (Ps 21 (22),19) bewahrheitet. Auch die Frage, warum die Evangelisten ausgerechnet den lästernden Zuschauern

26

so große Aufmerksamkeit schenkten, lässt sich mit einem Psalm erklären: „Alle, die mich sehen, verspotten mich; sie lassen die Lippe herunter, sie bewegen ihr Haupt: ‚Er ist zum Herrn geflüchtet – er soll ihn retten! Er soll ihn befreien, da er ihn will!'" (Ps 22 (21),8–9) Die Typologie fand somit auch für die Glaubensfeinde einen Platz im göttlichen Heilsplan. Die Ungläubigen unter dem Kreuz ahnten ihrerseits nicht, dass sie mit ihrer Häme zum Erlösungswerk beitrugen.

Typologie in Bildern

Für die mittelalterliche Kunst besaß die Typologie weitreichende Konsequenzen, da die Bildwerke fortan entscheidend zur Konstruktion von Geschichte und Erfüllung beitrugen. Ein Kreuz mit einem besonders komplexen Programm aus Bildern und Inschriften wird im Zentrum des siebten Kapitels stehen (Abb. 42–45, S. 188; 190; 193; 201). Am anschaulichsten jedoch wird die visuelle Typologie in den spätmittelalterlichen „Bibliae pauperum" („Armenbibeln"; Abb. 5), deren Name seit Langem kontrovers diskutiert wird. Er wird nur in den wenigsten der erhaltenen Exemplare als Titel verwendet, dient aber heute als allgemeine Bezeichnung. Konsens ist, dass mit den „Armen" keinesfalls mittellose, des Lesens unkundige Menschen gemeint sind. Es gibt diese Bibeln in verschiedenen Varianten, denen jedoch ein gemeinsames Prinzip des Bildgebrauchs zugrunde liegt. Kennzeichnend ist die Zusammenstellung mehrerer Bilder, häufig nach der Art eines Tableaus oder Diagramms, mit einer Szene aus der Vita Christi als wichtigstem Bestandteil. Ihr werden zwei alttestamentliche Typen sowie vier männliche Büsten beigeordnet, die Propheten, Könige oder andere Figuren aus dem Alten Testament darstellen. In dem hier abgebildeten Exemplar aus der Heidelberger Universitätsbibliothek dient ein großes, fast die gesamte Seite einnehmendes Rahmenwerk zur systematischen Anordnung der Bilder. Es handelt sich um ein Blockbuch, in dem das Rahmen-

Abb. 5: Biblia pauperum, Typologie der Kreuzigung,
Ostmitteldeutschland, um 1455/58 Heidelberg, Universitätsbibliothek,
Cod. Pal. germ. 438, fol. 122v

werk und die Bilder im Medium des Holzschnitts gedruckt, die Farben und Texte hingegen per Hand hinzugefügt sind. Das zentrale, eigens hervorgehobene Feld nimmt die Kreuzigung ein, flankiert von Abraham und Isaak (links) sowie Moses und der ehernen Schlange (rechts). In der Hierarchie der Bilder erhalten David, Jesaja, Habakuk und Hiob die kleinen Eckfelder, wo sie mit lang gestreckten Fingern auf den Vers zeigen, der sie jeweils zitiert. Im Bildganzen wirken die Zeilen wie Kommentare zur zentralen Kreuzigung. Auch Jesaja meint deshalb Christus, wenn er sagt: „Er wurde dargebracht, weil er selbst [es] wollte" (*Oblatus est quia ipse voluit*; Jes 53,7; oben rechts). Der längere Text ganz unten bietet weitere Erklärungen des Dargestellten.

Die alttestamentlichen Typen links und rechts von der Kreuzigung heben jeweils andere Aspekte des Kreuzestodes hervor. Links holt Abraham zum tödlichen Schwerthieb aus, um seinen Sohn als gottgewolltes Opfer darzubringen, nicht ahnend, dass er von Gott lediglich auf die Probe gestellt wird (Gen 22,1–19). Im letzten Moment hält ihn ein Engel von der Tötung ab, und Abraham sieht einen Widder, den er als Opfertier verwenden kann. Die typologische Verknüpfung bezieht sich auf den Opfertod Christi. Zum einen nimmt der Gehorsam Isaaks jenen von Christus vorweg, denn wie Isaak wird sich Christus nicht gegen den Willen seines Vaters auflehnen. Zum anderen geht es in beiden Geschehnissen um die Opferung des Sohnes durch den Vater, welche jedoch erst im Neuen Testament Wirklichkeit werden soll.

Auf den alttestamentlichen Typus der Kreuzigung im rechten Bild wird das siebte Kapitel noch genauer eingehen. Es handelt sich um die Episode aus der Wüstenwanderung des Volkes Israel, in der Gott zur Strafe für das wehleidige Klagen giftige Schlangen schickt. Zugleich aber beauftragt er Moses, eine Schlange aus Bronze zu fertigen und sie aufzustellen, damit alle, die sie anschauen, geheilt werden (Num 21,4–9). Im Bild scheint es allerdings, als stünden Moses und die übrigen Männer etwas verschüchtert vor einer allzu lebendigen Schlange, die sich kraftvoll an einem Holzpfahl hinaufwindet und bedrohlich zu der kleinen

Abb. 6: Spiegel menschlicher gesuntheit, Typologie der Verspottung Christi am Kreuz, Mittelrhein, zwischen 1420 und 1430, Heidelberg, Universitätsbibliothek, Cod. Pal. germ. 432, fol. 32r

hie hanget absolon mit dem hare
an dem baum und kommet sine frunde
und erstechen in

hie zeilet meredach der konig
sins vatter lip als got den gire
zu stucken

absolon

Die was auch bezeichent an
absolon von dem wir lesen
daz er der schonste wore
und doch sich an eynem baum hing
daz sin einer und lieff zu Joab
und sagte iz ime da quam er und
stach drie gleve durch yn Un ab=
solon ist bezeichent unns der Un
schonste Was Als David von ime
spricht Er ist der schonste forme
under der lude kinder und wart
an dem crutze mit drien gleve
daz ist mit drien sterben durch
stochen daz erste Was daz er die
heilige wissage in die grosse pi=
ne leide daz an der daz er Unste
sine unsprechliche smertze Un
siner kuschen zarten mütter daz
dritte daz er den smertze leid
durch des sünders willen und
docht wiste daz yme sin bitterer
dot nit genutzen mochte zc.

Die sint bezeichent by aseredach
dem konige der da zeilet sins
doten vatter willecliechen mit
kolberaken müde Also sint alle sünder
die willeclich wieder got sündent Wor
da mit Cristus sinder der crutzeget got
von mülben und ennullet yme alle sine
wonden Sin vatter lichnam der begrube
was den leit er sterben in drü hundert
stuck und gap die stucke drien hundert
gieren zu essen Doch we sündent die an
ypo by yme in sine wonden ernullent
Abole er stimende ist in dieser werlt
und in der ellugen hocheit Wan die
yme crutzgeten Da er mit yme wandelt
in dieser werlt der leget Cristo noch off
sinen ruck der mit Bosen sünder an dem
priester den got der zu erwelt hait Ver
verspuet got under sin reines antzlitz
der da got mit dancket alles das yme
got verlubet hait Ver sine nehsten

Abb. 7: wie Abb. 6, fol. 32v

Gruppe herabschaut. Die irritierende Analogie, die im Nebeneinander der Bilder zwischen Christus am Kreuz und der Schlange am Holzpfahl geschaffen wird, muss an dieser Stelle rätselhaft bleiben. Da aber die eherne Schlange der gängigste Typus des Gekreuzigten war, besteht an der Verständlichkeit der Darstellung kein Zweifel.

Ungewöhnlich ist hingegen die typologische Herleitung der Spötter unter dem Kreuz, die in einem Exemplar des moral-didaktischen Traktats „Spiegel menschlicher gesuntheit" in drastischen Bildern vermittelt wird (Abb. 6 und 7). Am Beginn steht die Darstellung des toten, blutüberströmten Gekreuzigten, der von vier Männern mit fratzenhaften Gesichtern verhöhnt wird. Sie zeigen mit dem Finger auf ihn, strecken die Zunge heraus und halten noch immer ihre Waffen bereit. Dass es sich um Juden handelt, ist an den breitkrempigen, flach aufliegenden, spitzen Hüten zu erkennen, einem untrüglichen Bildmotiv, dessen Realitätsbezug allerdings Rätsel aufgibt, denn ob, wann und wo Juden derartige Hüte trugen, lässt sich nicht genau sagen. Die antijüdische Gehässigkeit der Christen, die sich in den hässlichen Gesichtern zeigt, geht auch aus dem Text unterhalb des Bildes unverhohlen hervor. Er macht die Frevler unter dem Kreuz zu fanatischen Leugnern Christi: „Nun sollen wir hören, wie Christus nach seinem Tod verspottet wurde. Den Juden genügte nicht, dass sie ihn getötet hatten, sondern sie mussten auch mannigfalt Spott nach seinem Tod an ihn richten."

Ohne Umschweife geht der Verfasser nun zu den alttestamentlichen Episoden über und unterweist seine Leser nicht nur in deren christlicher Bedeutung, sondern auch der lebensweltlichen Moral, die in ihnen steckt. Die Typologie im „Spiegel menschlicher gesuntheit" ist erzieherischer Art und mit der „Gesundheit" das gottgefällige, tugendhafte Leben gemeint. In dem reich bebilderten und weit verbreiteten Text, der auf eine lateinische Fassung vom Beginn des 14. Jahrhunderts zurückgeht, werden jeder Episode aus dem Leben Christi drei alttestamentliche Typen zugeordnet. Bei der Verspottung des Gekreuzigten sind dies die Verhöhnung König Davids durch seine Frau Michal, nachdem er aus Freude getanzt hat (2 Sam 6,16 und 20); die Tötung von Davids Sohn Absalom, der während der Schlacht mit dem Kopf in einer Eiche hängengeblieben ist (2 Sam 18); Ewil-Merodachs Zerstückelung des Leichnams seines Vaters König Nebukadnezar, die allerdings nicht unmittelbar auf dem Bibeltext, sondern einer mittelalterlichen Bibelinterpretation beruht. Die Szenen werden immer blutiger und die drei Varianten der Verhöhnung gehen mit einer Eskalation der Gewalt einher. Während Michal und David, ein hübsches, galantes Paar, vertraut miteinander kommunizieren, stirbt der hilflose Absalom durch die Lanzenstiche der infamen Soldaten. Während sein Körper bis auf die Wunden am Rücken unversehrt ist, quillt das Blut im nächsten Bild so stark aus den Beinstümpfen und dem Hals Nebukadnezars hervor, dass der übrige Körper ganz blutverschmiert ist. Der niederträchtige Sohn führt die Tat seelenruhig aus und stört sich auch nicht an den Raubvögeln, die sich die Füße und den Kopf gegriffen haben und mit weit ausgebreiteten Flügeln davonfliegen. Das Ungeheuerliche der Verspottung Christi und der Kreuzigung könnte kaum abstoßender vermittelt werden. Da das Neue Testament in allem als eine Überbietung oder Übersteigerung des Alten galt, konnte die Zerstückelung nichts mehr als eine Vorform der jüdischen Blasphemie und Kreuzesqual Christi sein. Die typologischen Bilder dienten in diesem Fall dazu, ein unbegreifliches Ausmaß an Gewalt in die Kreuzigung hineinzuprojizieren.

Das Bildprogramm eines frühen Prozessionskreuzes

Typologische Programme auf dreidimensionalen Kreuzen sind ebenso ein Phänomen des späteren Mittelalters. Auf den erhaltenen frühen Kreuzen kommen selbst einzelne typologische Bildpaare nur äußerst selten vor. Ein Beispiel ist ein mit Zink überzogenes, aus Messing bestehendes Prozessionskreuz aus dem 5. Jahrhundert, das wohl aus Kleinasien oder Syrien stammt

(Abb. 8 und 9). Vorder- und Rückseite unterscheiden sich nicht nur in ihren Bildprogrammen, sondern auch in der Technik, mit der die Motive in das Metall eingearbeitet sind. Während die Zinkschicht vorne ausschließlich für die Figuren und Medaillons belassen wurde, sind die Motive auf der Rückseite in die Zinkfläche eingraviert. Die Medaillons, die sich hier aneinanderreihen, enthalten auf den Kreuzarmen Büsten der elf Jünger (ohne Judas, den Verräter). Die Figuren wenden sich – mal mehr, mal weniger entschieden – dem in Frontalansicht dargestellten Christus im großen Medaillon der Vierung zu. An den geschweiften Kreuzenden befinden sich weitere große Medaillons mit ornamentalen Blüten beziehungsweise einem Kreuz. Das untere Motiv ist nicht mehr zu erkennen.

Dreht man das Kreuz um, geraten die beiden Anhänger Alpha (A) und Omega (ω), der erste und der letzte Buchstabe des griechischen Alphabets, ins Schwingen. Den überlieferten Exemplaren nach zu urteilen, war es bis ins Frühmittelalter durchaus üblich, Goldschmiedekreuze an den Querarmen mit Anhängern (Pendilien) zu schmücken. Bestanden sie aus Edelsteinen, trugen sie dazu bei, das Kreuz in ein prachtvolles Triumphzeichen zu verwandeln (Abb. 25, S. 100). Die Buchstaben Alpha und Omega hingegen verleihen Christus eine spezifische Präsenz und enthalten andererseits den Anspruch der christlichen Religion auf universelle Gültigkeit. Sie sind einem Ausspruch Christi in der Offenbarung des Johannes, dem letzten Buch des Neuen Testaments, entnommen: „Ich bin das Alpha und das Omega, der Erste und der Letzte, Anfang und Ende." (Off 22,13) Da die beiden Buchstaben den gesamten Satz in sich enthalten und an das gesprochene Wort Christi erinnern, wird er in ihnen gegenwärtig. Die Bewegung der Anhänger mag diesen Eindruck von Präsenz und Lebendigkeit verstärkt haben.

Am unteren Ende des Kreuzes ist eine Figur zu sehen, die man auf den ersten Blick für eine Frau halten könnte, doch es handelt sich um den alttestamentlichen Propheten Daniel. Die zwei kleinen Löwen zu seinen Füßen erinnern an die Episode, in

Abb. 8: Prozessionskreuz (Vorderseite), Kleinasien/Syrien (Antiochia?),
5. Jh., 52,4 × 40,9 cm, München, Sammlung Christian Schmidt

Abb. 9: wie Abb. 8 (Rückseite)

der Daniel nach einer Verleumdung zur Strafe in eine Löwengrube geworfen wurde, doch dank göttlichen Schutzes unversehrt blieb (Dan 6). Er weist mit beiden Händen nach oben, zum Medaillon in der Vierung des Kreuzes, das von vier lang gestreckten Engeln gehalten wird. Ganz oben thront eine Figur, bei der es sich vermutlich um Christus handelt. Ob sich im Zentrum eine weitere Christusbüste, ein Christogramm aus den griechischen Buchstaben Chi (X) und Rho (P) (Abb. 17, S. 70), das Lamm als Christussymbol (Abb. 45, S. 201) oder vielleicht ein Edelstein befand, muss offenbleiben. Die Engel und der kaum noch sichtbare Lorbeerkranz des Medaillons lassen jedoch keinen Zweifel daran, dass das Kreuz ein triumphales Zentrum besaß. Indem Daniel auf dieses Zentrum zeigt, tut er nicht nur kund, dass seine Errettung jene von Christus vorrausnahm, sondern dass Letztere als Sieg über den Tod die endgültige Erlösung bedeutete.

Das Kreuz ist ein eindrückliches Beispiel dafür, wie ein solches Objekt schon in frühchristlicher Zeit zu einem komplexen Bildwerk werden konnte, und dies auch ohne die Figur des Gekreuzigten. Die Grundform des Kreuzes mit einem klaren Zentrum, Schaft und Querbalken beziehungsweise vier Armen wandelte sich in ein Bildprogramm mit Figuren, Ornamenten und Inschriften, wobei die Grundform immer klar erkennbar blieb. Die besondere Qualität des dreidimensionalen Kreuzes als Bildträger scheint genau darin zu liegen: Es ist eine dominante Figur, auf der sich eine Bildwelt entfalten lässt, die die Bedeutungsschichten des Kreuzes Christi zur Anschauung bringt.

Vom rechten Verständnis des paradoxen Kreuzes

Um diese Schichten in den Bildwerken wird es in den folgenden Kapiteln gehen. Sie sind selten voneinander zu lösen, da das christliche Kreuz widersprüchlicher nicht sein könnte: Es ist ein von Gott verfluchtes Todeswerkzeug, das die göttliche Erlösung symbolisiert. Noch während der Kreuzigung mussten sich die Anhänger Jesu das Gespött der Leute anhören, ausgerechnet einen Gekreuzigten für den Gottessohn zu halten, und tatsächlich entwickelte sich das Kreuz erst seit dem 4. Jahrhundert zu *dem* heilsversprechenden christlichen Symbol. Von den theologischen Anstrengungen, die Rechtmäßigkeit des Kreuzes zu begründen, wird in diesem Buch immer wieder die Rede sein. Die Typologie, eine der frühesten Argumentationsstrategien, verdeutlicht, dass das christliche Verständnis des Kreuzes von Beginn an ein Ringen um Deutungshoheit war. Wer das Kreuz richtig erklären wollte, musste die Heilige Schrift richtig interpretieren.

Die Bildwerke waren – mal mehr, mal weniger offenkundig – an dieser Debatte beteiligt. Zwei Pole eines identitätsstiftenden Bildgebrauchs stehen sich in diesem Kapitel gegenüber, zum einen – im „Spiegel menschlicher gesuntheit" (Abb. 6 und 7) – die Diffamierung der Juden, zum anderen die Vergewisserung des Heils durch Christus. Das Prozessionskreuz (Abb. 8 und 9) überblendet das Kreuz mit einem Bildprogramm des Triumphes und der Auferstehung; hier wird das Symbol des christlichen Glaubens von dessen Erlösungsversprechen vereinnahmt. Das Maskell-Elfenbein (Abb. 1, S. 12), mit dem dieses Buch begonnen hat, lässt noch wesentlich deutlicher erkennen, dass das Kreuz in der frühchristlichen Kunst ein schwacher, durch Christus überwundener und besiegter Gegenstand ist. Der so aufrechte Körper mit den zur Seite gestreckten Armen wirkt wie eine Parodie des Kreuzes. Christus ist dem vermeintlichen Todesinstrument in jeder Hinsicht überlegen.

Man kann sich des Eindrucks nicht verwehren, dass das Kreuz in der Anfangszeit erst durch ein Gegenprogramm an symbolischer Kraft gewann. Die Bildwerke konnten auf dem insistieren, was dem Kreuz nicht anzusehen war, was ihm fehlte. Die Gestaltungs- und Deutungsspielräume waren vielfältig. Zwei Möglichkeiten hat das Kapitel vorgestellt: Der Künstler des Maskell-Elfenbeins führte Episoden der Passionsgeschichte zu einer Gegenüberstellung der Todesarten zusammen; derjenige des Prozessionskreuzes fügte die Figuren in eine hierarchische, auf das

Kreuzzentrum bezogene Ordnung ein. Doch dies ist erst der Auftakt. Die folgenden Kapitel werden eine Fülle an Objekten diskutieren, die sich mit der Paradoxie des Kreuzes auseinandersetzen und ihm Bedeutungen hinzufügen oder nehmen.

Abb. 10: Hrabanus Maurus, „Vom Lob des Heiligen Kreuzes", Gittergedicht
zu den vier Elementen, Fulda oder Mainz, 2. Viertel 9. Jh., 40,5 × 33 cm,
Amiens, Bibliothèque municipale, Ms. 223, fol. 12v

Kapitel 2

Kosmos: Das Kreuz und die Beschaffenheit der Welt

Auf der Seite eines Manuskripts aus dem 9. Jahrhundert umgibt ein breiter roter Rahmen ein nahezu quadratisches Feld mit Buchstaben und vier Kreisen von unterschiedlicher Farbe. Es fällt sofort auf, wie ordentlich hier alles ist. Alle Bestandteile sind gleich groß, die Abstände zwischen ihnen immer gleich bemessen. Die Kreise fügen sich nahtlos in das Buchstabenraster ein, da auch in den Kreisbahnen Buchstaben stehen, an den Seiten übereinander, zum Scheitel- und Fußpunkt hin immer deutlicher nebeneinander. Noch bevor man sich fragt, ob die Buchstaben einen Text bilden und in Worten aufeinander folgen, ist man mit der genaueren Betrachtung des gesamten Gefüges beschäftigt. Erst dann wagt man sich an die Lektüre.

Der lateinische Text beginnt – unseren Lesegewohnheiten entsprechend – in der obersten Zeile und ist von links nach rechts zu lesen. Lateinkenntnisse sind eine zwingende Voraussetzung, da es keinerlei Hinweise gibt, wo ein Wort endet und wo das nächste beginnt. Das Lesen erfordert einiges an Konzentration, da man die Zeilen visuell abtastet und sich von dem, was darüber und darunter steht, nicht irritieren lassen darf. Zweifellos verbietet die perfekte Ordnung, kleine Striche als Wortmarkierungen zu setzen. Diese Darstellung will ein Rätsel bleiben und sich das Kunstvolle nicht nehmen lassen.

In den ersten drei Zeilen heißt es: *Omnia iam splendent uero de lumine Christi / inlustrata crucis et sacrae facta beando / concelebrant*.[3] („Alles glänzt schon, vom wahren Licht Christi beleuchtet, und rühmt die Taten des heiligen Kreuzes und preist sie selig.") Text und Bild könnten unterschiedlicher kaum sein. Dem jubilierenden Lobpreis des Kreuzes Jesu Christi steht die nüchterne, diagrammatische Darstellung gegenüber. Nur der eingeweihte Leser kann eine Verbindung herstellen, denn er erkennt in der

Anordnung der Kreise sogleich eine Kreuzfigur. Ihm ist klar, dass er ein sogenanntes Figurengedicht (*carmen figuratum*) vor Augen hat. Das Wort Figur meint die Form des geschriebenen Textes, was besonders in den Umrissgedichten nachvollziehbar ist, in denen die gesamte Schriftfläche die Form eines Gegenstands, etwa eines Menschen oder eines Tieres, annimmt. Handelt es sich hingegen um ein sogenanntes Gittergedicht (*carmen cancellatum*), treten die Figuren aus der Buchstabenfläche hervor, wie dies bei unserem Beispiel mit den Kreisen der Fall ist. Aus den Buchstaben innerhalb der Figur, hier den Kreisbahnen, ergeben sich „eingewobene Verse" (*versus intexti*), was für unser Gittergedicht noch zu erläutern sein wird.

Figurengedichte haben eine lange, bis ins Alte Ägypten zurückreichende Tradition. Die beiden genannten Varianten sind Erfindungen aus der griechischen und römischen Antike. Der frühmittelalterliche Autor unseres Gedichts, der Fuldaer Mönch Hrabanus Maurus, nahm sich den spätantiken Dichter Publilius Optatianus Porfyrius, der als Erfinder der *carmina cancellata* gilt, zum Vorbild. Porfyrius war am Hof Kaiser Konstantins des Großen tätig, fiel jedoch aus unbekannten Gründen in Ungnade. Seine Rehabilitation im Jahr 326 bewirkte er durch die kunstfertigen Figurengedichte, die er in der Verbannung zu Ehren Konstantins schrieb. In einer Handschrift aus dem 9. Jahrhundert, die sich heute in der Burgerbibliothek in Bern befindet (Cod. Bern. 212), ist eine kleine Auswahl der Gittergedichte von Porfyrius überliefert, die den Kaiser als hervorragenden, unter dem Schutz Christi stehenden Weltherrscher rühmen. Auf diese göttliche Gunst wird das folgende Kapitel näher eingehen.

Mittelalterliche Handschriften: Die Welt der Bücher

Wenn hier von einer „Handschrift" die Rede ist, so ist damit ein Manuskript – entlehnt aus dem lateinischen *manu scriptum*, „mit der Hand geschrieben", – gemeint. Die Bezeichnung benennt die

Praxis, mit der im Mittelalter Bücher (*codex*; Pl. *codices*) vervielfältigt wurden. Die Produktionsstätten waren bis ins Hochmittelalter, das heißt bis zum Aufkommen professioneller Werkstätten in den Universitätsstädten, vornehmlich die Klöster. Größere Abteien besaßen Skriptorien, in denen die Handschriften nicht nur für den eigenen Bibliotheksbestand, sondern auch auf Bestellung für andere Klöster, Domschulen, geistliche und politische Würdenträger entstanden.

Die Bibliotheken machten die Klöster zu Stätten der Bildung, Gelehrsamkeit und des intellektuellen Austauschs. Die Mehrzahl der Bücher war theologischen Inhalts und von liturgischer Funktion, doch zum Grundstock der Bibliotheken gehörten auch Gesetzessammlungen und historiografische Literatur sowie Bücher für den Unterricht in den *artes liberales* – einerseits dem Trivium, bestehend aus Grammatik, Rhetorik und Dialektik, andererseits dem Quadrivium, das heißt Arithmetik, Geometrie, Musik und Astronomie. Nicht zuletzt bezeugen die Bücher eine Beschäftigung mit Philosophie, Kunst und Poesie.

Die Schreiber und Maler waren üblicherweise Mönche beziehungsweise Nonnen des Klosters, doch es kam auch vor, dass wandernde Schreiber (*peregrini*) engagiert wurden. Vereinzelt gibt es in den Büchern Hinweise auf die Mühsal des Schreibens – man stelle sich zugige Fenster, kalte Finger, ungünstige Lichtverhältnisse, harte Bänke, Rückenschmerzen und abgenutzte Schreibfedern vor. Die Maler und Schreiber äußerten die Hoffnung, ihre selbstlose Tätigkeit möge als verdienstvolles Tun göttliche Gnade bewirken. Manchmal ist in diesen Sätzen auch der Stolz auf die eigene Leistung, das eigene Können zu vernehmen. So fromm die Äußerungen auch sein mögen, so sehr vermitteln einige von ihnen das Selbstbewusstsein als Schreiber oder Künstler.

Die meisten Bücher entstanden nach der Vorlage eines anderen Buches, das heißt der Text war die Kopie des vorliegenden Textes. Von den Schreibern wurde erwartet, dass sie sorgfältig und genau vorgingen, doch da nicht jeder gleichermaßen begabt, konzentrationsfähig und sicher in Orthografie und Grammatik war, schlichen sich Flüchtigkeitsfehler und falsche Korrekturen ein. Manche Texte wurden hingegen wohlüberlegt abgeändert, etwa zusammengefasst oder um Erläuterungen ergänzt. Das gleiche Schicksal ereilte die Bilder. Jedes Kopieren eines Buches war somit ein Prozess der Aneignung und Reflexion seines Inhalts.

Grundsätzlich muss zwischen dem Autor einerseits und dem Schreiber andererseits unterschieden werden. So enthält der bereits erwähnte Kodex in Bern Gedichte des Porfyrius aus dem Jahr 326, geschrieben 400 Jahre später in Mainz oder dem nordfranzösischen Saint-Amand. Der Schreiber bleibt anonym und der Herstellungsort ist nicht eindeutig bestimmbar. Beides ist bei mittelalterlichen Handschriften der Normalfall. Es sind nur äußerst wenige Autografen, das heißt vom Autor selbst stammende Niederschriften, überliefert. Ähnlich selten sind Abschriften, die unter der Aufsicht des Autors entstanden sind beziehungsweise nachträglich von ihm überprüft wurden. Dies ist vermutlich bei unserer Handschrift mit dem Gittergedicht der Fall (Abb. 10, S. 40).

„Vom Lob des heiligen Kreuzes" des Hrabanus Maurus

Um das Jahr 810 verfasste Hrabanus Maurus einen Gedichtzyklus, der meistens „Vom Lob des heiligen Kreuzes" („De laudibus sanctae crucis") genannt wird. Hrabanus gehörte dem 744 gegründeten Benediktinerkloster in Fulda an, das nicht nur reich an Besitztümern, sondern auch für seine herausragende Bibliothek, das hohe Bildungsniveau und das rege intellektuelle Leben bekannt war. Diesen Ruf sollte es insbesondere in den 820er und 830er Jahren erlangen, als Hrabanus Abt des Klosters war. Er hatte dort seit seiner Kindheit gelebt, war als äußerst begabter Novize aufgefallen und wurde von Alkuin, dem allseits gerühmten Gelehrten am Hof Karls des Großen sowie Abt des Klosters Saint-Martin in Tours, gefördert. Als Hrabanus „Vom Lob des heiligen Kreuzes" konzipierte, war er Klosterschulmeister (*magister*) in

44

Fulda. Die Ambition, hymnische Kreuzgedichte in Form von *carmina cancellata* zu verfassen, muss im Austausch mit anderen Gelehrten entstanden sein. Unter den Gittergedichten im Berner Codex sind zum Beispiel Alkuins „Kreuz, du bist die Zierde der Welt" („Crux, decus es mundi") sowie ein Kreuzgedicht des karolingischen Gelehrten Joseph Scottus enthalten. Am berühmtesten aber ist der Zyklus „Vom Lob des heiligen Kreuzes" von Hrabanus, weil dieser einen beachtlichen Ehrgeiz entwickelte, das antike Erbe (sowie seine Zeitgenossen) zu überbieten. Sein Werk ist außerdem eines der eindrücklichsten Beispiele für die Verehrung des Kreuzes Christi im Frühmittelalter. Hatte es bis ins 4. Jahrhundert noch ein Schattendasein geführt, war es nun ein Gegenstand, der wie kein anderer die Heilkraft des christlichen Glaubens symbolisierte: „Alles glänzt schon, vom wahren Licht Christi beleuchtet, und rühmt die Taten des heiligen Kreuzes und preist sie selig."

Niemals zuvor hatte es einen so umfangreichen und so kunstvollen Gedichtzyklus zum Lobpreis des Kreuzes gegeben. Er besteht aus 28 Gittergedichten in Hexametern. Zu jedem von ihnen gehört eine ausführliche Erklärung, die sich in den Handschriften immer auf der gegenüberliegenden Seite befindet und sich gleichermaßen auf den Text wie auf die Form des *carmen cancellatum* bezieht. Insgesamt wird deutlich, dass die Bedeutung eines Gittergedichts erst aus dem Zusammenspiel des Textes mit den Figuren und deren *versus intexti* entsteht. Das Spektrum an Figuren im „Lob des heiligen Kreuzes" ist beachtlich und trägt wesentlich zum Ruhm des Gesamtzyklus bei. Es gibt geometrische Formen und Buchstaben, aber auch Engel, symbolische Tiere, Rosetten und nicht zuletzt die Figur des stehenden Christus sowie Hrabanus selbst, der demütig das Kreuz anbetet. Sein *versus intextus* lautet: „Ich bitte dich, o milder Christus, sei mir, Raban, liebevoll Schutz im (Jüngsten) Gericht."[4]

Die Aufgabe, die Gittergedichte mit den figürlichen Gestalten zu kopieren, könnte schwieriger nicht sein. Doch auch die Kreise sind Herausforderung genug. Ein Selbstversuch – Abpausen nicht erlaubt – macht dies nach kürzester Zeit deutlich. Man muss auf alles gleichermaßen achten, auf den Text wie auf die Figur. Während sich die Kreisformen nicht von allein herausbilden, wenn man nur die Buchstaben richtig setzt, wird der Gesamteindruck auch dann zerstört, wenn man die Buchstaben an die Kreisformen anpasst. Hrabanus war dies sehr wohl bewusst. Er hatte seinem Freund und Mitbruder Hatto das erste Exemplar zur Durchsicht überlassen und einen Brief mit den mahnenden Worten beigelegt, sein Freund möge jedem Kopisten die Bedeutung der Originaltreue zu verstehen geben. Insgesamt sind sechs Abschriften überliefert, die noch zu Lebzeiten von Hrabanus vermutlich in Fulda oder Mainz entstanden sind. Ihre Herstellung werden Hrabanus und Hatto mit Argusaugen kontrolliert haben. Doch interessanterweise sind auch diese Exemplare nicht genau gleich. Unsere Handschrift, die sich heute in der städtischen Bibliothek von Amiens befindet, ist die akkurateste unter ihnen.

Die Welt als Makro- und Mikrokosmos

Den Gittergedichten ist ein Inhaltsverzeichnis vorangestellt, in dem jenes mit den vier Kreisen folgendermaßen betitelt wird: „Über die vier Elemente, die Reihenfolge der Jahreszeiten, die vier Erdteile, die vier Teile des natürlichen Tages und wie sie ihren Platz im Kreuz finden und durch das Kreuz geheilt werden."[5] Das Gedicht beschäftigt sich folglich mit der kosmischen Dimension des Kreuzes. Die genannten Vierergruppen, beginnend mit den vier Elementen Luft, Feuer, Erde und Wasser, bildeten in der mittelalterlichen Kosmologie die Grundbestandteile der Welt. Die Kosmologie stand damit in der Tradition der antiken Naturphilosophie.

Die Lehre von den vier Elementen geht auf Empedokles von Agrigent (gest. um 423 v. Chr.) und dessen zweiteiliges Gedicht „Über die Natur" zurück. Den Ausgangspunkt bildete die Frage, auf welche Weise die irdische Welt beschaffen ist, wenn sie einerseits ein festes Ganzes bildet, in dem sich andererseits alles unaufhörlich wandelt, was zum Beispiel in der zyklischen Abfolge der Jahreszeiten unmittelbar erfahrbar ist. Bei Empedokles resultierte die Vier-Elemente-Lehre allerdings nicht aus der Naturbeobachtung, sondern aus der griechischen Mythologie und der Zahlentheorie. Erst mit dem Mediziner Hippokrates (gest. um 370 v. Chr.) wurde sie zu einer Lehre von den Substanzen der irdischen Welt.

Hippokrates entwickelte die Lehre der vier Körpersäfte, die ausgehend von dem lateinischen Wort *humor* („Saft") auch als Humoralpathologie bezeichnet wird. Blut, Schleim, schwarze und gelbe Galle bestimmen ihr zufolge über die Gesundheit eines Menschen. Wenn das ausgewogene Verhältnis der Säfte durcheinanderkommt und einer von ihnen dominiert, ist Krankheit die Folge. Für Hippokrates mussten es genau vier Säfte sein, weil er sie in Einklang mit den vier Elementen bringen wollte. Indem er deren Eigenschaften auf die Körpersäfte übertrug, machte er aus dem menschlichen Körper einen Mikrokosmos, der sich nahtlos in den Makrokosmos einfügte: Wie die Luft so ist auch das Blut feucht und warm; warm und trocken sind das Feuer und die gelbe Galle; trocken und kalt die Erde und die schwarze Galle; kalt und feucht Wasser und Schleim. Immer schafft eine gemeinsame Eigenschaft die Verbindung zwischen zwei Elementen beziehungsweise Körpersäften. Es entsteht ein festes, zugleich in sich verschiedenartiges Ganzes, dessen Bestandteile ineinander übergehen. Der Zyklus der vier Jahreszeiten macht dies besonders anschaulich, da die Jahreszeiten ihrerseits durch die Eigenschaften der Elemente bestimmt werden und zudem auf den Säftehaushalt des menschlichen Körpers einwirken: Im Frühling, wenn die feuchte Luft wärmer wird, zirkuliert das Blut am besten. Im Sommer, wenn die Luft in das warme und trockene Feuer übergehen kann, produziert der Körper mehr gelbe Galle. Wenn im Herbst die Erde noch trocken ist, es aber immer kälter wird, bewirkt dies ein Übermaß an schwarzer Galle. Auf den kalten Winter schließlich, in dem die Luft wieder feuchter wird, reagiert der Körper mit Schleim. Diese Auffassung und damit die Humoralpathologie bildete die Grundlage der Medizin im Mittelalter.

Die vierfache Kosmosordnung bot Raum für die vier Tages-
zeiten, Hauptwinde, Lebensalter und vieles mehr. Das Kreuz fügte
sich bestens in diese Ordnung ein, da es sich mit seinen vier Armen in die vier Himmelsrichtungen erstreckte und somit den gesamten kosmischen Raum erfasste. Dieses Verständnis enthielt
eine sehr plastische Erklärung für die universelle Gültigkeit der
christlichen Lehre: Die vier Arme umschließen den Kosmos, sodass sich alles, was existiert, im Bannkreis des Kreuzes Christi
befindet. Der entscheidende Gedanke jedoch war, dass sich das
Kreuz nicht einfach nur in eine bestehende Ordnung einfüge,
sondern dass es das kosmische Prinzip vollends offenbare. Die
Struktur des Kosmos erklärte sich durch das Kreuz. Das hatte
zur Konsequenz, dass die aus der Antike übernommene Kosmosordnung nun ausgehend vom Kreuz erklärt, das heißt auf ihren
vermeintlichen Ursprung zurückgeführt werden konnte. Letztlich
wurde damit behauptet, dass der Gekreuzigte die gesamte Welt in
sich enthält.

Das Kreuz als Makrokosmos

Schon bei Paulus, dessen Verteidigung des Kreuzes bereits im ersten Kapitel zur Sprache gekommen ist, findet sich eine Äußerung,
die man als Verweis auf die kosmische Gestalt des Kreuzes verstehen kann. Das Sendschreiben an die frühchristliche Gemeinde
in Ephesus enthält ein Gebet, in dem Paulus darum bittet, Christus möge in den Herzen der Gläubigen wohnen, damit sie verstehen könnten, „was die Breite und die Länge ist und die Höhe und
die Tiefe". (Eph 3,18)
   Eine der zahlreichen Auslegungen dieser recht kryptischen
Formulierung stammt von Gregor von Nyssa, einem in Rhetorik
und Philosophie gebildeten Theologen aus dem späten 6. Jahrhundert, der für einige Jahre Bischof der Stadt Nyssa in Kappa-
dokien war. In seiner Unterweisung in die christliche Lehre, der
„Großen Katechese", konnte er aus kosmologischen Gründen kei-

nen Gegensatz zwischen dem Tod Christi am Kreuz einerseits und dessen göttlicher Natur andererseits erkennen. Ganz im Gegenteil: Angesichts der Form des Kreuzes wäre kein anderes Werkzeug für die Hinrichtung des Gottessohns besser geeignet gewesen. Zum einen wiesen die Balken in alle vier Himmelsrichtungen, zum anderen seien sie in der Mitte miteinander verbunden. Bei der Kreuzigung, so Gregor, sei diese Form in den Körper Christi übergegangen, sodass nun Christus zum Ausgangs- sowie Ruhepunkt der Weltordnung wurde. Für Gregor demonstriert der Tod am Kreuz deshalb die Universalität der christlichen Botschaft. Für ihn ist der Gekreuzigte derjenige, „welcher das Universum in sich eint und harmonisch verbindet, indem er die verschiedenartigen Dinge zu einem einheitlichen Ganzen zusammenfasst. Denn bei den Dingen blicken wir entweder nach oben oder nach unten, oder unser Forschen bezieht sich auf die beiden Seiten."[6] Gregor beruft sich auf die Aussage von Paulus, spitzt diese jedoch auf bemerkenswerte Weise zu. Sein Fokus liegt auf der Kraft des Kreuzes, alles in sich vereinen zu können. Gregor dreht die Perspektive gewissermaßen um, indem er hervorhebt, dass die vier Richtungen in der Mitte des Kreuzes zusammenkommen.

Bemerkenswert ist außerdem, dass Gregor die kosmische Dimension des Kreuzes auf unsere Wahrnehmung der irdischen Welt bezieht. Demnach richten wir uns immer, wenn wir uns den natürlichen Dingen zuwenden, nach einer der vier Seiten aus und nehmen unzählige, einzeln benennbare Dinge wahr, die – wie Feuer und Wasser – gegensätzlicher Natur sind. Wir stellen aber zugleich fest, dass die Welt nicht in ihre Einzelteile zerfällt, sondern ein Ganzes bildet. Die mittelalterliche Kosmologie hält als Erklärung die bereits erwähnte Lehre der vier Elemente und ihrer Eigenschaften parat. Alles, was in der Welt existiert, besteht ihr zufolge zu unterschiedlichen Anteilen aus den vier Elementen. Gregor von Nyssa hebt jedoch hervor, dass auch das Kreuz eine festigende Kraft habe, da es mit der räumlichen Ausdehnung des Kosmos übereinstimme. Alles, was existiere, füge sich in diese

Ordnung ein. Jedes Ding, so lassen sich seine Worte verstehen, weist mit seinem Körper in die vier Richtungen des Kreuzes, die zugleich die Himmelsrichtungen sind: Es hat ein Oben und ein Unten, Rechts und Links. Für Gregor ist das Kreuz deshalb der Gegenstand, der alles an sich bindet und in sich zusammenbringt.

Das Kreuz im kosmologischen Diagramm

Die Ordnungsstruktur der göttlichen Schöpfung wurde im Mittelalter in verschiedenen Bildmedien dargestellt und ergründet. Einige kosmologische Abhandlungen enthalten geometrisch-abstrakte Diagramme, die sich zum Beispiel mit den Planetensphären, den Phänomenen der Mond- und Sonnenfinsternis, den Klimazonen oder der Krümmung der Meeresoberfläche beschäftigen. Auch in der Verwendung von Diagrammen setzte sich im Mittelalter eine antike Tradition fort. Das Wissen, dass die Erde und das gesamte Universum kugelförmig sind, erlitt – entgegen hartnäckiger Vorurteile gegenüber dem vermeintlich „finsteren" Mittelalter – keinen Abbruch. Nicht anders als zuvor gründete dieses Wissen auf der Deutung astronomischer Phänomene, und auch naturphilosophische Überlegungen ließen keine anderen Schlüsse zu. Wenn somit das Diagramm mit den zwölf Winden in einer Handschrift der Berliner Staatsbibliothek (Ms. Phill. 1830; Abb. 11) die Welt als Kreis darstellt, so ist dieser Kreis nicht als Darstellung einer Scheibe, sondern als vereinfachte, zweidimensionale Abbildung der kosmischen Sphäre zu verstehen.

Die Berliner Handschrift entstand im dritten Viertel des 9. Jahrhunderts – nur wenige Jahrzehnte später als die Abschriften von Hrabanus Maurus' „Lob des Kreuzes" (Abb. 10, S. 40) – in der Benediktinerabtei in Metz. Das große, präzise mit dem Zirkel gezeichnete Kreisdiagramm ist jedoch eine Ergänzung aus dem 11. Jahrhundert. Das Zentrum bildet eine sogenannte T-O-Karte, die minimalistischste Darstellung aus dem Bereich der mittelalterlichen Kartografie. Sie enthält die drei zu dieser Zeit

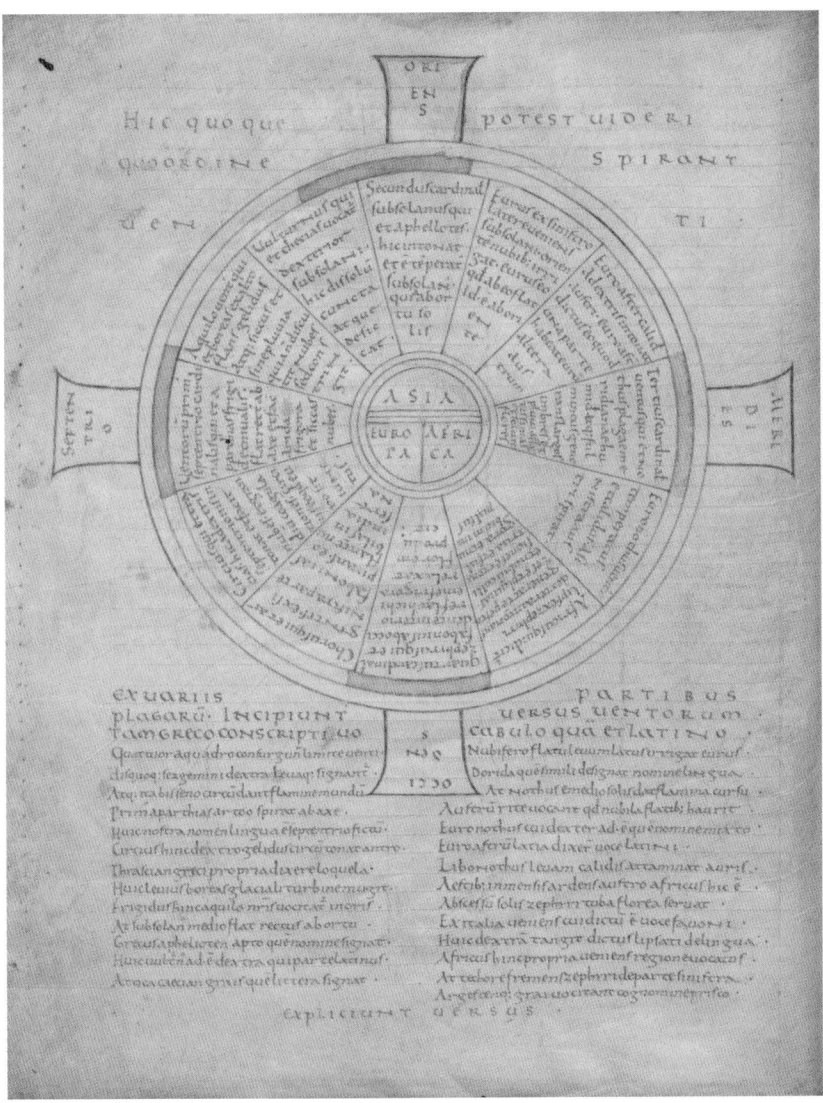

Abb. 11: Diagramm der Winde und Himmelsrichtungen, 11. Jh., Berlin, Staatsbibliothek, Ms. Phill. 1830, fol. 3v

bekannten Erdteile Asien, Afrika und Europa und ordnet sie innerhalb einer Kreisfläche T-förmig an, sodass die Größenverhältnisse ersichtlich werden. Die übrige Fläche des Diagramms ist in zwölf gleich große Felder unterteilt, die wie breite Strahlen von der T-O-Karte ausgehen. Die Texte darin liest man jedoch von außen nach innen, sodass die Lektüre immer wieder zur T-O-Karte im Zentrum zurückführt. Sie beschreiben die vier Hauptwinde, die jeweils zwei Nebenwinde besitzen und einer der vier Himmelsrichtungen zugeordnet sind. Letztere werden in diesem Diagramm auf besondere Weise hervorgehoben, nämlich einerseits mit den grünen Kreisabschnitten markiert, andererseits ganz außen in den extra angefügten Flächen einzeln benannt: ORIENS (Osten), MERIDIES (Süden), OCCIDENS (Westen) und SEPTENTRIO (Norden). Wer um die kosmologische Dimension des Kreuzes weiß, erkennt in dieser Anordnung sogleich eine Kreuzform. Da es fast so wirkt, als läge das Kreisdiagramm auf dem Kreuz, sieht man das Kreuz sowohl „in" als auch „hinter" der Ordnung der Winde. Die Kreuzmitte ist hier zugleich das Zentrum der Welt, in dem sich die Erde befindet. Von dort aus betrachtet, bilden die vier Himmelsrichtungen ein Grundgerüst, das den gesamten Kosmos unterteilt. Mit den Winden, die im Diagramm aus allen Richtungen zur Erde hin wehen, werden die Himmelsrichtungen wiederum zu ihrem Ausgangspunkt zurückgeführt. Beide Aspekte, die für Gregor von Nyssa wichtig waren, kommen somit in diesem Diagramm zur Geltung: Es veranschaulicht sowohl das Ausspannen des Kreuzes im kosmischen Raum als auch seine Kraft, alles in seiner Mitte zu einen.

Das Kreuz aus Kreisen im Gittergedicht

In der Kreisanordnung des Gittergedichts von Hrabanus Maurus ein Kreuz zu erkennen, liegt nun nicht mehr fern (Abb. 10, S. 40). Es verwundert auch nicht, dass die *versus intexti* der vier Kreise zusammengenommen die kosmologischen Vierergruppen enthalten. Im obersten heißt es: *VER, ORIENS, IGNIS, AVRORA, HAC PARTE RELVCENT.*[7] („Frühling, Osten, Feuer und Morgenröte leuchten in diesem Teil.") Im Uhrzeigersinn folgen Sommer, Süden, Luft und Mittagszeit; Herbst, Westen, Erde und Abend; Winter, Norden, Wasser und Mitternacht. Die Verwendung von Kreisen leuchtet unmittelbar ein, denn zum einen eignet sich keine andere geometrische Figur besser zur Veranschaulichung zyklischer Prozesse, zum anderen verweist der Kreis auf die sphärische Form des Kosmos. Da die meisten Kosmosdiagramme kreisförmig sind, wird manch diagrammkundiger Betrachter in diesem *carmen figuratum* sogleich das kosmische Kreuz erkannt haben.

Hrabanus beginnt seine Erläuterung des Gittergedichts mit einer Zusammenfassung der Vierergruppen und geht dann dazu über, die Elemente am Kreuz zu verteilen. Das leichte Feuer kommt an das obere Ende, die schwere Erde an den Kreuzfuß; der Luft und dem Wasser wird jeweils einer der Kreuzarme zugewiesen. Im nächsten Schritt überträgt er die Lehre von den vier Elementen und deren Eigenschaften, die aus dem Kosmos ein festes Gefüge machen, auf das Kreuz: „Diese vier Elemente werden gewissermaßen durch ihre natürliche Verwandtschaft miteinander vermengt, sodass sie das Ganze der Welt bewirken. Auf die gleiche Weise werden sie auch durch die vier Teile des Kreuzes untereinander verbunden, sodass sie dessen vollendete Gestalt zu erkennen geben."[8] Die genauere Veranschaulichung des Kreuzes als kosmische Ordnungsfigur erfordert jedoch ein wenig Anstrengung vonseiten des Lesers, denn er soll sich vorstellen, das aufrecht stehende Kreuz auf den Boden zu legen: „Wenn wir [das Kreuz] aber den vier Teilen der Erde zuweisen wollen, müssen wir es folgendermaßen hinlegen: Seinen vordersten Teil richten wir nach Osten aus, seinen äußersten nach Westen, den rechten nach Norden und den linken nach Süden."[9] Am liegenden Kreuz lässt sich dessen universelle Gestalt besser verstehen. Stellt man sich nämlich vor, dass die Balken in alle vier Richtungen länger und länger werden, bis sie auf der anderen Seite des Globus wieder aufeinandertreffen, sieht man die Erde vom Kreuz umgürtet. Es verwandelt sich in zwei Kreise, die sich an zwei Punkten schneiden. Das Kreuz, mag es auch in dieser Form kaum wiedererkennbar sein, umfasst und enthält die Welt. Man kann diesen Zustand ganz unterschiedlich verstehen: Das Kreuz birgt die Welt, oder es zwängt sie ein.

Platons Weltseele wird zum christlichen Kreuz

Die Vorstellung, dass das Kreuz den Kosmos vollends umschließt und sich dabei in zwei Kreise verwandelt, liegt auch der naturphilosophischen Rechtfertigung des Kreuzes von Justin dem Märtyrer zugrunde. Während Hrabanus seine Leser auffordert, in Gedanken mit dem Kreuz zu hantieren und es auf die Erde zu legen, führt uns Justin in ganz andere Sphären. Der philosophisch gebildete Theologe, der aus Flavia Neapolis, dem heutigen Nablus, stammte und um das Jahr 165 in Rom das Martyrium erlitt, war der Ansicht, schon Platon habe die Kreuzform im Himmelsglobus beschrieben. Er berief sich dabei auf Platons Schrift „Timaios", in der ein göttlicher, handwerklich begabter Weltbildner aus der bereits vorhandenen, doch ungeordneten Materie den Kosmos erschafft. Platons Weltbildner konnte recht gut als Alter Ego des biblischen Schöpfergottes verstanden werden, auch wenn dieser keiner bereits existierenden Materie bedurfte, sondern die Welt aus dem Nichts erschuf. Die Wahrhaftigkeit des biblischen, vermeintlich von Mose geschriebenen Schöpfungsberichts stand dabei außer Frage. Frühchristliche Gelehrte waren der Auffassung, dass Moses' kurze, zwar anschauliche, doch an vielen Stellen schwer verständliche Erzählung bereits sämtliches Wissen über den Kosmos enthielt. Die nachfolgende Naturphilosophie, so auch der „Timaios", hatte dem folglich nichts mehr hinzuzufügen. Sie galt vielmehr als Versuch, die Weisheiten des Mosaischen Texts zu ergründen. Dass selbst Platon dabei Fehler unterliefen, stellte Justin mit großer Nachsicht fest.

Im Unterschied zum Kosmos des biblischen Schöpfungsberichts besitzt die Welt im „Timaios" eine Seele, die die Welt nicht

nur in eine unablässige, gleichförmige Bewegung versetzt, sondern auch zu einem vernunftbegabten Wesen macht. Während
der Kosmos im Bibeltext allein durch die Hinwendung Gottes
existiert, ist jener im „Timaios" lebendig und autark. Seine Seele
entsteht in einem mehrschrittigen Arbeitsprozess: Zunächst vermischt der Weltbildner verschiedene Teile der Urmaterie, dann
entnimmt er der entstandenen Masse genau bemessene Portio-
nen, legt diese nebeneinander und verbindet sie zu einem Strang.
Nun kommt eine für Justin entscheidende Stelle: „Diese gesamte
Fügungsreihe spaltete [der Weltbildner] längs in zwei Hälften
durch, legte die beiden Mitte an Mitte wie ein X übereinander
und bog sie im Kreis zu einem, wobei er ihr je eigenes und gegen-
seitiges Aufeinandertreffen genau gegenüber zusammenfügte."[10]
Während man sich das X, mit dem Platon den Buchstaben Chi
meint, noch gut vor Augen führen kann, wird das räumliche Vor-
stellungsvermögen im Folgenden etwas strapaziert: Die vier Arme
des X werden nach hinten (oder vorne) gebogen, bis sie wieder
aufeinandertreffen. Auf diese Weise entsteht ein dreidimensiona-
les Gebilde aus zwei Kreisen oder Ringen, die sich an zwei Punkten kreuzen. Das ist die Weltseele.

In einer Handschrift aus dem 11. Jahrhundert gibt es zu diesem Vorgang drei schlichte, mit griechischen Buchstaben be-
schriftete Diagramme (Abb. 12). Der vertikale Balken ganz links
stellt den Strang dar, der aus den Einzelportionen besteht.
Rechts davon bilden die beiden Stranghälften den Buchstaben
Chi (X) mit seinen vier gleich langen Balken. Das Kreisdiagramm ganz rechts ist ziemlich verwirrend, weil es die dreidimensionalen, sich kreuzenden Kreise in der Fläche darstellt
und mit einem Außenkreis umgibt. Es ist ein stark vereinfachen-
des, nicht als räumliche Figur gedachtes Schema, das sich auf
den nächsten und letzten Arbeitsschritt des Weltbildners bezieht: „Eine Seele setzte er in [den Körper des Kosmos], spannte
sie durch den ganzen Körper, und auch noch von außen hüllte er
den Körper mit ihr ein."[11] Den letzten Handgriff kann man sich
am plastischsten vorstellen: Die Weltseele, das räumliche X aus

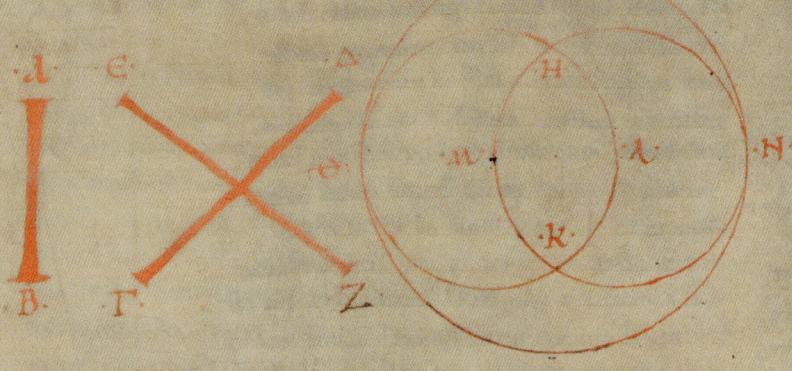

serie in longū secuit & ex una serie duas fecit. easq; media mediæ in spe-
ciē. x. chi grece littere cautauit curuauit; in orbes quo ad coirent
inter se capita ſ Caribꝰ; his essentia ſalicet idiuiso. miscuerat animam · et
eā secuerat in numeros. parte duplicis usq; ad orbū qui ꝑmus exduplicib;
nascitur. parte triplices usq; adorbū ꝙmū ex triplicib; nascitur · hoc numerꝯ
inter ualla numeris aliis ꝓex uolebat. ut eet in animæ textu corporis ſi
militudo. itaq; limitib; constitutis. uno sex. altero · xii. qui e duplex duab;
medietatib; octo · i noue · sex iduodeci limite interuallū continuauit epi
trito. tte ſeſcplari potentia. p indeq; ut ſit ignis limitē terreq; alteriꝯ
limite inserat aeris itaq; materiis mundi corp ctinuatū e itanumeror̄
potentiis insertis taquā elementis. materusq; mbra animæ intelligibilia
conecteret. eetq; aliqua inte animā corpusq; similitudo. Hanc ꝗ̄ serie
ñ materia neq; corp secuit · iqint ds̄. ut siqs · A B. recta linea in longū ſin
dat · i de seꝑminib; duob; chi faciat r̄ A E. Z. illipsū curuæ demū. i
duos innexos facit H̄ O K̄ i H̄ N̄ K̄ M̄. Hosq; ipsos exteriore alio circu
lo. cū moꝰ contusio ꝙ ide ſeꝑ ꞇuniformis ſit · circuliq; ide aplani.
Hui quippe obiculariæ agitatio · seꝑ eadē · seꝑ eꝗli uelocitate nelocu
ꝗde ullū desiderans exin eſueti abit semita · Exteria quidē circuli

Urmaterie, wird der äußersten Hülle des Kosmos, der Fixstern-sphäre, eingepasst. Ihre beiden Kreise verwandeln sich in den Himmelsäquator und den Tierkreis (Ekliptik). Wer die Tierkreis-zeichen kennt, kann im Nachthimmel zumindest einen Ab-schnitt der Weltseele sehen. Wie ein sichtbarer unsichtbarer Kör-per umfängt sie den gesamten Kosmos.

Justin war freilich der Ansicht, dass Platon – nichtsahnend und auf „naturkundliche" Weise – vom Kreuz Christi und dessen kosmologischer Dimension sprach. Man könnte Justins These be-stärken, indem man nochmals auf die Grundform der Weltseele aufmerksam macht: Das X ist sowohl eine kreuzförmige Figur als auch der griechische Buchstabe Chi, mit dem das Wort Χριστός (Christós) beginnt. Es ist Bestandteil des Christusmonogramms (Abb. 17, S. 70), das im folgenden Kapitel genauer betrachtet wer-den wird, und besaß deshalb eine Symbolkraft. Könnte man da-her nicht den Buchstaben als zusätzlichen Verweis auf Christus verstehen? Dann wäre die Präsenz Christi in der Weltseele umso stärker. War Justin so sehr auf das Kreuz fixiert, dass er dieses Argument übersah? Möglicherweise ist die Antwort recht banal: Das Christusmonogramm war ihm schlichtweg nicht vertraut ge-nug. Auf einen ganz ähnlichen Problemfall wird das folgende Kapitel zu sprechen kommen.

Kosmisches Kreuz und irdische Macht

Wie kaum ein anderes Objekt führt der sogenannte Reichsapfel vor Augen, dass die Kosmologie des Kreuzes einen Herrschafts-anspruch enthält (Abb. 13). Der mit 21 Zentimetern Höhe und einem Durchmesser von 9,5 Zentimetern sehr kleine Gegenstand setzt sich aus einer Kugel und einem am Scheitelpunkt montier-

← Abb. 12: Calcidius, Kommentar zu Platons Timaeus, Diagramme zur Weltseele, Deutschland, 11. Jh., 27 × 20,5 cm, Wolfenbüttel, Herzog-August-Bibliothek, Cod. 116 Gud. lat. 2° (4420), fol. 35

ten Kreuz zusammen. An kostbarem Material wurde hier nicht gespart: Goldblech umhüllt die aus Harz bestehende Kugel; Edelsteine und Perlen schmücken das aus Gold gefertigte Kreuz. Die Perlen des horizontalen Bandes haben sich nicht erhalten. Das Prachtstück gehört zu den Insignien der Kaiser und Könige des Heiligen Römischen Reiches. Die Objekte stammen vornehmlich aus der Zeit vom 10. bis zum 14. Jahrhundert und befinden sich seit 1801 in der Kaiserlichen Schatzkammer in Wien. Die Reichskrone, das Reichskreuz mit einem kleinen Stück vom Holz des Kreuzes Christi sowie, ebenfalls im Reichskreuz aufbewahrt, die Heilige Lanze mit einem Kreuznagel waren seit der Zeit der Salier die zentralen Zeichen der höchsten, göttlich legitimierten Herrschergewalt. Der Reichsapfel ist schon in karolingischen Bildern zu sehen, als Insignie im Krönungszeremoniell aber erst später quellenkundlich belegt. Erst der Besitz der Insignien verlieh den Königen und Kaisern die entsprechende Autorität, welche mit der (Selbst-)Verpflichtung zu einer gottgefälligen Regierung einherging. Zum einen sollte die heilige Kraft der Reliquien eine erfolgreiche Herrschaft begünstigen; zum anderen demonstrierten Form, Bildprogramm und nicht zuletzt das kleine Kreuz auf der Vorderseite der Krone, dass sich die Regenten als Nachfolger der biblischen, gottgerechten Könige verstanden.

Von einer Insignie, die aus einer Kugel mit einem Kreuz besteht, liest man erstmals in der zwischen 1031 und 1047 verfassten Chronik des Benediktinermönchs Rodulfus Glaber. Heinrich II., so heißt es darin, habe die Insignie anlässlich seiner Kaiserkrönung im Jahr 1014 von Papst Benedikt VII. erhalten. Die Kugel erinnerte Rodulfus an einem Apfel (*ponum*).[12] Aus diesem seit dem Frühmittelalter üblichen Vergleich leitet sich die Bezeichnung „Reichsapfel" her. Bedeutung und Botschaft des prächtigen, aus Gold und Edelsteinen bestehenden Objekts waren Rodulfus zufolge eindeutig: Es gemahnte Heinrich, die Welt (Kugel) geleitet

← Abb. 13: Reichsapfel, westdeutsch (Köln?), um 1200, Höhe 21 cm, Durchmesser 9,5 cm, Wien, Kaiserliche Schatzkammer

von Tugenden (Edelsteine auf der Kugel) zu regieren und sich des Schutzes durch das Kreuz (auf der Kugel) würdig zu erweisen. Obgleich die Beschreibung bei Rodulfus gut auf den Reichsapfel in der Wiener Schatzkammer passt, kann es sich dabei nicht um die Insignie Heinrichs II. handeln, da er erst in der Zeit um 1200 – für eine nicht näher bestimmbare Krönung – entstand.

Die kosmologische Deutung des Kreuzes ist in diesem Objekt nicht unmittelbar abgebildet, doch wiederkennbar. Zum einen steht das Kreuz als dominierendes Zeichen auf dem Globus, der sowohl die Erde als auch den Kosmos darstellt. Folgt man nochmals den Anweisungen von Hrabanus Maurus aus dem „Lob des heiligen Kreuzes", legt das Kreuz auf die Sphäre und verlängert dessen Arme in jede der vier Himmelsrichtungen, so schafft man genau die vier Bänder, die die goldene Kugel des Reichsapfels vertikal umfassen. Die platonische, von Justin dem Märtyrer christlich interpretierte Weltseele kann man darin zwar nicht genau wiedererkennen, da sie aus einem X ohne rechte Winkel gebildet ist. Gleichwohl entsteht auch aus ihr ein die Welt umspannendes Gebilde. Eine weitere Umschließung des Globus kam im Ritual der Kaiserkrönung hinzu, denn wenn der Herrscher die Insignie entgegennahm, umgriff er sie mit seinen Fingern. In diesem symbolischen Akt übernahm er den Herrschaftsauftrag über die irdische, in der Gestalt des Kreuzes enthaltene Welt. Das aufragende Kreuz des Reichsapfels blieb sichtbar und führte demonstrativ vor Augen, dass beides, der Kosmos wie die irdische Herrschaft, vom Kreuz bestimmt war. Wie kaum ein anderes Objekt versinnbildlichte der Reichsapfel den universellen Machtanspruch des christlichen Kreuzes.

Die Münzbilder oströmischer Kaiser belegen, dass es die Insignie aus Kugel und Kreuz bereits seit dem 5. Jahrhundert gab. Auf einer zwischen 537 und 542 in Rom geprägten Goldmünze – einem Solidus, der Standardmünze im Byzantinischen Reich –, hält Justinian I. die Insignie in der erhobenen rechten Hand (Abb. 14). Der Kaiser ist in Frontalansicht als Kriegsherr dargestellt. Er trägt einen prächtigen Helm mit Federbusch, ein Dia-

Abb. 14: Justinian I., Solidus (Avers), Rom, zwischen 537 und 542,
Durchmesser 20 mm, Washington/DC, Dumbarton Oaks,
Research Library and Collection

dem, einen Brustpanzer und in der linken Hand einen Schild. Das
zierliche, aus der Fläche hervortretende Kreuz ragt unmittelbar
neben seinem Kopf auf. Das Münzbild zeigt auf diese Weise einen
Kaiser, der sich in den Dienst des Kreuzes stellt, wohl wissend,
dass seine irdische Macht der göttlichen Gunst bedarf. Auf der
Rückseite ist die Insignie erneut zu sehen, nun allerdings in der
Hand eines Engels, der außerdem ein Kreuzzepter bei sich hat
(Abb. 15). Die verkürzte Umschrift „Sieg der Kaiser" (VICTORI-
AVCCCA) verdeutlicht, dass dieser Engel mit seinen zweifachen
Kreuzobjekten den Triumph herbeiführt. Dass damit durchaus

Abb. 15: wie Abb. 14 (Revers)

der militärische Erfolg des Kaisers als Feldherr gemeint war, wird das folgende Kapitel veranschaulichen.

Das Kreuz im Mikrokosmos

Die irdische Machtfülle des Kreuzes war jedoch nicht von einem Potentaten abhängig und musste nicht immer umständlich vom Kosmoskreuz hergeleitet werden. Justin zum Beispiel argumentierte nicht nur mit der platonischen Naturphilosophie, sondern richtete den Blick auch auf Dinge, die jeder kannte. Alltagsbeobachtungen sollten die – bereits im vorherigen Kapitel vernommene – vernichtende Kritik entkräften, das Kreuz sei nichts anderes als ein gottesfernes Todesinstrument für Verbrecher und Betrüger. Man müsse nur genau hinschauen, so Justin, und erkenne dann die Kreuzform in sieghaften Gebrauchsgeräten – in Schiffsmast, Rahe und Segel oder Ackerbau- und Handwerksgeräten, mit denen sich der Mensch die Natur untertan mache. Auch auf die Kreuzform des Menschen beziehungsweise im Menschen kam Justin zu sprechen, wobei es ihm um ein spezifisches Argument ging: Aufrecht und mit zur Seite gestreckten Armen – also kreuzförmig – stehen zu können, sei eine Fähigkeit des Menschen, die ihn von den vernunftlosen Kreaturen unterscheide. Selbst im menschlichen Gesicht, in der Vertikale und Horizontale von Nase und Augenbrauen, sah Justin eine Kreuzform. Alles zusammengekommen, heißt es bei ihm: Das Kreuz ist „das größte Zeichen [der] Stärke und Herrschaft [Jesu Christi], wie sich auch an den Dingen zeigt, die vor Augen treten. Denn bedenkt alles, was in der Welt ist, ob es ohne diese Form [des Kreuzes] getrennt existiert oder Zusammenhang haben kann. Denn das Meer wird nicht zerschnitten, wenn nicht dieses Siegeszeichen, das Segel genannt wird, auf dem Schiff heil bleibt, die Erde aber wird nicht gepflügt ohne es. Landarbeiter tun ihre Arbeit nicht und desgleichen Handwerker nicht, es sei denn mit Werkzeugen, die diese Form haben. Und die menschliche Gestalt unterscheidet sich in nichts anderem von den unvernünftigen Lebewesen als darin, dass sie aufrecht ist und eine Ausbreitung der Arme aufweist und im Gesicht eine stirnabwärts ausgerichtete so genannte Nase trägt, durch welche es für das Lebewesen Atem gibt. Und dies zeigt keine andere Form als die des Kreuzes."[13]

Erneut, doch in gänzlich anderer Weise als in der Theorie von Makro- und Mikrokosmos, zeigt sich die wohl ersonnene Beschaffenheit des Menschen. Ist es dort sein Organismus, in dem die vier Körpersäfte und damit auch die vier Elemente walten, so entspricht hier seine äußere Gestalt der kosmischen, zugleich heilsstiftenden Kreuzfigur.

Eine innerkosmische Einpassung, die die menschliche Kreuzgestalt in eine spezifische Darstellungsform überträgt und inhaltlich ergänzt, vollzieht sich in einem Kosmosdiagramm in Hildegard von Bingens Visionsbericht „Das Buch vom Wirken Gottes" („Liber divinorum operum"; Abb. 16). Eine nackte männliche Figur steht – in der Pose Justins – aufrecht und mit ausgestreckten Armen in der innersten, hellen Sphäre einer großen, außen rot flammenden Kreisfigur. Ganz oben ragt ein eigentümliches Gefüge mit zwei Köpfen aus dem Flammenkranz hervor. Der rote Kopf ist das Haupt einer Figur, die das Diagramm außen mit ihren Armen umfasst und auf großen Füßen hinter der Kreisfläche steht. Aus ihrem Kopf kommt das Haupt Gottes hervor, das weit über den Rahmen hinausragt und auf diese Weise die gesamte Darstellung beherrscht. Erst nach einer kleinen Weile entdeckt man in der unteren linken Ecke die miniaturhafte Hildegard, auf einem Stuhl sitzend und mit zwei Wachstäfelchen auf dem Pult vor sich. Sie schreibt, ohne auf die Täfelchen zu schauen, da sie ihren Blick weit nach oben richtet. Eine kleine Überdachung schirmt sie von dem Kosmosgebilde ab, dem sie ihre ganze Aufmerksamkeit schenkt.

Zu dem Bild gehört ein längerer Text, in dem Hildegard zunächst beschreibt, was sie in der göttlichen Vision gesehen hat, und danach folgt eine Deutung der einzelnen Details. Obgleich es eine große Übereinstimmung der Bilder mit dem Text gibt, ist umstritten, ob Hildegard an deren Entwurf selbst beteiligt war. Sie schrieb das „Buch vom Wirken Gottes" zwischen 1163 und 1173 im Benediktinerinnenkloster Rupertsberg bei Bingen, dessen Äbtissin sie seit 1136 war. Die Handschrift in Lucca, das älteste erhaltene Exemplar vom „Buch des Wirkens Gottes", entstand jedoch erst um 1230 in der Gegend von Trier. Wem auch immer die

Abb. 16: Hildegard von Bingen, Das Buch vom Wirken Gottes, →
Kosmosvision, Trier (?), um 1230, Lucca, Biblioteca Statale, Ms. 1942, fol. 9r

Bilder zu verdanken sind – man ist sehr froh, bei der Lektüre nicht auf die eigene Imaginationskraft angewiesen zu sein, sondern zahlreiche Details schön arrangiert im Bild wiederzufinden. Letztlich ermöglicht es das Bild, viel intensiver an der Schau Hildegards teilzuhaben.

Die äußere Figur unter dem Haupt Gottes, die den flammenden Kreis mit beiden Armen umfasst, ist Hildegard zufolge eine Personifikation der göttlichen Barmherzigkeit (*caritas*). Den Flammenkreis beschreibt sie als ein „Rad" (*rota*), das unaufhörlich kreist und mit dieser Bewegung das Unendliche oder Ewige versinnbildlicht. Das Rad umfasst den Kosmos, in dessen Innerstem der Mensch steht. Die Welt, so lässt sich das gesamte Bild verstehen, ist in der Barmherzigkeit Gottes geborgen und wird von ihr in Bewegung versetzt. Das Kreisen verursacht den Lauf von Sonne und Mond, welcher wiederum die vier Jahreszeiten herbeiführt, die ihrerseits von den vier Elementen bestimmt werden. Die kosmischen, oben bereits erläuterten Zyklen sind im Kreisen der Kosmossphäre enthalten.

Im Bild ist der Kosmos in Sphären unterteilt, die jeweils von einem der vier Elemente sowie von Äther ausgefüllt sind, was aufgrund der Farben nicht ohne Weiteres zu erkennen ist. Hildegard sieht in ihrer Vision ganz außen eine Sphäre aus hellem sowie schwarzem Feuer, dann eine weitere aus Äther, an die eine mehrschichtige Luftsphäre anschließt. Zu Letzterer gehören die Wolken, aus denen es auf die Erde im Zentrum herabregnet. „In der Mitte dieses Rades erschien die Gestalt eines Menschen, dessen Scheitel oben und seine Fußsohlen unten bis zu dem Kreis der starken, weißleuchtenden Luft reichten. Auf der rechten Seite waren die Fingerspitzen seiner rechten Hand, links die der linken Hand bis zu dem Kreis in seiner Rundung ausgestreckt, weil diese Gestalt auch ihre Arme so ausgebreitet hatte."[14] Mit großer Sorgfalt wurde die Figur auf genau diese Weise in den innersten Luftkreis eingefügt, und dies, obgleich die Arme dafür in die Länge gezogen werden mussten. Einerseits zeigt sich, dass der Kosmos für den Menschen geschaffen ist, da er dessen Körper passgenau in sich aufnimmt. Andererseits muss der Betrachter feststellen, dass der Mensch (noch) der Erde und der wolkenverhangenen Luftsphäre angehört, das heißt weit entfernt von der unmittelbaren Präsenz Gottes verortet ist.

Obgleich die Pose der männlichen Figur eindeutig kreuzförmig ist, interessiert sie Hildegard nicht weiter. Anders als Paulus und Justin geht es ihr nicht darum, das Kreuz als wesentliches Gerüst des Kosmos – und in ihm des Menschen – hervorzuheben. Vielmehr weisen die goldenen Linien, die die Kreisfläche im Bild durchziehen, auf einen weiteren, ganz anderen Sinngehalt hin. Erst die Lektüre macht verständlich, dass die Linien als Winde, die den Kosmos von allen Seiten durchkreuzen, aufzufassen sind. Bei Hildegard sind es diese Winde, die den Menschen stützen und ihm Stabilität verleihen, denn sie symbolisieren die Tugenden, moralischen Pflichten und Verdienste – wie Glaube, Hoffnung, Klugheit, Buße, Keuschheit und Gesundheit –, die alle Laster und Sünden vertreiben. Die Vision des Kosmos dient bei Hildegard somit als Versinnbildlichung der rechtmäßigen Lebensführung, die eine Voraussetzung für die göttliche Barmherzigkeit ist. Wird einer der Winde abgeschwächt, so gerät der Körper an dieser Stelle ins Wanken. Wer jedoch der Sünde nicht anheimfällt und auf die Kraft der Tugenden vertraut, der wird nicht stürzen und seinen Ort in der göttlichen Ordnung nicht verlieren. Im Bild wird aus dem Kräftefeld der Winde ein Fadenkreuz, das den Menschen in den Kosmos einbindet. So einengend dies auch erscheinen mag – eine Welt ohne Winde und Fäden, das heißt ohne Schutz vor allem Übel, mag man sich nach der Lektüre von Hildegards Text nicht mehr vorstellen.

Ungeachtet der Tatsache, dass Hildegard die kreuzförmige Haltung der menschlichen Figur nicht kommentiert, ist sie doch im Bild sofort erkennbar. Das Bild fügt dem Visionsbericht damit eine weitere Bedeutungsebene hinzu. Zieht man das Winddiagramm in der Berliner Handschrift (Abb. 11, S. 51) zum Vergleich heran, wird ersichtlich, dass das Kosmosdiagramm in Hildegards „Buch vom Wirken Gottes" die kreuzförmige Grundordnung der

Welt nach innen fortsetzt. Den vier Himmelsrichtungen entsprechen nun der Scheitel, die beiden Hände sowie die Füße des Menschen. Erneut kann man beide Perspektiven einnehmen: Einerseits streckt sich der menschliche Körper in die vier Richtungen, andererseits finden sie in ihm zusammen. Dieser Gedanke lässt sich auch bei Hildegard auf die Winde zurückführen. Während das Berliner Diagramm die Ausrichtung der Winde auf die Erde thematisiert, gilt die Kraft der Winde bei Hildegard dem menschlichen Körper. Beide Diagramme zusammengenommen, wird ersichtlich, dass der gesamte Kosmos – der Makrokosmos mit den Himmelssphären, Planeten und Gestirnen einerseits und der Mensch als Mikrokosmos andererseits – im Zeichen des Kreuzes steht.

Die kosmische Ordnungsmacht des Kreuzes

Die kosmologischen Deutungen des Kreuzes haben ungeachtet ihrer Komplexität einen sehr klaren, einfachen Ausgangspunkt: die Form des Kreuzes. Bei Justin und Gregor von Nyssa wird deutlich, dass – ähnlich wie die Typologie – auch diese Deutungen ursprünglich der Rechtfertigung des Kreuzes als gottgewolltes Todesinstrument dienten. Wiederum bekam das Kreuz eine offenbarende Kraft, nun allerdings nicht als Erfüllung der alttestamentlichen Prophezeiung, sondern als Prinzip kosmischer Ordnung. Im Makro- wie im Mikrokosmos, von der Himmelssphäre bis zum menschlichen Gesicht: Überall war nun das Kreuz erkennbar. Das galt auch für die Kosmologie. Erst jetzt zeigte sich der tiefere Sinn, die Wahrheit der antiken Überlieferung – etwa von Platons Weltseele oder der Lehre der vier Elemente. Der Kosmos konnte nun, um mit Hrabanus Maurus zu sprechen, zu einem „Lob des heiligen Kreuzes" werden. Die äußerst kunstvollen Gittergedichte, die Diagramme zur Weltseele, zu den Winden und zur Vision Hildegard von Bingens zeigen exemplarisch, dass die Bildwerke nicht allein dazu dienten, die Kosmologie des Kreuzes darzustellen, sondern sie in immer wieder neuen Formen zu ergründen und zu deuten. Mit dem Reichsapfel gelangte die kosmische Gültigkeit in den Bereich der Politik. So klein das Objekt auch sein mag, es demonstriert eindrücklich die Autorität, die das kosmische Kreuz nicht nur verlieh, sondern auch einforderte.

Kapitel 3

Sieg: Der Triumphzug des Kreuzes

Die Vorderseite eines Sarkophags aus der Mitte des 4. Jahrhunderts zeigt mehrere figürliche Szenen sowie im Zentrum ein recht abstraktes Gebilde, das den Blickfang der Gesamtkomposition bildet. Auf einem schlichten Kreuz sitzen zwei Tauben, die ihre Köpfe nach oben recken und den großen Lorbeerkranz in der oberen Bildhälfte mit dem Schnabel berühren. Der Kranz rahmt ein Monogramm aus den griechischen Buchstaten X (Chi) und P (Rho), in dem das vertikale P den Schnittpunkt des X kreuzt. Mit diesen beiden Buchstaben beginnt das griechische Wort für Christus, Χριστός (Christós); ineinander verschränkt bilden sie das sogenannte Christogramm, ein symbolisches Zeichen, das weder Schrift noch Bild ist. Im Bildfeld des Sarkophags ist das P darüber hinaus eine Verlängerung des Kreuzstamms, sodass sich Kreuz und Kranz zu einer Gesamtfigur fügen.

Die Verwendung von Monogrammen war in der Spätantike weit verbreitet. Sie dienten als Namenskürzel und waren zugleich ein Mittel sozialer Distinktion. Wer seinen Namen so kunstvoll in Buchstaben verdichten konnte und folglich etwas Erfahrung im Entziffern von Monogrammen besaß, konnte nur der gebildeten Oberschicht angehören. Je mehr Buchstaben sich überlagern, desto schwerer ist ein Monogramm zu lesen. Da weder Anzahl noch Reihenfolge der Buchstaben ersichtlich sind, muss man vorab wissen, welcher Name sich ergeben wird. Dann ist das Lesen des Monogramms sowohl ein Spiel mit der Sprache als auch die Kunst der Betrachtung einer komplexen Figur.

Ein weiteres christliches Monogramm ist das sogenannte Staurogramm für das Kreuz Christi. Es setzt sich aus den Buch-

← Abb. 17: Sarkophag mit Passionsszenen, Rom, um 350, 59 × 202 × 80 cm, Rom, Musei Vaticani, Museo Pio Cristiano

staben T (Tau) und P (Rho) zusammen, die nicht zu Beginn, sondern innerhalb des griechischen Wortes für „Kreuz", σταυρός (staurós), stehen. Ein solches Staurogramm ist auf einer kleinen Öllampe aus Ton, die im 4. oder 5. Jahrhundert in Nordafrika entstand und sich heute in Berlin befindet, zu sehen (Abb. 18). Der Buchstabe P hat – ganz ähnlich wie im Christogramm auf dem Sarkophag – einen verlängerten Stamm. Durch die Querbalken des etwas gedrungenen T entsteht eine Kreuzfigur mit dem Bogen des P als oberem Abschluss. Die beiden Löcher unterhalb der Querarme dienten zum Nachfüllen von Öl.

Öllampen aus Ton waren Gebrauchsgegenstände, die in einer großen Stückzahl produziert wurden und für jeden erschwinglich waren. Der Markt richtete sich auch auf die christliche Käuferschaft aus und bot Lampen mit Christusdarstellungen, biblischen und anderen religiösen Motiven. Die Lampen haben nicht selten kleine Bildprogramme, was auch auf unser Exemplar zutrifft. Das Staurogramm wird an beiden Seiten von einem Ornamentband eingefasst, in dem runde und quadratische Formen wie an einer Perlenschnur wechselseitig aufeinanderfolgen. Hier muss man ganz genau hinschauen, um ein wichtiges Detail erkennen zu können: Die runden Formen enthalten nicht lediglich einen sechsarmigen Stern, sondern ein Christogramm. Der Bogen des Buchstabens P ist an manchen Stellen noch gut zu erkennen.

Weder das Staurogramm noch das Christogramm waren christliche Neuschöpfungen. Die frühesten Texte, in denen das Wort σταυρός (staurós) das Kreuz Christi meint, sind die Evangelien aus der zweiten Hälfte des 1. Jahrhunderts. Es gibt jedoch frühere, nichtchristliche Inschriften mit der Ligatur, das heißt der Verschränkung von T und P, in ganz unterschiedlichen Wörtern. Ähnliche Befunde deuten darauf hin, dass auch die Ligatur von X und P schon länger in Gebrauch gewesen war.

Abb. 18: Öllampe mit Staurogramm, Nordafrika, 4./5. Jh.,
14,1 × 8,1 cm, Berlin, Staatliche Museen, Skulpturensammlung
und Museum für Byzantinische Kunst

Bekenntniszeichen und Schutzschild

Nicht ihre Verwendung, sondern das symbolische Verständnis der beiden Ligaturen war neu. Gegenstände des persönlichen Gebrauchs zeigen, dass das Christogramm dazu diente, das eigene Bekenntnis sowie die Zugehörigkeit zur christlichen Glaubensgemeinschaft sichtbar zu machen. Ein Beispiel dafür sind Fingerringe mit einem eingravierten Christogramm, die in der zweiten Hälfte des 3. Jahrhunderts in Kleinasien oder Syrien hergestellt wurden (Abb. 19). Durch die Gravur entstand zum einen eine visuelle Figur, die sich an der Oberfläche abzeichnet; zum anderen wandelte sich das Christogramm in eine tastbare Figur, die die Oberfläche des Steines durchbricht. Wer den Ring trug und den Edelstein berührte, konnte das Christogramm auch fühlen. So dicht am Körper wird es den Besitzer in seinem Glauben bestärkt haben, die christliche Botschaft in sich zu tragen. Christus hatte sich seinem Leib und seiner Seele eingeprägt.

Ein weiteres Objekt, dessen Christogramm eine individuelle, körperlich erfahrbare Nähe zu Christus herstellte, ist die sogenannte Bulla der Kaiserin Maria, ein kleiner Kettenanhänger in Form einer goldenen Kapsel (*bulla*) vom Beginn des 5. Jahrhunderts (Abb. 20). Er besteht aus zwei glatt geschliffenen Achaten, die durch einen Goldring mit Smaragden und Rubinen miteinander verbunden sind. Auf beiden Seiten befindet sich ein als Hochrelief gearbeitetes, erneut fühlbares Christogramm, das allerdings nicht sofort erkennbar ist, da es sich aus Buchstaben zusammensetzt. Die Namen *HON+ORI*(us) / *STEL+ICHO* / *SER+HNA* / *VIVA+TIS* kreuzen das Zentrum, *MARIA* hingegen bildet die Rundung des Rho (P). Gemeint sind die weströmische Kaiserin Maria; ihre Mutter Serena, Nichte und Adoptivtochter des Kaisers Theodosius; ihr Vater Stilicho, ein hochrangiger Feldherr; ihr Ehemann Honorius, Sohn des Theodosius. Wäre die Bulla nicht im Sarkophag Marias gefunden worden, brächte man sie kaum mit ihr in Verbindung, zu sehr ist ihr Name ein „Anhängsel" von *HON+ORI*(us). Die Einschreibung der eigenen Namen in das

Christogramm, das heißt den Namen Christi, erscheint recht kühn. Letztlich aber bekräftigte die Bulla eine spezifische Form der Gläubigkeit. Sie stärkte das Vertrauen in Christus, das in der Taufe besiegelt wurde, indem sie den Metaphern des Rituals eine materielle Form gab. Wer sich mit der Taufe gänzlich zu Christus bekannte (dem Christogramm den eigenen Namen einschrieb), konnte auf den Schutz Christi hoffen (das Christogramm als Schutzzeichen tragen). Letzteres verdeutlicht die Inschrift *VIVA* +*TIS*, „ihr lebet". Doch auch im Ritual der Taufe selbst gab es ein Schutzzeichen, hier aber in Form eines Kreuzes.

Die Taufe war ein symbolischer Akt der spirituellen Reinigung, des Bekenntnisses zum neuen Glauben und der Aufnahme in die christliche Gemeinschaft, der seit dem 2. Jahrhundert als Signierung oder Versiegelung des Täuflings aufgefasst wurde. Wann und auf welche Weise die symbolische Signierung vorgenommen wurde, variierte. Zu den Praktiken gehörte es, das Kreuz mit den Fingern auf den Körper, häufig die Stirn, des Täuflings zu zeichnen. Da dies mit Wasser, Öl oder allein durch Berührung geschah, war das Kreuzesmal kein sichtbares, sondern ein spürbares Siegel (*signum*; *signaculum*). Der Getaufte wurde zum Eigentum Jesu Christi, sagte sich von allen anderen Mächten los und übereignete sich seinem neuen Gott. Mit dieser Entscheidung verband sich die Hoffnung, dass Christus den Gläubigen als sein Eigentum vor jedem Unheil bewahren werde. Mit dem Kreuzgestus, der die Haut des Täuflings berührte, bildete sich ein Schutzschild um Körper und Seele. In einer Abhandlung des frühchristlichen Gelehrten Tertullian aus Karthago wird anschaulich, dass es auch eine ganz schlichte, alltägliche Form des Rituals gab, die von den Gläubigen selbst praktiziert wurde: „Bei jedem Schritt und Tritt, bei jedem Eingehen und Ausgehen, beim Anlegen der Kleider und Schuhe, beim Waschen, Essen, Lichtanzünden, Schlafengehen, beim Niedersetzen und welche Tätigkeit wir immer ausüben, drücken wir auf unsere Stirn das kleine Zeichen."[15]

Abb. 19: Fingerring mit Christogramm, Kleinasien/Syrien,
spätes 3. Jh., Durchmesser max. 2 cm, Wien, Kunsthistorisches Museum,
Antikensammlung

Das Kreuz als Siegel

Die Versiegelung bei der Taufe war der Tätowierung von Sklaven
oder der Kennzeichnung von Soldaten durchaus ähnlich. Derartige Besitzmarken gehörten zur spätantiken visuellen Kultur,
waren jedoch nicht das unmittelbare Vorbild für das Siegel der
christlichen Taufe. In der kultischen Praxis muss die Bereitschaft,
die Weisung des neuen Herrn zu verinnerlichen, ungleich empha-
tischer, hoffnungsfroher gewesen sein. Die Vorstellung eines sa-
kralen Siegels übernahmen die Christen aus der jüdischen Reli-

76

Abb. 20: Bulla der Kaiserin Maria, Mailand (?), zwischen 398 und 407,
2,6 × 1,8 × 1 cm, Paris, Musée du Louvre

gion. Sie wird in einer Vision des alttestamentlichen Propheten
Ezechiel besonders anschaulich. Er beschreibt, wie Jerusalem,
dem Götzendienst verfallen, auf Geheiß Gottes zerstört wird und
nur jene Rechtgläubigen, deren Stirn von einem gottgesandten
Schreiber markiert worden war, verschont bleiben. Ein Engel ruft
ihn herbei: „Er rief den Mann, der mit Leinen bekleidet war und
das Tintenfass eines Schreibers an seinen Lenden hatte, und der
Herr sprach zu ihm: ‚Geh hindurch mitten durch die Stadt in-
mitten von Jerusalem und zeichne den Buchstaben Tau auf die
Stirn der Männer, die seufzen und Schmerz empfinden über alle
Abscheulichkeiten, die mitten in ihr geschehen!' Und zu [den
Männern] sagte er, sodass ich es hören konnte: ‚Geht hindurch
durch die Stadt und folgt ihm und erschlagt die Leute; und euer

77

Auge soll sie nicht verschonen, und ihr sollt kein Mitleid haben! Den Alten, den Jungen und das Mädchen, den Säugling und die Frauen tötet bis zur Vernichtung, jeden aber, bei dem ihr das *Tau* seht, den tötet nicht!'" (Ez 9,3–6)

Das Zeichen der Rechtgläubigen, die unter dem Schutz Gottes Rache üben, ist ein Buchstabe. Der Buchstabe Tau der deutschen Übersetzung ist in der ursprünglichen, althebräischen Textfassung ein Tav, der letzte Buchstabe des Alphabets. Wenn das Tav das göttliche Zeichen meinte, wurde es als „x" oder „+" geschrieben. Bei der Markierung auf der Stirn hatte Ezechiel aller Wahrscheinlichkeit nach eines dieser beiden Zeichen vor Augen. Sein Bericht, der aus dem frühen 6. Jahrhundert *vor* Christus stammt, verdeutlicht, dass es die Vorstellung von einer kreuzförmigen Versiegelung der Gerechten in der jüdischen Religion bereits seit Jahrhunderten gab.

In der Offenbarung des Johannes, dem Visionsbericht aus dem späten 1. Jahrhundert, der am Ende des Neuen Testaments steht, taucht dieses Zeichen wieder auf. Johannes, über den wir keine weitere Kenntnis besitzen, befand sich nach eigenem Bekunden auf der griechischen Insel Patmos, als er vom Geist Gottes ergriffen wurde. Er hörte eine Stimme, laut wie eine Posaune, wandte sich um und erblickte Christus in überwältigender Gestalt. Johannes folgte dem Befehl, alles, was er sehen und hören würde, aufzuschreiben, und nannte seinen Bericht *apokálypsis* (gr. „Enthüllung"). Furchterregende Geschehnisse, darunter tödliche Plagen, die über die Menschen kommen, sowie der Kampf gegen Satan sollten sich nun ereignen. Die Vision endet mit dem Anbruch des ewigen, göttlichen Reiches. Der alte Kosmos mit seinem zyklischen Wandel ist vergangen; das Licht der Sonne hat sich in das unvergängliche Licht Gottes gewandelt. Es ist eine neue Welt voller Pracht und Glanz, in der allein die Diener Gottes regieren. Sie haben alle Qualen überlebt, weil sie ein göttliches Zeichen tragen.

Johannes erwähnt das Zeichen der Gerechten und den Akt des Versiegelns mehrmals. Als eine weitere Katastrophe bevor-

steht, halten die Engel einen Moment inne, da zunächst die Gottesfürchtigen markiert werden sollen: „Danach sah ich vier Engel,
die an den vier Ecken der Erde standen und die vier Winde der
Erde zurückhielten, damit kein Wind über die Erde noch über das
Meer noch in irgendeinen Baum wehe. Und ich sah einen anderen Engel, der [vom] Sonnenaufgang aufstieg und das Zeichen des
lebendigen Gottes hatte, und er rief mit lauter Stimme zu den vier
Engeln, denen es gegeben war, der Erde und dem Meer zu schaden, und sagte: ‚Schadet weder der Erde noch dem Meer noch den
Bäumen, bis wir die Diener unseres Gottes an ihren Stirnen ge-
zeichnet haben!'" (Off 7,1–3)

Da sich an vielen Stellen seines Visionsberichts zeigt, dass
Johannes eine umfängliche Kenntnis des Alten Testaments besaß,
besteht kein Zweifel, dass er hier das Zeichen Ezechiels in die
christliche Heilsgeschichte übertrug. Allerdings las er den alttestamentlichen Visionsbericht nicht auf Hebräisch, sondern auf
Griechisch, sodass sich für ihn weder ein „x" noch ein „+" unmittelbar aus dem Schriftbild ergab. Da Johannes ein Zeichen Christi
meinte, ist es besonders naheliegend, dass er ein „x" sah, den ersten Buchstaben von $X\rho\iota\sigma\tau\acute{o}\varsigma$.

Angesichts dieser Kontinuität der göttlichen Versiegelung
wird auch das Christogramm auf dem Ring aus dem späten
3. Jahrhundert zu einem apotropäischen, Unheil abwehrenden
Zeichen (Abb. 19, S. 76). Wenige Jahrzehnte später sollte sich zeigen, dass das Kreuz nicht lediglich schützte, sondern zum Sieg
verhalf.

Konstantins Triumph im Zeichen des Kreuzes

Die Vorderseite des berühmten Silbermedaillons, dass Ende 312
oder 315 in Ticinum, dem heutigen Pavia, geprägt wurde, zeigt
ein Brustbild des weströmischen Kaisers Konstantin des Großen
(Abb. 21). Das kleine Medaillon – mit einem Durchmesser von
nur 25 mm – wurde anlässlich des zehnjährigen Thronjubiläums

Abb. 21: Konstantin der Große, Silbermedaillon (Avers), Ticinum (Pavia), 315, Durchmesser 25 mm, München, Staatliche Münzsammlung

Konstantins ausgegeben und zeigt auf der Vorderseite den Kaiser im Dreiviertelprofil. Das Gesicht wirkt nahezu fleischig; das Kinn, die wulstigen Lippen und die breite Nase sind durch die häufige Berührung des Medaillons abgerieben. Die großen Augen haben schwere Lider. Der Blick ist in die Ferne gerichtet.

Der *IMP*(erator) *CONSTANTINVS P*(ius) *F*(elix) *AVG*(ustus) („Imperator Konstantin, frommer glücklicher Kaiser"), so die Umschrift der Schaumünze, trägt einen Brustpanzer und einen Helm. Deutlich verkleinert schieben sich links sein Pferd und rechts sein Schild mit der kapitolinischen Wölfin, die die Knaben Romulus und Remus säugt, ins Bild. Am auffälligsten ist jedoch der große prächtige Helm, der den Kopf eng umschließt. Entlang des Münzrandes ist der Federhelmbusch aus kleinen radförmigen Medaillons dargestellt. An seinem linken Ende befindet sich das kaiserliche Stirnjuwel, das mittig über der Stirn getragen wurde und häufig einen Adler, das Symbol des römischen Hauptgottes Jupiter, zeigte. Wenn man eine Lupe zur Hand nimmt und das Medaillon genauer betrachtet, stellt man fest, dass dies bei Konstantin nicht der Fall ist. Sein Stirnjuwel ist ein Christogramm.

Für Konstantin, der auf der Schaumünze als Feldherr dargestellt ist, bestand traditionsgemäß kein Zweifel, dass nur derjenige militärisch siegen und erfolgreich herrschen konnte, der die Gunst der Götter besaß. Wider aller Gewohnheit aber vertraute er nicht auf Jupiter, Mars oder Sol Invictus, sondern auf Christus als Sieg verheißenden Gott. Dass er der Gnade des Christengottes würdig war, erfuhr er auf überirdische Weise. Wie viele seiner Vorgänger sah Konstantin am helllichten Tag göttliche Zeichen, und er träumte. Es gibt drei Texte, die davon berichten. Aus ihnen geht einerseits hervor, dass das Kreuz nun zum Siegeszeichen avancierte, doch da die Texte nicht übereinstimmen, ist die Angelegenheit komplizierter, als man denkt. Es sei vorausgeschickt, dass man die Schilderungen nicht als Tatsachenberichte missverstehen darf, ihnen aber auch nicht jede Realitätsnähe absprechen muss. Wie in allen Texten, die Legenden schaffen, sind Fakt und Fiktion schwer auszuloten.

Der erste Text ist eine anonyme Lobrede („Panegyricus"), die im Jahr 310 am kaiserlichen Hof in Trier für Konstantin gehalten wurde. An einem Nachmittag, so heißt es darin, seien ihm Apollo beziehungsweise Sol Invictus, die Siegesgöttin Victoria mit Lorbeerkränzen sowie das römische Zahlzeichen XXX erschienen. Für den Redner war dies ein Omen für eine langwährende, erfolgreiche Herrschaft Konstantins. Eine christliche Deutung kam ihm dabei nicht in den Sinn. Vielmehr gibt diese Textstelle darüber Aufschluss, dass Konstantin und die paganen Götter zu jener Zeit einander nicht abgeneigt waren.

Etwa fünf Jahre später verfasste der Christ Laktanz, der am Kaiserhof in Trier als Erzieher tätig war, seine Abhandlung „Von den Todesarten der Verfolger" („De mortibus persecutorum"). In chronologischer Folge lassen sich darin die Schicksale jener Kaiser seit Nero nachverfolgen, die den Befehl zur Christenverfolgung erteilten. Anschaulich verdeutlicht der Text, wie unausweichlich sie zum Scheitern verurteilt waren. Am weitaus ausführlichsten beschäftigte sich Laktanz mit den Querelen seit der Doppelherrschaft von Diokletian und Maximian, um dann Konstantin, der sich durch eine Weisung des Christengottes zum Erfolg führen ließ, umso mehr als Helden preisen zu können. Die Schlüsselszene, ein Traum Konstantins, wird so knapp beschrieben, dass man sie fast überliest: „Aufgefordert wurde da im Schlafe Konstantin, das himmlische Zeichen Gottes auf die Schilde setzen zu lassen und so in den Kampf zu ziehen. Er verfuhr wie befohlen, und indem er den Buchstaben X umlegte und seine Spitze umbog, schrieb er Christus auf die Schilde."[16] Laktanz scheint hier den Namen Christi zu meinen, sodass es sich bei dem Zeichen um ein Monogramm handeln muss. Die Figur jedoch, die er beschreibt, ist ein Staurogramm: Konstantin dreht das X zu einem + und biegt die Spitze um, sodass aus dem senkrechten Balken ein P entsteht (Abb. 18, S. 73). Das Staurogramm allerdings ist kein Monogramm Christi, sondern des Kreuzes. Aufgrund dieses Widerspruchs ist das Verständnis der Stelle bei Laktanz sehr umstritten. Es gibt die Vermutungen, dass er auch das Staurogramm für ein Christogramm hielt oder mit Letzterem nicht vertraut genug war. Nimmt man den dritten Text hinzu, wird die Sache noch verworrener.

Es handelt sich um die panegyrische Biografie Konstantins („De vita Constantini"), die Eusebius von Caesarea zwischen 337 und 339/40 verfasste. Eusebius, seit 315 Bischof der Stadt Caesarea in Palästina, zählte zwar nicht zu den engsten Vertrauten des Kaisers, gehörte aber zur klerikalen Elite, die in einem fortwährenden Austausch mit dem Kaiser stand. Er war ein bedeutender Theologe und einflussreicher Kirchenpolitiker mit einer literarischen Begabung, die nicht zuletzt in der „Vita Constantini" zur Geltung kommt. Für das Narrativ des ruhmreichen christlichen Herrschers sind die Momente der göttlichen Weisungen natürlich von entscheidender Bedeutung. Ihre Beschreibungen gehören, wenig überraschend, zu den bekanntesten Passagen der Vita. Eusebius beruft sich hier darauf, der Kaiser habe ihm persönlich von den Erlebnissen berichtet:

„Um die mittäglichen Stunden der Sonne, als sich der Tag bereits neigte, habe [Konstantin] mit eigenen Augen gesehen, wie er sagte, daß am Himmel das Siegeszeichen des Kreuzes, das aus Licht bestand, die Sonne überlagerte, und damit sei ein Schriftzug verknüpft gewesen: ‚Durch dieses siege!'"[17] Was bei Laktanz für Irritation sorgte, ist hier ganz eindeutig: Das Zeichen ist ein Kreuz. Ein weiterer Unterschied besteht darin, dass Konstantin bei Eusebius an dieser Stelle (noch) kein Träumender ist, sondern in die Sonne schaut. Der helllichte Tag schafft eine Verbindung zu der Episode im „Panegyricus" von 310, in der allerdings Sol Invictus, Victoria und die Zahl XXX im Zentrum stehen, nicht das christliche Kreuz. Im Jahr 310 kam es Konstantin somit noch nicht darauf an, als Christ dazustehen. Ob er gegenüber Eusebius genau diese frühere Erscheinung meint, um sie nun einer *interpretatio christiana* zu unterziehen, kann nicht ausgeschlossen werden. Andererseits wird es wohl mehrere Lobreden mit unterschiedlichen himmlischen Zeichen gegeben haben.

Konstantin berichtete Eusebius aber zusätzlich von einem

späteren Traum. In der „Vita" gibt es somit beides, zum einen – wie im „Panegyricus" – die Gotteserscheinung am helllichten Tag, zum anderen – wie bei Laktanz – die göttliche Offenbarung im nächtlichen Traum: „Da habe er im Schlaf den Gesalbten Gottes [d. h. Christus] mit dem Zeichen, das am Himmel erschienen war, gesehen, und er habe ihm befohlen, eine Nachbildung des Zeichens, das er am Himmel gesehen hatte, anfertigen zu lassen und dieses als Abwehrmittel für die Gefechte mit den Feinden zu verwenden."[18] Dieser Traum allerdings stimmt nicht mit jenem bei Laktanz überein. Was dort das Staurogramm ist, ist hier das Kreuz Christi. Der Unterschied ist bemerkenswert, weil es in beiden Nächten um ein Zeichen geht, dass den militärischen Sieg bringen und seine Wirkmacht in einem Schlüsselmoment der Herrschaft Konstantins unter Beweis stellen sollte. Ende Oktober 312 bezwang er seinen Mitregenten und Widersacher Maxentius am Ponte Milvio im Norden Roms und wurde zum alleinigen Herrscher über das weströmische Reich. Es war ein Erfolg, den er dem Christengott verdankte, denn das christliche Zeichen verlieh seinem Heer Schutz und unbezwingbare Kraft. Christus, so wurde offenkundig, eignete sich bestens als Gott für den militärischen Triumph.

Das Rätsel der beiden Zeichen lässt sich möglicherweise schnell klären. Zum einen führte Konstantin – der Schilderung von Eusebius zufolge – ein Kreuz mit in die Schlacht. Zum anderen ließ er auf den Schilden der Soldaten ein Monogramm anbringen, wie es bei Laktanz heißt. Da dessen Abhandlung bereits zwischen 312 und 316, also bald nach der Milvischen Schlacht, entstand, darf man von ihr vielleicht eine größere Realitätsnähe erwarten. Gleiches gilt für das 313/315 geprägte Silbermedaillon (Abb. 21, S. 80) mit dem Christogramm am Helm Konstantins. Wenn man der Äußerung von Laktanz, Konstantin habe „Christus auf die Schilde" geschrieben, größeres Gewicht beimisst als seiner Beschreibung des Monogramms, dann war das von Konstantin verwendete Zeichen ein Christogramm. Auch Eusebius wird es noch erwähnen, doch das Zeichen, das dem kaiserlichen

Heer auf dem Feld den Sieg verlieh, war in der „Vita" ebenjenes Zeichen, das Konstantin im Sonnenlicht gesehen hatte – es war das Kreuz. Das sollte sich in der Standarte, die Konstantin anfertigen ließ, zeigen. Es entstand ein Kreuz, das ein Christogramm trägt, wie gleich noch deutlich werden wird.

Das Kreuz als Standarte Konstantins

Mit dem militärischen Erfolg Konstantins begann die Symbolgeschichte des christlichen Kreuzes. An die Stelle des schmachvollen Gegenstands trat nun das Zeichen des Triumphs. Diese Wandlung vollzog sich nicht mit einem Paukenschlag, sondern es dauerte bis zur Mitte des 5. Jahrhunderts, bis das Kreuz zu einer kaiserlichen Insignie wurde. Die Verhältnisse kehrten sich um. Was zuvor mühsam als gottgewolltes Folterinstrument verständlich gemacht werden musste, besaß nun alle Argumente für sich. Wer zuvor um sein Leben fürchten musste, nur weil er ein Christ war, gehörte nun zur staatstragenden Mehrheit. Dass die politische Instrumentalisierung des Kreuzes auf dessen theologischem Verständnis beruhte, dessen war sich Konstantin schon bald bewusst. Mit etwas Nachhilfe begriff er, dass sein militärischer Erfolg jenem Gott zu verdanken war, der über den Tod triumphiert hatte. Eusebius berichtet eigens von einer Unterweisung durch theologisch versierte Gelehrte: „Die aber sagten, es handle sich um den eingeborenen Sohn des einen und einzigen Gottes. Das Zeichen, das sich [Konstantin] gezeigt hatte, sei ein Symbol der Unsterblichkeit und es stelle das Zeichen des Sieges über den Tod dar, den er einst errang, als er auf die Erde kam. Sie lehrten ihn die Gründe seines Kommens und lieferten ihm eine präzise Darstellung über seine heilsgeschichtliche Bedeutung für den Menschen."[19] Unabhängig davon, wie tiefgründig ein Herrscher oder Heerführer die christliche Lehre tatsächlich verinnerlichte, sollten die theologische Deutung des Kreuzes und dessen politische Verwendung fortan ein enges Bündnis eingehen.

Das „Siegeszeichen des Kreuzes", das Konstantin im Traum gesehen hatte, ließ er als kaiserliche Standarte nachbauen. „[Das Zeichen, das am Himmel erschienen war] wurde aber in folgender Form angefertigt: Ein hoher Lanzenschaft, der mit Gold verkleidet worden war, hatte eine Querstange, so dass die Form des Kreuzes erzeugt wurde."[20] Es mag sein, dass schon jenes himmlische Zeichen die Form des militärischen Feldzeichens und nicht etwa nur eines einfachen, schlichten Kreuzes hatte. Dafür spricht, dass die Hinrichtung durch eine Kreuzigung zur Zeit Konstantins noch immer praktiziert wurde. Sollte man wirklich annehmen dürfen, dass der Kaiser das Kreuz so unvermittelt seiner würdig erachtete? In der Debatte über die göttliche Rechtmäßigkeit des Kreuzes gab es das Argument, dass das kreuzförmige Gerüst einer Standarte letztlich auf das Kreuz Christi verweise. Für den christlichen Gelehrten Tertullian waren die Feldzeichen (*vexillum*; Pl. *vexilla*) ein schlagendes Beispiel. Die römischen Soldaten verehrten sie wie einen religiösen Gegenstand, schmückten sie mit Bildern und Tüchern und sprachen ihnen die Kraft zu, zum Sieg zu führen. In seiner Rede „Verteidigung des christlichen Glaubens" („Apologeticum"), geschrieben um 197, fand Tertullian scharfe Worte für die aus seiner Sicht ignorante Überheblichkeit seiner Zuhörer: „Der ganze Lagerkult verehrt die Feldzeichen, betet die Feldzeichen an, schwört bei den Feldzeichen, stellt die Feldzeichen allen Göttern voran. All jene Anhäufungen von Bildern an den Feldzeichen sind Halsbänder der Kreuze; jene Tücher der Fahnen und Standarten sind Gewänder der Kreuze. Ich lobe die Sorgfalt: Ihr habt nicht schmucklose und nackte Kreuze zu Göttern erheben wollen!"[21]

Mit Tertullians Invektive ergeben sich für die Frage, welcher Gestalt Konstantins „Siegeszeichen des Kreuzes" war, zwei gegensätzliche Argumente: Es muss eine Siegesstandarte gewesen sein, weil sich Konstantin niemals von dem immer noch anrüchigen Kreuz hätte leiten lassen. Oder aber es war doch ein Kreuz, weil Konstantin darin das Gerüst einer Standarte erkannte. Unbestreitbar ist, dass mit Konstantins Standarte, dem sogenannten *labarum*, offenkundig werden sollte, dass der Sieg dem Zeichen

86

des Christengottes zu verdanken war. Beim *labarum* wurde die christliche Umdeutung des militärischen Gegenstands zur Maßgabe der Gestaltung, was sich in der Ausstattung des Kreuzes zeigte: „Oben an der Spitze des Ganzen war ein aus kostbaren Edelsteinen und Gold geflochtener Kranz befestigt, an dem zwei Elemente, die den Namen Christi andeuteten, das Symbol des Erlösernamens durch die beiden Anfangsbuchstaben bezeichneten: Der Buchstabe Rho (P) wurde dabei durch das Chi (X) in der Mitte gekreuzt. Diese Buchstaben hat der Kaiser für gewöhnlich auch in späteren Zeiten an seinem Helm getragen."[22] Während das Christogramm am Helm (Abb. 21, S. 80) einen unsichtbaren Schutzschild schuf, taugte das *labarum* auch als echte Waffe. Dafür sei nochmals eine besonders anschauliche Schilderung von Eusebius zitiert: „Das heilbringende Zeichen schützte nun das Leben desjenigen, der es hochhielt. Es bewahrte seinen Träger, obwohl oft Geschosse nach ihm gesandt wurden, indem die Stange des Siegeszeichens diese auffing. Und das ging jedenfalls noch über jedes Wunder hinaus, daß die Geschosse in der unmittelbaren Umgebung der Stange ankamen, sie zwar trafen und in ihr stecken blieben, sie den jeweiligen Träger aber vor dem Tod bewahrte".[23]

Das Siegeszeichen auf dem Sarkophag

Am *labarum* kamen die beiden Symbole, die hier bisher separat voneinander betrachtet wurden, zusammen. Die Kombination von Kreuz und Lorbeerkranz mit dem Christogramm erinnert sogleich an die Darstellung auf dem Sarkophag, mit dem dieses Kapitel begonnen hat (Abb. 17, S. 70). Er entstand in der Mitte des 4. Jahrhunderts in Rom; die Schlacht am Ponte Milvio lag etwa vier Jahrzehnte zurück. Konstantin hatte Rom im Jahr 330 verlassen und die Kaiserresidenz in die neue, seit 324 errichtete Hauptstadt Konstantinopel, das heutige Istanbul, verlagert. Nach seinem Tod 337 wurde das *labarum* von seinen Nachfolgern weiterhin als Symbol des Triumphes und der göttlichen Gunst verwendet. Man sollte die Darstellung auf dem Sarkophag jedoch nicht lediglich als Abbildung der symbolischen Standarte verstehen. Hier geht es insbesondere um die christlichen Siegeszeichen, aus denen sie zusammengesetzt ist.

Unterhalb der Kreuzarme sitzen links und rechts zwei Soldaten. Einer von ihnen ist tief im Schlaf versunken; Kopf und Arme liegen schwer auf dem Schild. Sein Gegenüber hingegen ist wach und schaut zur Kreuzmitte hinauf. Die beiden Soldaten rufen zwei Szenen aus den Evangelien ins Gedächtnis. Zum einen gibt es den Centurio, der bei der Kreuzigung Wache steht und im letzten Moment – als die Finsternis eintritt, die Erde bebt und Jesus im Todesmoment zu seinem Vater ruft – den Gottessohn erkennt. Der Soldat auf dem Sarkophag ist ein Sinnverwandter des Centurio, denn auch er befindet sich nah beim Kreuz und schaut hinauf, sieht jedoch nicht den Gekreuzigten, der qualvoll stirbt, sondern das Kreuzzeichen.

Der rechte Soldat hingegen erinnert an die Wächter vor dem Grab Jesu. Die jüdischen Priester und die Pharisäer, so heißt es im Evangelium des Matthäus, hatten Pilatus zu dieser Maßnahme gedrängt. Zu groß war ihr Misstrauen, die Anhänger Jesu könnten den Leichnam stehlen, um die Auferstehung ihres Messias lediglich vorzutäuschen. Als den wachenden Soldaten ein Engel erschien, um den Stein vor dem bereits leeren Grab zur Seite zu wälzen, erschraken und erstarrten sie (Mt 27,62–66; 28,2–4). Auf dem Sarkophag ist zwar von dieser Reaktion nichts zu sehen, doch seine Pose lässt den rechten Soldaten wie einen Wächter aussehen.

Durch die beiden Soldaten sind zwei Schlüsselszenen aus der Passion Christi im Bildfeld präsent. Denkt man sich die beiden Figuren weg, so bleiben Kreuz und Christogramm als Symbole. Nimmt man die beiden wieder hinzu, so bringt man die Szenen ins Bild, aus denen die beiden Symbole ihre Bedeutung gewinnen. Der linke Soldat schaut zum Kreuz hinauf, als wäre es das historische Kreuz auf Golgatha. Auf diese Weise bleibt in dem schlichten Kreuz auf dem Sarkophag das Hinrichtungsinstrument erkennbar. Der rechte Soldat schläft und ist sich nicht bewusst, dass Christus auferstanden ist. Auf die Überwindung des Todes verweist das Christogramm, das weit oberhalb der Figuren und über dem Kreuz angeordnet ist. Christus hat alles Irdische überwunden und ist im Bild nur noch zeichenhaft präsent. Zugleich fügen sich Kreuz, Christogramm und Kranz zur kaiserlichen Siegesstandarte, die ihrerseits den Triumph symbolisiert. Das zentrale Bildfeld hat somit drei Bedeutungsschichten: Es enthält das historische Kreuz auf Golgatha, verweist mit dem abstrakten Christogramm auf den überirdischen, auferstandenen Christus und zeigt die kaiserliche Standarte.

Da Inhalt und Bedeutung des weiteren Bildprogramms auf dem Sarkophag einer ausführlichen Erörterung bedürften, soll hier nicht weiter darauf eingegangen werden. Die Auswahl der einzelnen Szenen wird vom Verstorbenen oder seinen Angehörigen so gewünscht gewesen sein, doch da es keine Inschrift gibt, bleiben sein Name und seine gesellschaftliche Stellung unbekannt. Er muss wohlhabend gewesen sein und hatte vermutlich der Oberschicht angehört, denn die Bestattung in einem Sarkophag war eine kostspielige Angelegenheit. Man musste sich den Marmor leisten, die Bildhauerwerkstatt bezahlen und für den Transport aufkommen können. Der hier gezeigte Sarkophag wird einen besonders stattlichen Preis gehabt haben, denn er ist von großer künstlerischer Qualität, was sich allein an der plastischen Bearbeitung des Lorbeerkranzes mit dem Christogramm zeigt. Es verwundert nicht, dass gerade auf diese Elemente so großer Wert gelegt wurde, sind doch in ihnen das Bekenntnis zum christlichen Glauben sowie die Hoffnung auf Auferstehung am prägnantesten enthalten. Dadurch erklärt sich auch, dass die Komposition mit den Wächtern unter dem Kreuz und dem umkränzten Christogramm ein beliebtes Motiv auf den frühchristlichen Sarkophagen war.

Das Kreuz als sprechendes Bilddetail

Im zentralen Feld gelingt es auf eindrückliche Weise, die Auferstehung Christi zur wichtigsten Botschaft zu machen, doch zugleich, wenn auch nur schemenhaft, an seinen Tod zu erinnern. In figürlichen Bildern zur Auferstehung erfolgt diese Verschränkung auf ganz andere Weise, etwa indem das Kreuz zu einem wenig auffälligen und dennoch bewusst inszenierten Detail im Bildganzen wird. Das ist zum Beispiel in einer Miniatur im Sakramentar Heinrichs II., einem liturgischen Buch mit den Gebeten für die Messfeier, der Fall (Abb. 22). Heinrich hatte es noch vor seiner Kaiserkrönung 1014 im Benediktinerkloster St. Emmeram in Regensburg in Auftrag gegeben. Es war wohl zunächst für die dortige Dombibliothek bestimmt gewesen, gelangte jedoch bald als Stiftung Heinrichs nach Bamberg. Bereits die hier gezeigte Miniatur vermittelt etwas von der überaus prächtigen Ausstattung des Sakramentars. Gleich zu Beginn des Buches gibt es mehrere Seiten mit figürlichen Darstellungen in leuchtenden Farben und Blattgold. Am berühmtesten ist das Bild mit der Krönung Heinrichs, auf das eine Darstellung des thronenden Königs folgt. Blättert man etwas weiter, gelangt man zu der hier zu sehenden Miniatur mit den Frauen und dem Engel am Grab Christi.

Das Bild verwandelt das Felsengrab in einen überkuppelten Grabbau, was in der mittelalterlichen Kunst keine Seltenheit ist, hier aber durch die mehrfache, farbenreiche Untergliederung recht pompös ausfällt. Die Darstellung mit den beiden Frauen, die links unten ganz dicht beieinanderstehen und zu dem großen Engel auf der anderen Seite hinüberschauen, bezieht sich auf die Schilderung des Geschehens im Matthäusevangelium. Darin heißt es, dass Maria Magdalena und eine andere Maria, deren Identität umstritten ist, zum Grab gingen und dort einen Engel erblickten: „Ein Engel des Herrn stieg nämlich vom Himmel herab und kam herbei und wälzte den Stein zurück und setzte sich auf ihn. [...] Aus Furcht aber vor ihm waren die Wächter erschrocken und wie Tote. Der Engel aber antwortete den Frauen und sagte: ‚Fürchtet euch nicht, ihr, ich weiß nämlich, dass ihr Jesus sucht, der gekreuzigt worden ist. Er ist nicht hier, er ist nämlich auferstanden, wie er gesagt hat. Kommt seht den Ort, wo der Herr niedergelegt worden war.'" (Mt 28,2–6)

Ein Detail aus dem Text ist im Bild kaum zu erkennen: Die Wächter sind miniaturhaft klein und hocken ganz oben auf dem Dach. Der linke, der sich auf seinen Schild stützt und hinabzufallen droht, übernimmt die Pose des Soldaten auf dem sehr viel älteren Sarkophag; der andere ist auch hier wach. Das Bild konzentriert sich jedoch auf die Begegnung der verschüchtert wirkenden Frauen mit dem Engel, der auf einer Steinplatte sitzt und mit seiner rechten Hand auf das Grab weist. Die leere Grabkammer kann man nicht ohne Weiteres erkennen, da sie nicht als Innenraum des Grabbaus, sondern als purpurne, von einer Inschrift gesäumte Fläche dargestellt ist. Bei den merkwürdigen, wie gefaltetes Papier aussehenden „Flecken" handelt es sich um ganz besondere Textilien: Als der Apostel Petrus zum Grab kam, sah er, „dass die Leintücher hingelegt waren und dass das Schweißtuch, das auf [Jesu] Haupt gewesen war, nicht zu den Leintüchern gelegt war, sondern für sich zusammengewickelt an einem Ort". (Joh 20,6–7) In den Tüchern war Christus abwesend und gegenwärtig zugleich. Einerseits konnten sie nur noch an den heiligen Körper, den sie eingehüllt hatten, erinnern. Andererseits hatten sie ihn hautnah berührt und Hautpartikel, Schweiß und Blut in sich aufgenommen, sodass Christus in ihnen präsent blieb. Im Grabtuch in Turin, das heute als dasjenige Christi verehrt wird, meint man sogar, einen Abdruck des gesamten Körpers bildlich sehen zu können.

Das Kreuz ist in der Miniatur nur ein kleines, aber alles andere als nebensächliches Detail, denn es bildet die Spitze des goldenen Zepters, das der Engel in der linken Hand hält. Der Maler lässt das Zepter über die Schulter hinausragen, sodass es sich gut sichtbar vom Purpurgrund abhebt. Er hat es darüber hinaus so in das Bildfeld eingefügt, dass es auf das Wort *SOLVIT* in der Inschrift am rechten Rand zeigt. Das lateinische Verb *solvere* be-

Abb. 22: Sakramentar Heinrichs II., Die Frauen am leeren Grab Christi, Regensburg, St. Emmeram, zwischen 1002 und 1014, München, Bayerische Staatsbibliothek, clm 4456, fol. 15v

deutet „lösen", „auflösen" oder „ablösen". Die gesamte Inschrift
lässt sich übersetzen mit: „Hier löst der Engel des Herrn die Siegel
des Grabes" (*ANGELUS HIC* D(omni)N(i) *SOLVIT SIGNACULA
BUSTI*). Sie bezieht sich somit auf das Öffnen des Grabes, das sich
bereits ereignet hat, als die Frauen zum Grab kommen. Durch die
Art und Weise, wie die Inschrift in das Bild eingefügt ist, entsteht
jedoch eine weitere Bedeutung. Der kleine Bildausschnitt, in dem
das Kreuz und das Wort *solvit* aufeinandertreffen, enthält gewissermaßen den Satz *Crux solvit* – etwas freier übersetzt „Das Kreuz
erlöst". Am Zepter des Engels ist das Kreuz deshalb als Zeichen
einer Macht erkennbar, die alles Irdische überwinden kann. Als
„Beleg" für die erlösende Kraft zeigt das Bild auf dieser Seite die
Auferstehung vom Tod.

Die Auferstehung Christi und das Kreuz als Waffe

Eine andere Darstellung der Auferstehung, in der das Kreuz ne-
bensächlich zu sein scheint, doch auf eigene Weise zur Aussage
des Bildes beiträgt, ist auf einer der acht sogenannten Wurzacher
Tafeln in der Berliner Gemäldegalerie zu sehen (Abb. 23 und 24).
Die Tafeln sind nach Schloss Wurzach im Allgäu benannt, wo sie
im 18. Jahrhundert erstmals schriftlich erwähnt wurden. Sie zeigen vier Episoden aus dem Marienleben und vier aus der Passion
Christi und bildeten ursprünglich die äußeren Flügel eines Altar-
bildes, dessen mittlerer Schrein nicht erhalten ist. Der Mangel an
frühen Schriftquellen ist in diesem Fall nicht ganz so misslich wie
bei den Maskell-Elfenbeinen im ersten Kapitel dieses Buches
(Abb. 1 und 2, S. 12 und 17), da es auf der Tafel mit dem Marien-
tod eine Inschrift gibt, die – verbunden mit der Aufforderung zur
Fürbitte bei Gott – sowohl den Namen des Künstlers als auch das
Herstellungsdatum des Bildwerks nennt. Ins Hochdeutsche übersetzt steht dort: „Bittet Gott für Hans Multscher aus Reichen-
hofen, Bürger zu Ulm, der das Werk im Jahr 1487 gemacht hat."[24]
Etwas irritierend ist, dass Hans Multscher in Ulm nicht als Maler,

Abb. 23: Hans Multscher, Kreuztragung Christi, Ulm, 1437, 150 × 140 cm, Berlin, Staatliche Museen, Gemäldegalerie

Abb. 24: wie Abb. 23, Auferstehung Christi

sondern als Bildhauer dokumentiert ist. Die Signatur tut möglicherweise kund, dass das gesamte Altarwerk in der Werkstatt Multschers entstanden oder zumindest fertiggestellt worden ist.

Wenn man die Tafel mit der Auferstehung betrachtet, kommt man aus dem Staunen nicht mehr heraus (Abb. 24). Hier sieht man tatsächlich das Hervorkommen Christi aus dem Grab, einem Sarkophag, der in eine unverhältnismäßig kleine Felshöhle gerammt ist. Die zierliche Formation des Felsens lässt den Sarkophag umso massiver erscheinen. Aus seinem Deckel ragt der unversehrte, nur aus den Wundmalen der Kreuzigung blutende Körper Christi auf. Auch das rechte Bein ist schon zum Vorschein gekommen und setzt resolut auf dem Boden auf. Die entscheidende, die größte Neugier weckende Stelle hat der Maler allerdings geschickt kaschiert. Das rote Tuch, das den nackten Körper umhüllt, liegt gerade dort faltenreich auf dem Sarkophag, wo der linke Oberschenkel Christi aus dem Stein hervorkommen muss. Wie es aussieht, wenn ein heiliger Körper über einen undurchdringlichen Stein triumphiert, ohne ihn zu zerstören, bleibt somit der Fantasie des Betrachters überlassen.

Die Auferstehung scheint ein leichtes, geräuschloses Unterfangen zu sein, das die Wächter nicht aus dem Schlaf reißt. Ihre Darstellung ist ähnlich, wenn auch auf ganz andere Weise faszinierend. Der Maler hat den Posen sowie den Gesichtern der Männer besondere Aufmerksamkeit geschenkt. Einer von ihnen lagert ganz vorne mit ausgestrecktem Körper und zurückgelegtem Kopf, ein anderer lehnt ganz hinten an einer Ecke des Sarkophags, den Kopf aufgestützt, die Finger im Mund und wie im Traum versunken. Besonders eindrücklich ist die untere Rückenfigur im rotschwarz gestreiften Gewand, die sehr plastisch wirkt, obgleich kaum etwas von ihr zu sehen ist. Anders als auf dem Sarkophag (Abb. 17, S. 70) und im Bild des Sakramentars (Abb. 22, S. 92) gibt es keinen wachen Soldaten mehr. Im Zentrum steht nun die Ignoranz und damit die Verdammnis der Ungläubigen.

Am unteren Bildrand liegt ein Speer mit einem langen braunen, vermutlich hölzernen Schaft und einer eisernen Spitze. Von der gleichen Machart ist der unspektakuläre Kreuzstab in der linken Hand Christi. Zum goldenen Zepter des Engels im Sakramentar besteht ein himmelweiter Unterschied. Dennoch enthält das Bild ein zentrales Verständnis des Kreuzes. Zum einen nämlich gleicht der Maler den Kreuzstab dem Speer an. Durch die identische Zusammensetzung aus Holzschaft und Eisenaufsatz macht er auch das Kreuz zur Waffe. Die Bildkomposition verdeutlicht den Triumph: Während der Speer des schlafenden Wächters nutzlos auf dem Boden liegt, steht der Kreuzstab aufrecht in der Hand des Auferstehenden. Wirft man nun einen Blick auf die Bildtafel daneben (Abb. 23), sieht man die Kreuztragung Christi und eine dicht gedrängte Gruppe von Soldaten mit hervorstechenden Kriegswerkzeugen. Die Speerspitzen, Spieße und Äxte sind vor dem Goldgrund einzeln auszumachen. Der Bildvergleich macht deutlich, dass sich das Kreuz des Auferstehenden auf einer Höhe mit den Kampfgeräten der Soldaten befindet. Man kann dies auf zweierlei Arten interpretieren: Das Kreuz ist sowohl eine Waffe als auch ein Gegenbild zu den Waffen der Soldaten. Indem das Bild den vom Tod Auferstehenden mit dem waffenartigen Kreuzzepter in der Hand zeigt, bringt es beide Triumpharten des Kreuzes zusammen: Das Kreuz garantiert – wie zuerst bei Konstantin dem Großen im 4. Jahrhundert – den militärischen Sieg gegen die Feinde, welcher letztlich den Triumph über den Tod meint.

Eine erstaunliche Erfolgsgeschichte

Auch wenn der Siegeszug des Kreuzes durch Konstantin historisch rekapituliert werden kann, bleibt nach wie vor verblüffend, dass sich ausgerechnet ein Hinrichtungsinstrument in ein Heilssymbol verwandelte. Im Nachhinein meint man darin einen geschickten Schachzug zu erkennen: Indem die Christen ihren Widersachern den verhöhnten Gegenstand triumphierend entgegenstreckten, machten sie aus dem größten Schwachpunkt ihres Glaubens ihre stärkste Waffe. Für sie war die militärische

Kraft des Kreuzes alles andere als unerwartet, schließlich gab es auch dafür typologische Herleitungen, das heißt alttestamentliche Vorwegnahmen. Ein Beispiel dafür ist ein Ereignis aus dem Buch Exodus: Als das Volk Israel während der Wanderung zur Wüste Sinai von den Amalekitern überfallen wird, steigt Moses zusammen mit Aaron und Hur auf die Kuppe eines Hügels, um seinem Volk mit seinem Körper zum Sieg zu verhelfen: „[U]nd wenn Mose die Hände erhob, siegte Israel, wenn er sie aber nur ein bisschen hatte sinken lassen, hatte Amalek die Oberhand. Mose Hände aber waren schwer; also nahmen sie einen Stein und legten ihn unter ihn; darauf saß er. Aaron aber und Hur stützten seine Hände von beiden Seiten, und es geschah, dass seine Hände bis zum Sonnenuntergang nicht müde wurden. Und Josua schlug Amalek und sein Volk in die Flucht mit der Schärfe des Schwertes." (Ex 17,10–13)

Der Beschreibung ist nicht zu entnehmen, wie man sich die Körperhaltung von Moses genau vorzustellen hat. Für Justin, jenen Gelehrten aus der zweiten Hälfte des 2. Jahrhunderts, dessen naturphilosophische sowie lebensweltliche Rechtfertigungen des Kreuzes im vorherigen Kapitel zur Sprache kamen, war die Sache klar: „So oft [Mose] nämlich nur ein wenig seine Kreuz-Stellung aufgegeben hatte, wurde [...] das Volk besiegt; solange er jedoch seine Haltung beibehielt, wurde Amalek besiegt. Wenn das Volk stark war, war es stark durch das Kreuz."[25] Das Kreuz ist hier keine Standarte auf dem Schlachtfeld, sondern – wie bei Christus am Kreuz – die Pose eines Unbewaffneten, der den körperlichen Schmerz für sein Volk erleidet und die Errettung bewirkt.

Dass das Kreuz Christi diese Macht tatsächlich ausüben konnte, bewahrheitete sich jedoch erst erstaunlich spät. Man musste bis zum 4. Jahrhundert warten, bis sich einlöste, was schon von den Spöttern während der Kreuzigung eingefordert wurde. Bevor es zum allgegenwärtigen christlichen Symbol wurde, war das Kreuz vor allem eine Geste bei der Taufe oder im Alltag, die Bekenntnis und Schutz zugleich bedeutete. Das Christogramm blendete das Kreuz aus; das Staurogramm enthielt es nur verklausuliert. Diese Symbole verschwanden nicht gänzlich, doch das Kreuz setzte sich durch, eine in formaler Hinsicht völlig simple Figur. Zur Darstellung ihrer Bedeutungsfülle mussten immer wieder neue Formen entwickelt werden. Eine besondere Gruppe bilden die Kreuze aus Gold und Edelsteinen, die im folgenden Kapitel betrachtet werden sollen.

Abb. 25: Votivkreuz, Torredonjimeno (Provinz Jaén, Andalusien), 7. Jh.,
11,5 × 9,4 cm, Barcelona, Museu d'Arqueologia de Catalunya

Kapitel 4

Pracht: Das überirdische Kreuz

Das kleine Kreuz ist bezaubernd. In seiner Gestaltung halten sich Strenge und Spiel, Gleichmaß und Verschiedenheit die Balance. Ein feiner Steg umrahmt das polierte Goldblech, auf dem Perlen aus Perlmutt oder Glas, Granate und Halbedelsteine in immer gleichen Abständen angeordnet sind. Das Zentrum der klaren, zum Teil achsensymmetrischen Ordnung bildet ein ovaler, von vier kleinen Perlen eingefasster Stein. Die Vielfarbigkeit der Schmuckelemente, ihre unterschiedlichen Größen sowie die Lichtreflexe auf dem polierten Goldblech verleihen dem Kreuz eine nuancenreiche Schönheit. Hinzu kommen die vier langen Perlenanhänger (Pendilien), die in den kleinen Ösen an Querbalken und Kreuzfuß angebracht sind. Hängt man das Kreuz in der obersten Öse auf, schwingt und leuchtet es auf immer neue Art. Wer es trug, ist jedoch in mehrfacher Hinsicht schwer zu sagen. Das Kreuz stammt aus dem Schatz, der 1926 in Majanos de Garañon im Bezirk Torredonjimeno (Provinz Jaén, Andalusien) entdeckt wurde und insbesondere Fragmente von Kronen sowie weitere Kreuze aus Gold enthält. Die Fundstücke lassen sich in das 7. Jahrhundert datieren. Einzelne haben (unvollständige) Stifterinschriften mit Gebetsversen, die zu erkennen geben, dass es sich um Gegenstände aus einem Kirchenschatz handelt. Sie dienten somit nicht zur Körperzierde, vielmehr war ihr Zweck religiöser Art. In ihnen steckte die Hoffnung der Stifter auf das eigene Seelenheil, das heißt, es waren Objekte, deren irdischer Glanz von überirdischer Wirkung sein sollte.

In der Pracht von gestifteten Objekten hielten das individuelle Geltungsstreben und die Tugend der Demut eine eigentümliche Balance. Wer an den Kosten für edles Material und Kunstfertigkeit nicht sparte, demonstrierte einerseits seinen Reichtum, andererseits die Bereitschaft, auf einen Teil des irdischen Vermögens für höhere Zwecke zu verzichten. Die Opferung des Besitzes war jedoch alles andere als ein Akt der Selbstlosigkeit. Jeder Stifter wollte die Gnade Gottes bewirken, und dies über seine Lebzeiten hinaus. Nach dem Tod, in der Phase bis zum Jüngsten Gericht mit der endgültigen Bestimmung der Gerechten und der Sünder, würde die Seele Qualen der Läuterung erleiden müssen. Diese Qualen galt es zu mindern. Eine Stiftung konnte der frommen Hinwendung zu Gott und der Bitte um Vergebung Dauer verleihen, da sie die Nachfolgenden dazu anhielt, des verstorbenen Stifters zu gedenken und Gnade für seine leidende Seele zu erbitten. Diese Art der postumen Fürsorge war insbesondere dann zu erwarten, wenn noch die Nachfolgenden Nutzen aus der Stiftung ziehen konnten. Nicht umsonst war es deshalb attraktiv, Geräte für die Feier der Heiligen Messe und den Schmuck des Altars zu geben. Beide Seiten profitierten davon: Zum einen konnten die Kelche, Weihrauchfässer oder Altartücher weiterhin genutzt werden und mit ihrer Pracht die Kirche zieren. Zum anderen durfte der Stifter darauf vertrauen, am wichtigsten kultischen Ort und während des bedeutsamsten Ritus in Erinnerung gerufen zu werden.

Auch das kleine Kreuz aus Torredonjimeno ist ein solches Objekt, in dem sich die Furcht des Stifters vor Tod und Seelenqual mit seiner Sehnsucht nach Auferstehung und Erlösung überlagerte. Es schmückte vermutlich eine Votivkrone, doch der Name des Stifters fehlt. Wir können seiner nicht mehr gedenken, sondern uns nur noch an der Schönheit des Objekts erfreuen. Sie macht das Kreuz als tödliches Folterinstrument Jesu unkenntlich und wandelt es in einen leuchtenden Gegenstand ohne Zeit und Ort. Es vollzieht sich eine Transformation des Holzkreuzes in ein Kreuz, das mit Edelsteinen besetzt ist, eine *crux gemmata* (lat. *gemma*; „Edelstein", „Juwel", „Gemme"). In dieser Umgestaltung ist der Triumph Christi über den Tod auf symbolische Weise enthalten. Nicht nur wird das Holz durch ein ungleich kostbareres Material ersetzt. Vielmehr besteht der Unterschied auch in der Ästhetik des Materials, der dumpfen, das Licht absorbierenden Oberfläche des Holzes einerseits und der glänzenden, farbenprächtigen Beschaffenheit von Gold und Edelsteinen andererseits. Es ist, als erstrahle das Kreuz aus seinem Inneren heraus. Das Edelstein- oder Gemmenkreuz gibt die unbezwingbare, alles andere überblendende Siegeskraft des Kreuzes zu erkennen.

Konstantin und die Herrlichkeit des Kreuzes

Konstantin der Große war für die Gestaltung der *crux gemmata* stilbildend, da er jenes „Siegeszeichen des Kreuzes", das er in einem Traum gesehen hatte, überaus prächtig nachbilden ließ. Von dieser Standarte, Konstantins *labarum*, ist bereits im vorherigen Kapitel recht ausführlich berichtet worden. Dort war entscheidend, dass ein militärisches Feldzeichen der Römer in ein christliches Zeichen umgedeutet wurde. Konstantins *labarum* war ein Kreuz, das ein Christogramm trug. Da hier dessen Materialität im Zentrum steht, sei nochmals aus der hymnischen Kaiserbiografie, die Eusebius von Caesarea zwischen 337 und 339/40 verfasste, zitiert: „Bei Tagesanbruch stand [Konstantin] auf und beschrieb den Freunden das [Traumbild]. Dann ließ er Goldschmiede und Juweliere herbeirufen, setzte sich in ihre Mitte, beschrieb das Aussehen des Zeichens und gab Befehl, es aus Gold und Edelsteinen nachzubilden. [...] Es wurde aber in folgender Form angefertigt: Ein hoher Lanzenschaft, der mit Gold verkleidet worden war, hatte eine Querstange, so daß die Form eines Kreuzes erzeugt wurde. Oben an der Spitze des Ganzen war ein aus kostbaren Edelsteinen und Gold geflochtener Kranz befestigt, an dem zwei Elemente, die den Namen Christi andeuteten, das Symbol des Erlösernamens durch die beiden Anfangsbuchstaben bezeichneten: Der Buchstabe Rho (P) wurde dabei durch das Chi (X) in der Mitte gekreuzt. [...] An der Querstange, die den Lanzenschaft durchschnitt, hing eine Art Leinentuch herab, ein kaiserliches Banner, das durch eine bunte Vielfalt von kostbaren Edelsteinen, die in den Strahlen des Lichtes aufblitzten, verdeckt wurde und in das zahlreiche Goldfäden eingewebt waren. Denen, die es anschauen durften, bot es ein unbeschreibliches Schauspiel der Schönheit."[26]

Allein beim Lesen des Textes muss man blinzeln, so sehr blendet all das Gold, so sehr funkeln die Edelsteine des Kranzes. So muss es Konstantin gegangen sein, als ihm, so Eusebius, zuvor das Kreuzzeichen mitten am Tag am Himmel erschienen war, die Sonne überlagernd und ganz aus Licht beschaffen. Das *labarum* ahmte diese Beschaffenheit und ihre Wirkung nach und machte das Überirdische des christlichen Zeichens erfahrbar. Konstantin ließ nicht allein die äußere Gestalt des Kreuzes, sondern auch das Überwältigende der Himmelserscheinung nachbilden. Gold und Edelsteine, so zeigte sich schon hier, waren die bestmöglichen Materialien, um die himmlische Herrlichkeit Christi und den Triumph zu vermitteln. Das *labarum*, das Feldzeichen des ersten christlichen Kaisers, war in gewisser Weise die erste *crux gemmata*.

Von Eusebius erfahren wir, dass Konstantin das Himmelszeichen auch in einem Zimmer seines Palastes in Konstantinopel nachbilden ließ: „Eine so große göttliche Liebe hatte die Seele des Kaisers erfaßt, daß in den herrscherlichen Gemächern selbst der kaiserlichen Palastanlage in dem hervorragendsten Haus genau in der Mitte der vergoldeten Vertäfelung an der Decke an einer sehr großen Tafel, die sich dort entfaltete, das Symbol des Leidens des Erlösers aus bunten zusammenhängenden kostbaren Edelsteinen angebracht war, die in großzügiger Weise in Gold eingefaßt waren. Als Mittel des Schutzes für den kaiserlichen Palast ließ der Gottgeliebte dies wohl anfertigen."[27] Der Raum muss wie ein Tagtraum gewesen sein. Man legte den Kopf in den Nacken, als schaue man in den Himmel, und sah das von Gold umgebene, monumentale Prachtkreuz. Konstantin schuf sich eine Rauminstallation, in der er die Himmelserscheinung nicht nur erinnern, sondern immer wieder aufs Neue erleben konnte. Er konnte sich immer wieder vergewissern, in der Gunst Christi zu stehen und durch ihn unbezwingbar zu sein. Wie ein Schutzschild sollte das Kreuz auch den Palast unangreifbar machen.

Ein Goldkreuz auf Golgatha?

Bedenkt man die Strahlkraft, die die *crux gemmata* für Konstantin besaß, liegt die Vermutung nicht fern, dass er ein solches Exemplar auch an dem Ort der größten Kreuzespein errichten ließ. Wo konnte die Macht Christi triumphaler inszeniert werden als auf dem Hügel Golgatha vor den Toren Jerusalems, wo Christus am Kreuz gestorben war? Unter Konstantin entstand auf dem Areal ein monumentales Bauensemble, das die Kreuzigungsstätte sowie die leere Grabkammer Christi in sich barg und im folgenden Kapitel noch durchschritten werden soll. Als Ort des Kreuzes Christi galt die Kuppe eines Felsens, der in einer Ecke des Säulenhofes etwa fünf Meter aus dem Boden emporragte. Die christlichen Pilger, die seit dem 4. Jahrhundert nach Jerusalem kamen, konnten über Stufen im Felsen zur Kuppe hinaufgelangen. Der älteste erhaltene Text, der ein „mit Gold und Edelsteinen"[28] verziertes Kreuz auf dem Golgathafelsen erwähnt, ist ein um 550 verfasster Kurzführer durch die Stadt („Breviarius de Hierosolyma"). Dieses Kreuz wird generell mit jenem vergoldeten Edelsteinkreuz identifiziert, das der byzantinische Kaiser Theodosius II. 427/28 für den Golgathafelsen stiftete. Über diese Stiftung informiert jedoch erst ein Text aus dem frühen 9. Jahrhundert, nämlich die Weltchronik des byzantinischen Geistlichen Theophanes, der 817/18 auf der Insel Samothraki starb. Zwar ist nicht bekannt, auf welche historiografischen Quellen Theophanes zurückgriff, doch der Wahrheitsgehalt seiner Angabe muss nicht angezweifelt werden. Auch wenn aus der Chronik nicht explizit hervorgeht, dass es sich um ein monumentales Prachtkreuz handelte, mag dies sehr wohl so gewesen sein. Für die Zeit vor der Stiftung von Theodosius II. gibt es jedoch keinerlei Äußerung über ein Gemmenkreuz auf Golgatha. Stattdessen erfahren wir von einem weithin sichtbaren, glänzenden Kreuz auf dem Ölberg.

„Ich werde nach Jerusalem zurückkehren, und nachdem ich Tekoa, die Stadt des Amos, durchquert habe, werde ich das rötlich schimmernde Kreuz (*rutilantem crucem*) auf dem Ölberg sehen.

Von dort stieg der Erlöser zum Vater hinauf."[29] Die Sätze stammen aus einem Brief, der Trost spenden sollte. Hieronymus, der für seine lateinische Übersetzung der Bibel, die sogenannte Vulgata, berühmt ist und zu den vier Kirchenvätern zählt, schrieb ihn im Jahr 404 für Eustochium, deren Mutter Paula im selben Jahr verstorben war. Für mehr als 20 Jahre waren die drei enge Vertraute gewesen. Paula und Eustochium, Aristokratinnen aus Rom, hatten ihr vornehmes Leben hinter sich gelassen, um dem in Rom nicht unumstrittenen Hieronymus ins Heilige Land zu folgen und wie er ein Leben in Askese zu führen. Nach einer gemeinsamen Pilgerreise ließen sich die drei 386 in Bethlehem nieder, wo Paula zwei Klöster, eines davon für Hieronymus, gründete und mit 57 Jahren verstarb. Der Trostbrief ist zugleich eine Gedenkschrift für die von Hieronymus hochverehrte Paula („Epitaphium sanctae Paulae"). Die zitierten Sätze stammen aus dem Teil über die gemeinsame Pilgerreise, wobei offenbleiben muss, wen Hieronymus hier mit „ich" meint. Der Ort Tekoa, heute eine jüdische Siedlung im Westjordanland, ist etwa zehn Kilometer südlich von Bethlehem gelegen und etwa 20 Kilometer von Jerusalem entfernt. Das Kreuz auf dem Ölberg, dem Berg der Himmelfahrt Christi, muss somit derart beschaffen gewesen sein, dass es aus sehr großer Entfernung zu sehen war. Allerdings ist der Brief von Hieronymus der einzige Textzeuge für dieses Kreuz. Welcher Gestalt es war, kann nur gemutmaßt werden. Wer ein riesiges, aus Holz gefertigtes, von Goldblech ummanteltes, vielleicht von Edelsteinen übersätes Kreuz nicht für möglich hält, mag sich ein Dachkreuz auf der nahegelegenen, noch von Konstantin gegründeten Eleona-Basilika vorstellen. Unmittelbar auf der Kuppe des Ölbergs gab es erst seit etwa dem Jahr 400 einen Kirchenbau, eine Rotunde, die über dem Stein der Himmelfahrt stand, auf dem noch immer die Fußabdrücke Christi zu sehen waren.

Über ein Gemmenkreuz auf Golgatha, der Kreuzigungsstätte, schweigt sich Hieronymus aus. Dennoch sind seine Sätze über das Kreuz auf dem Ölberg beachtenswert. Zum einen informieren sie darüber, dass es in Jerusalem die Praxis gab, einen Ort christlicher

Erlösung mit einem Prachtkreuz zu markieren. Zum anderen lässt sie erahnen, wie imposant die (Fern-)Wirkung eines solchen Kreuzes gewesen sein muss. Letzteres kann man noch besser nachvollziehen, wenn man sich nach Rom in die Kirche Santa Pudenziana begibt.

Irdisch und himmlisch zugleich:
Das Kreuz im Apsismosaik von Santa Pudenziana

Santa Pudenziana ist eine frühchristliche Kirche, die im späten 4. Jahrhundert innerhalb eines größeren Gebäudekomplexes errichtet wurde, indem man ein bereits vorhandenes Hallengebäude in einen Kirchenraum transformierte. Dass man sich beim Umbau mit der bestehenden Architektur arrangieren musste, zeigt sich insbesondere an der geringen Tiefe der Apsis und dem dadurch ungewöhnlich flachen Apsismosaik (Abb. 26). Entstanden zwischen 402 und 417, ist es eines der ältesten erhaltenen christlichen Apsismosaike, wobei eingestanden werden muss, dass es sich nicht mehr im Originalzustand befindet. Wesentliche Veränderungen ergaben sich mit den Erneuerungsmaßnahmen Ende des 16. und 17. Jahrhunderts, die die gesamte Kirche betrafen und deren frühchristliche Architektur fast zum Verschwinden brachten. Man kann an der Abbildung erahnen, wie sehr das Mosaik immer mehr von den neuen Raumelementen eingezwängt wurde. Der Einbau einer Kuppel über dem Altarraum erforderte eine Stützkonstruktion, die das Bildfeld an den Seiten beschnitt. Die untere Bildzone verschwand hinter der großflächigen Vertäfelung der Altarwand. Zudem gab es immer wieder Fehlstellen innerhalb des Bildes, in die – dem jeweiligen Stilempfinden und Restaurierungsideal gemäß – neue Mosaiksteine eingefügt wurden. Letztlich haben wir ein Bildwerk vor Augen, das sich noch bis in die 1930er Jahre immer wieder veränderte und somit aus mehreren Jahrhunderten gleichzeitig stammt. Wer einen Eindruck von dem stilistischen Spektrum gewinnen möchte, vergleicht am besten die

Figuren der rechten Bildhälfte untereinander. Zugleich aber dokumentieren mehrere historische Zeichnungen, dass die Komposition des Mosaiks nach wie vor dem Original entspricht.

Im Zentrum des Bildes sitzt Christus auf einem prächtigen Thron mit Purpurkissen und gerade abschließender, von einem blau schimmernden Stoff überdeckter Rückenlehne. Er wendet sich frontal aus dem Bild heraus, den Blick nach vorn gerichtet und mit dem erhobenen rechten Arm zur Seite weisend. Sein Körper bildet eine Vertikale, die sich in dem monumentalen Kreuz über seinem Kopf fortsetzt. Auf dieser Zentralachse des Bildes leuchtet alles in Gold, das Kreuz, der Nimbus (Heiligenschein) Christi, seine Tunika mit den blauen Zierstreifen (*clavi*) und der Thron, der wie das Kreuz mit Edelsteinen und Perlen geschmückt ist. Rechts und links staffeln sich zehn der zwölf Apostel in einer aufsteigenden Diagonalen. Die unvollständige Zahl und der eigentümliche Schwebezustand der Figuren sind der erheblichen Verkleinerung des Bildfeldes geschuldet. Ursprünglich waren sie in voller Größe zu sehen, auf zwei Bänken dicht beieinandersitzend, mit Gesten und Blicken in angeregte Gespräche vertieft. Nur Paulus und Petrus wenden sich links und rechts vom Thron unmittelbar Christus zu. Etwas unklarer sind die Posen der beiden Frauen, die hinter ihnen stehen und sich in stilistischer Hinsicht auf nahezu schmerzhafte Weise unterscheiden. Einerseits scheinen sie im Begriff zu sein, die Apostelhäupter zu krönen, andererseits wenden auch sie sich Christus zu. Die gesamte Gruppe wird von einem Bogengang mit goldenen Dachschindeln umfasst, hinter dem dicht an dicht unterschiedliche Bauten aufragen, sodass der Eindruck einer Stadtsilhouette entsteht. Hinter Christus jedoch, der als Einziger über den Bogengang hinausragt, erhebt sich der Hügel, auf dessen Kuppe das Kreuz steht. In der Himmelszone schweben rechts und links jeweils zwei der vier apokalyptischen Wesen, auf die unten noch näher einzugehen ist.

Allein die Beschreibung des Bildprogramms lässt erahnen, dass sich hier mehrere Bedeutungsschichten überlagern. Die inhaltliche Komplexität entsteht jedoch nicht allein durch die Fülle

Abb. 26: Apsismosaik, vor 417, Rom, Santa Pudenziana

an Motiven. Vielmehr verdeutlicht das Apsismosaik von Santa Pudenziana wie kaum ein anderes Bildwerk, dass sich die frühchristliche Kunst aus der spätantiken, profanen Ikonografie herausbildete, indem sie sie umdeutete und in neue Bildzusammenhänge einbettete. So kann in der Darstellung Christi zum einen der thronende Kaiser, zum anderen der Philosoph wiedererkannt werden, sodass Christus in diesem Bild Herrscher und Gelehrter zugleich ist. Mit dem aufgeschlagenen Buch – das hier für die Stifterinschrift „Der Herr, Bewahrer der Kirche des Pudens" (*DOMINUS CONSERVATOR ECCLESIAE PUDENTIANAE*) genutzt wurde – und der Geste der (An-)Rede (*allocutio*) der rechten Hand wird er zu einem Lehrer, der seine Schüler unterweist. Um ihn herum haben sich diejenigen versammelt, die seinen Missionsauftrag erfüllen und die christliche Lehre verbreiten werden: „„Geht also und lehrt alle Völker und tauft sie im Namen des Vaters und des Sohnes und des Heiligen Geistes und lehrt sie, alles zu bewahren, was ich euch geboten habe.'" (Mt 28,19–20) In Wirklichkeit sind die Apostel und Christus nie in dieser Konstellation zusammengekommen, da zum Beispiel Paulus erst nach dem Tod Christi zum neuen Glauben konvertierte. Indem das Bild das Miteinander herstellt und Christus als Autorität zeigt, vergewissert es, dass die Glaubenslehre unmittelbar von ihm ausging. Auch die beiden Frauen, die allein durch den Vergleich mit anderen Bildwerken identifiziert werden können, passen in diese christliche Urgemeinschaft. Es scheint sich um Personifikationen zu handeln, die sich auf die Missionierung beziehen. Hinter Paulus steht, gemäß seinem Auftrag, sich auf die Bekehrung der Heiden zu konzentrieren, die „Kirche" der Heidenchristen, hinter Petrus entsprechend jene der Judenchristen (Gal 2,7–10).

Doch das Mosaik thematisiert nicht allein die christliche Urgeschichte, sondern verschränkt sie mit der Zukunft. Das Bild hat eine zeitliche Schichtung von unten nach oben, in der Christus und das Kreuz die verbindende Achse bilden. Schwierigkeiten bereitet allerdings die zeitliche Verortung der Stadt in der Zwischenzone. Dass es sich um Jerusalem handelt, wird an der Darstellung des Hügels mit dem Kreuz offenkundig, denn da er hinter dem Bogengang mit den goldenen Schindeln steht und somit der Stadt zugehört, muss der spezifische Ort Golgatha mit der Kreuzigungsstätte gemeint sein. Doch welches Jerusalem wir hier vor Augen haben, bleibt unklar. In der Zeit um 400 war die von Konstantin dem Großen errichtete Grabeskirche der wichtigste Bau; sie ist im Mosaik nicht zu sehen. Ob die Architektur in das 1. Jahrhundert, die Zeit der Apostel, zurückdatiert werden kann, ist fraglich. Vielleicht ist es aber auch eine Stadt der Zukunft, jenes ersehnte Himmlische Jerusalem aus der Offenbarung des Johannes, dem letzten Buch des Neuen Testaments, das hier bereits im ersten Kapitel erwähnt wurde. Als die irdische Welt vergeht und das Reich Gottes anbricht, erblickt Johannes die unvergleichlich schöne Himmelsstadt, das neue Jerusalem: „Und das Mauerwerk dieser [Stadtmauer] war aus Jaspisstein, die Stadt selbst aber war aus reinem Gold ähnlich wie reines Glas. Die Grundsteine der Stadtmauer waren mit aller Art von Edelsteinen verziert". (Off 21,18–19) Es ist kaum anzunehmen, dass Johannes in dem grauen, steinernen Jerusalem des Apsismosaiks die prachtvolle, göttliche Stadt wiedererkannt hätte. Im Mosaik hat sich vielmehr ein anderer Wandel vollzogen: Nicht die irdische Stadt, sondern das Holzkreuz auf Golgatha erstrahlt im Glanz Gottes. Da das Edelsteinkreuz auf dem Hügel steht und nicht etwa darüber schwebt, erinnert es umso mehr an das historische Kreuz, das es zugleich triumphal überbietet. Der feste Ortsbezug hat zu der Vermutung geführt, dass das Mosaik die reale Situation wiedergibt und eine tatsächlich auf Golgatha errichtete, monumentale *crux gemmata* zeigt. Da Theodosius II. sein Kreuz erst drei Jahrzehnte später stiften sollte, müsste es ein anderes ersetzt haben, wofür das Mosaik der einzige Beleg wäre. Auf die Frage, welche Wirklichkeitsnähe im Bild beabsichtigt ist, lässt sich keine eindeutige Antwort finden.

Im Mosaik ist das Kreuz sowohl ein irdischer, auf Golgatha stehender Gegenstand als auch ein himmlisches Zeichen. Die vier geflügelten Wesen Stier, Löwe, Adler und Mensch, die es umgeben, sind zum einen dem alttestamentlichen Visionsbericht des Propheten Ezechiel entlehnt (Ez 1). Ezechiel sieht die „Erscheinung des Glanzes des Herrn" (Ez 2,1), in deren überwältigendem, gleißendem Licht er nur die vier Wesen genauer erkennen kann. Jedes von ihnen hat vier Flügel und vier Gesichter, jeweils dasjenige eines Menschen, Löwen, Stiers und Adlers. Zum anderen tauchen die vier Wesen leicht verändert – mit jeweils nur einem einzigen der vier Gesichter sowie sechs Flügeln mit unzähligen Augen – gleich zu Beginn der Offenbarung des Johannes wieder auf, wo sie den Thron Gottes umgeben. Von hier werden die nicht enden wollenden, apokalyptischen Schreckensszenarien ausgehen, deren Zielpunkt die Erlösung der Gerechten im Himmlischen Jerusalem ist. Im christlichen, neutestamentlichen Kontext sind die vier Wesen somit die Begleiter der ebenso gefürchteten wie ersehnten endzeitlichen Gotteserscheinung. Als solche werden sie – nunmehr zweiflügelig – zum Motiv in der Kunst. Den bildlichen Darstellungen gelingt auf diese Weise etwas Erstaunliches, denn sie übertragen die komplexe Gottesvision von Johannes in eine reduzierte, doch aussagekräftige Ikonografie. Wo immer die vier Wesen auftauchen, steht der göttliche Schlussakt zur Vollendung der Heilsgeschichte bevor.

Mit der *crux gemmata* erinnert die Darstellung außerdem an die Worte des Evangelisten Matthäus: „Und dann wird das Zeichen des Menschensohns am Himmel sichtbar sein. Und dann werden alle Stämme der Erde klagen und sie werden den Menschensohn kommen sehen in den Wolken des Himmels mit viel Macht und Herrlichkeit." (Mt 24,30) Da im Bild sowohl das Kreuzzeichen als auch der Gottessohn in aller Pracht anwesend sind, kann man die Figur Christi durchaus als den wiedererschienenen, richtenden Christus auffassen. Das Bild stellt auf diese Weise eine eindrückliche Synthese aus Vergangenheit und Zukunft her, die von der Figur Christi ausstrahlt. Christus ist im Mosaik der Verkünder des Glaubens, Herrscher der Welt und Richter über die Menschheit zugleich.

Das Kreuz und der „leere" Thron Christi

Im dem etwa 100 Jahre später entstandenen Kuppelmosaik des sogenannten Baptisteriums der Arianer in Ravenna ist ein ebenso prachtvoller Thron dargestellt, nun allerdings ohne die Figur Christi (Abb. 27). Das Gemmenkreuz schwebt nicht in einer anderen Sphäre über dem blockartigen Thron, sondern knapp oberhalb der Sitzfläche, auf der lediglich ein großes, mit Goldstreifen verziertes Purpurkissen sowie ein weißes Tuch liegen. Zwei Stufen führen hinauf; hinten gibt es eine Rückenlehne mit blauer Tuchbespannung. Während am Thron alles von weißen Perlenketten eingefasst wird, hat das Kreuz lediglich eine feine schwarze Kontur, sodass es im oberen Bereich fast im Goldgrund verschwindet. Umso auffälliger ist das purpurne Tuch, das um das Kreuz gelegt ist und zu beiden Seiten gleich lang herabhängt. Wie schon im Apsismosaik von Santa Pudenziana wenden sich rechts und links Petrus und Paulus dem Thron zu, nun aber stehend, in helle, schlichte Tuniken mit Pallium (Überwurf, Mantel) gekleidet, die Hände – der antiken Ikonografie des Kaiserzeremoniells entsprechend – huldvoll verdeckt. Anders als die hinter ihnen folgenden, im hier abgebildeten Detail nicht sichtbaren Apostel tragen sie keine Diademe, sondern ihre Attribute, die Schlüssel zum himmlischen Königreich (Mt 16,19) beziehungsweise zwei Schriftrollen. Ihr Blick ist auf das Kreuz gerichtet.

Den Thron kennzeichnet eine eigentümliche Ambivalenz, denn er scheint leer zu sein und ist es doch nicht. Niemand sitzt auf dem Kissen, deshalb wirkt er leer. Andererseits ist Christus im Gemmenkreuz symbolisch anwesend. Zwar schwebt das Kreuz vor dem Thron, doch das purpurne, herabhängende Tuch scheint es zum gleichfarbigen Kissen hinabzuziehen. Die Darstellung inszeniert die unterschiedliche Beschaffenheit der beiden Objekte: die Starrheit, das Vertikale und scheinbar Unvergängliche einerseits, das Weiche, Geschmeidige, doch irdisch Schwere andererseits. Die *crux gemmata* versinnbildlicht erneut die Herrlichkeit Christi und seinen Triumph über den Tod. Dass auch das Tuch, ein höchst

Abb. 27: Kuppelmosaik (Detail), 1. Hälfte 6. Jh., Ravenna,
Baptisterium der Arianer

ungewöhnliches Motiv, eine symbolische Bedeutung hat, verdeutlicht allein seine eigentümliche Größe: Verglichen mit dem Kreuz
ist es groß, gemessen an den Apostelfiguren und ihren Gewändern recht klein. Die Purpurfarbe, die aufgrund ihrer Kostbarkeit
nur den Herrschern zustand, macht es zu einem Ehrentuch. In
dem farblich-kompositorischen Zusammenspiel mit dem Thron-
kissen wird diese Bedeutung noch verstärkt. Das Tuch gehört sowohl zum Kissen als auch zum Kreuz und stellt die Zusammengehörigkeit der beiden her. Auf diese Weise ist Christus in der
Motivkonstellation sowohl als Erlöser wie auch als Herrscher erkennbar.

Selbstverständlich fragt man sich, warum hier alles so kompliziert ist und Christus nicht gleich – wie in Santa Pudenziana –
in figürlicher Gestalt dargestellt wird. Umso mehr übernimmt
nun das Gemmenkreuz die Aufgabe, die Präsenz Christi zu vermitteln. Oder ist es jenes „Zeichen des Menschensohns", das die

Wiederkunft Christi erst ankündigt und in die Zukunft weist? (Mt 24,30) Dann wäre der leere Thron ein für Christus als Weltenrichter bereits gerüsteter Thron. In der Forschung ist diese These aus einer anderen Perspektive aufgekommen, nämlich im Rückblick von der byzantinischen Kunst späterer Jahrhunderte auf die frühchristliche Zeit. Das Motiv des leeren Throns ist Bestandteil von byzantinischen Weltgerichtsbildern, sodass seine endzeitliche Bedeutung dort außer Frage steht. Die in diesen Bildern beigefügte Inschrift „Hetoimsia" (gr. „Herrichtung", „Vorbereitung") wird seit dem 19. Jahrhundert als Bezeichnung unterschiedlichster Darstellungen eines „leeren" Throns verwendet. Man findet sie auch in der Literatur zum Kuppelmosaik in Ravenna, obgleich sie dort nicht passt. Weder in der Detailaufnahme noch im gesamten Bildprogramm gibt es Motive oder Inschriften, die das endzeitliche Geschehen heraufbeschwören. Der Thron wird nun umso rätselhafter, denn hinter dem Kreuz gibt es zweifelsohne einen Leerraum. Festzuhalten ist, dass das Gemmenkreuz im Zentrum steht und Christus als Erlöser und Herrscher auf symbolische Weise gegenwärtig werden lässt. Die Blicke von Petrus und Paulus verstärken diese Präsenz, denn sie sind fest auf das Kreuz gerichtet.

Das Gemmenkreuz als kosmische Figur

Mit den vorangegangenen Beispielen standen zwei Arten des Gemmenkreuzes im Zentrum, zum einen seine bildliche Darstellung im Mosaik, zum anderen das Kreuz in dreidimensionaler Form, hier am Beispiel eines kleinen Gemmenkreuzes (Abb. 25, S. 100). Immer dient das prachtvolle Kreuz als Medium für den himmlischen Triumph Christi. In den komplexen Bildprogrammen der Mosaike wird das Ganze jedoch kompliziert. In Santa Pudenziana, wo sich das Holzkreuz auf Golgatha in ein überwältigend kostbares Himmelskreuz verwandelt hat, steht der reale Ortsbezug infrage. Im Baptisterium in Ravenna muss man sich entscheiden, ob das Gemmenkreuz die Präsenz Christi oder erst sein zukünftiges Kommen oder beides enthält.

Im Folgenden soll ein Objekt vorgestellt werden, das sowohl zweidimensionales Bild als auch dreidimensionaler Gegenstand ist und die Bedeutungsfülle des Gemmenkreuzes noch erweitert. Seine Betrachtung erfordert eine Hingabe zum Detail, die reich belohnt werden wird. Es handelt sich um den Rückdeckel (Abb. 28) des sogenannten Lindauer Evangeliars, einer Handschrift mit den vier Evangelien, die sich bis Anfang des 19. Jahrhunderts im Besitz des Damenstifts in Lindau am Bodensee befand und 1901 von der Pierpont Morgan Library in New York erworben wurde. Der Rückdeckel entstand um 780 im östlichen Alpenraum, möglicherweise in Salzburg.

Innerhalb des Rahmens, der zu einem späteren Zeitpunkt unten sowie an den Seiten mit neuen Leisten vergrößert wurde, besteht fast alles aus geschwungenen Linien. Die klare Kontur des Kreuzes schweift an den Enden aus, setzt sich entlang des Rahmens fort, um zur Kontur des nächsten Kreuzarms zu werden. In den Feldern dazwischen herrscht ein dichtes, regelloses Gewirr aus Linien, in dem bei genauerem Hinsehen Schlangen und andere Tierfiguren auszumachen sind. In jedem dieser Felder schafft eine Edelsteinfassung eine Art Zentrum, wobei lediglich die obere rechte noch original ist. Man kann den gesamten Deckel wie ein Kippbild betrachten und sich mal auf die Zwischenfelder konzentrieren, die dann wie Blütenblätter aus dem Ganzen hervortreten, mal auf das Kreuz und dessen klare Ordnung.

Am auffälligsten sind die vier unmittelbar an das Zentrum anschließenden Bogenfelder, die wie ausgeklappt wirken und jeweils eine männliche Halbfigur enthalten. Die kreuzförmigen Heiligenscheine der Figuren veranschaulichen, dass es sich um Darstellungen Christi handelt, auch wenn dessen Vervielfältigung etwas irritiert. Ein weiteres, schnell zu übersehendes Detail stützt jedoch diese Identifikation. Es befindet sich auf dem oberen und unteren Kreuzarm, und zwar unmittelbar über dem Bogenfeld mit Christus. Was zunächst wie ein weiteres Ornament aus schwarzen

Abb. 28: Älterer Lindauer Buchdeckel, Salzburg (?), um 780,
34,5 × 26,5 cm, New York, The Morgan Library & Museum,
MS M. 1 (Rückdeckel)

Linien aussieht, sind tatsächlich zwei griechische Buchstaben, links Alpha (A) und rechts Omega (ω), der eine im Uhrzeigersinn, der andere entgegengesetzt um 90 Grad gedreht. Man kann sie besser erkennen, wenn man sie mit den Anhängern des Prozessionskreuzes aus dem ersten Kapitel vergleicht (Abb. 8, S. 35). In beiden Objekten vergegenwärtigen sie den Ausspruch Christi aus der Offenbarung des Johannes: „Ich bin das Alpha und das Omega, der Erste und der Letzte, Anfang und Ende." (Off 22,13) Der erste und der letzte Buchstabe des griechischen Alphabets dienen Christus als Metapher für die universal-zeitliche Gültigkeit seiner Botschaft. Im Zentrum des Kreuzes auf dem Lindauer Buchdeckel kommt allerdings zu dieser zeitlichen eine universal-räumliche Dimension hinzu.

Mit seiner quadratischen Form und der Schlichtheit der Goldfläche unterscheidet sich das Kreuzzentrum von allem Übrigen. Die Ecken des umfassenden Quadrats sind zu kleinen Medaillons ausgeweitet, wodurch sich der Eindruck eines fest gefügten Gebildes verstärkt. Musste man die Schriftzeichen zuvor regelrecht suchen, bilden sie nun einen Hauptbestandteil der Komposition. Um die eingestellte Raute stehen, von links oben im Uhrzeigersinn, die *nomina sacra* („heiligen Namen") IHS XPS DNS NOS, die Abkürzungen von „Jesus Christus, unser Herr". Nimmt man die figürlichen Darstellungen Christi hinzu, so ist Christus mehrfach anwesend, einerseits im abstrakten Medium der Schrift, andererseits im Bild.

Alles gruppiert sich um die Raute, die mit ihren Ecken auf die Christusfiguren verweist. In der geometrischen Form der Raute sowie des an den Ecken verstärkten Quadrats ist die kosmologische Bedeutung des Kreuzes enthalten, die Gegenstand des zweiten Kapitels dieses Buches ist. Schaut man vergleichend auf das Gittergedicht im „Lob des heiligen Kreuzes" von Hrabanus Maurus (Abb. 10, S. 40), fällt sogleich auf, dass die dortige Anordnung der Kreise mit jener der goldenen Nägel in den Ecken der Raute identisch ist. Hrabanus ging es gleichwohl nicht darum, das Bild einer Raute, sondern vielmehr des Kreuzes, also der vertikalen und horizontalen Verbindung der Kreise, hervorzurufen. Für sein kosmologisches Verständnis war die Eigenschaft der Kreuzform entscheidend, in alle vier Himmelsrichtungen gleichzeitig zu weisen und deshalb die gesamte Welt in sich zu enthalten beziehungsweise zu umspannen. Auf dem Buchdeckel hingegen ist das Kreuz die Großfigur, in deren Zentrum Raute und Quadrat als andere, zusätzliche Formen hinzukommen. Sie enthalten eine Kosmologie, die letztlich derjenigen des Gittergedichts entspricht, sich aber anderer visueller Mittel bedient.

Raute und Quadrat sind die Grundfiguren des Weltdiagramms in einer Handschrift mit Texten zu Astronomie und Zeitrechnung (Komputistik), die nur wenige Jahrzehnte später als der Buchdeckel und zeitnah zum „Lob des heiligen Kreuzes" in Salzburg entstand (Abb. 29). Die Raute ist mit ihren breiten roten Balken und den Medaillons, die auf dem blauen Quadrat aufliegen, die dominante Form. Die große innere Fläche enthält ein Schema der drei bekannten Erdteile – ASIA, AFRICA, EUROPA –, wie es auch im Zentrum des Winddiagramms im zweiten Kapitel zu sehen ist (Abb. 11, S. 51). Kommen die Himmelsrichtungen dort „hinter" dem Kreisdiagramm wie die Enden eines Kreuzes hervor, umgeben sie die Erde nun in den Medaillons der Raute. Die Inschriften lauten von oben im Uhrzeigersinn: EURUS (Süden), OCCIDENS (Westen), AQUILO (Norden), ORIENS (Osten). Die Medaillons mit den vier Elementen – IGNIS (Feuer), AER (Luft), AQUA (Wasser), TERRA (Erde) – sind hingegen nicht der Raute, sondern dem Quadrat zugehörig. Inschriften benennen ihre jeweiligen Eigenschaften, auf die ebenfalls im zweiten Kapitel schon eingegangen wurde. Das Weltdiagramm enthält somit zwei kosmologische Vierergruppen, zum einen die Elemente als die Grundsubstanz der Welt, zum anderen die Himmelsrichtungen, die das räumliche Grundgerüst der Welt bilden und auf die vier Enden des Kreuzes zurückgeführt werden können. Die kreuzförmige Ordnung des Kosmos ist jedoch nicht Gegenstand des Diagramms. Vielmehr führt es ein weiteres, nicht konkurrierendes, sondern ergänzendes Verständnis kosmologischer Perfektion

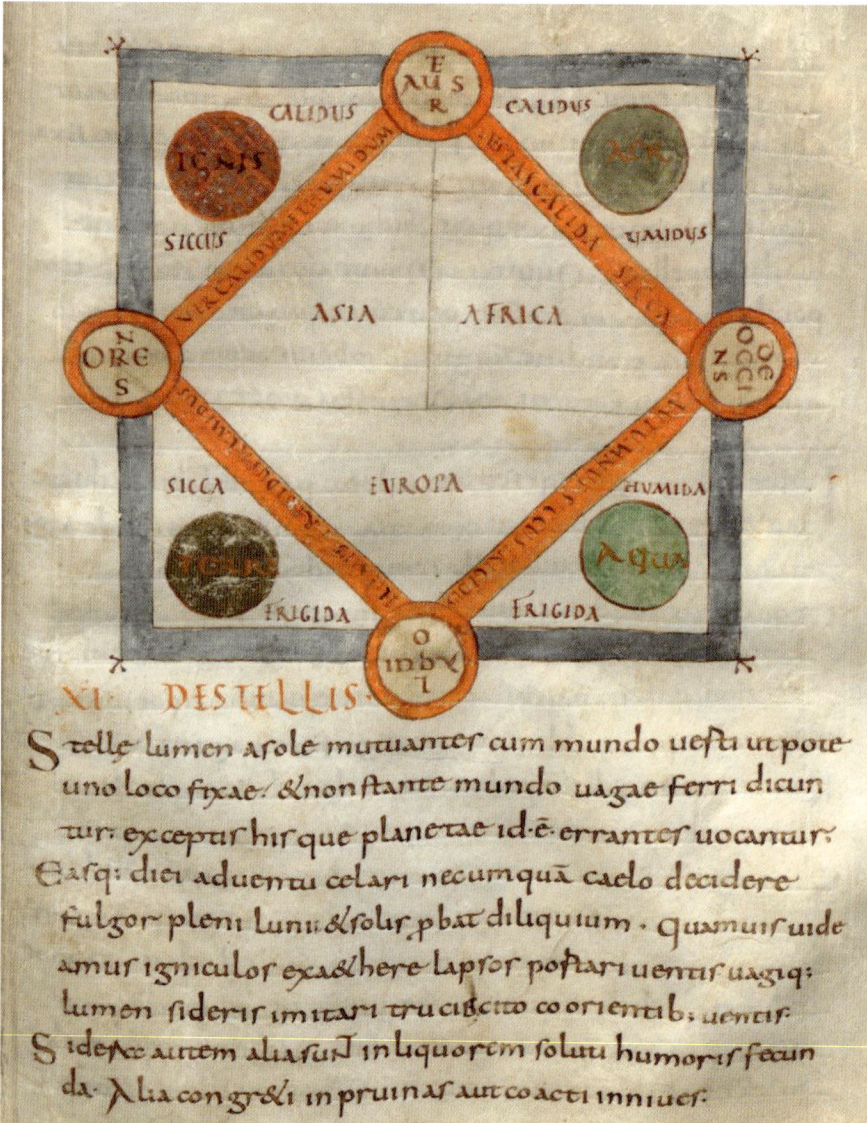

vor Augen. Es zeigt den *mundus tetragonus* („viereckige Welt"), indem es die Vierereinheiten nicht in die geometrische Figur des Kreises (Abb. 10 und 11, S. 40 und 51), sondern des Quadrats einpasst. Gemäß der antiken Geometrie und Arithmetik, auf der das mathematische Wissen im Mittelalter aufbaute, ist der Kreis eine perfekte Form, weil sein Zentrum von allen Punkten seiner äußeren Begrenzung gleich weit entfernt ist. Beim Quadrat sind nicht nur alle Seiten gleich lang, sondern ihm entspricht in der Zahlentheorie ein Typus von Ursprungszahl, nämlich die erste Quadratzahl 2^2. Das Diagramm zeigt somit die Übereinstimmung der kosmologischen Grundstruktur mit einer weiteren mathematischen Idealform. Das Beispiel in der Salzburger Handschrift visualisiert die Passgenauigkeit und Stabilität der Welt in eindrücklicher Farbintensität und Klarheit der Form.

Das Zentrum des Kreuzes auf dem Buchdeckel (Abb. 28, S. 117) kann somit als diagrammatische Figur aus der Kosmologie aufgefasst werden. Hier allerdings nehmen die *nomina sacra* den Ort der Grundbausteine der Welt ein, während die Nägel und die Medaillons an den Ecken des zentralen Quadrats in ihrer Bedeutung variabel bleiben. Zwei kosmologische Prinzipien – die mathematische Vollkommenheit der Welt und deren räumliche Ordnung mit den vier Himmelsrichtungen – werden mit dem christlichen Weltverständnis verschränkt. Der gesamte Kosmos ist von Christus durchwirkt: Die *nomina sacra* machen die vollkommene geometrische Figur zu einer Repräsentation Christi; die figürlichen Darstellungen weisen aus der Abstraktion hinaus in die sichtbare Welt, in der Christus den Menschen erschien; die vier Kreuzarme entfalten den Kosmos in den Raum hinein; die Buchstaben Alpha und Omega ordnen auch die Zeit der Macht Christi zu. Was im ersten Moment „nur" wie ein kunstvolles, ornamentreiches und farbenfrohes Kreuz aussieht, ist tatsächlich eine Kosmosfigur mit Totalitätsanspruch.

Ornamentale Kreuze in der Buchmalerei

Auf dem Rückdeckel des Lindauer Evangeliars ist das Ornament ein wesentliches Element der Gestaltung. Das Spektrum der Formen reicht von den kleinen, isolierten Figuren innerhalb des Kreuzes bis zu den großflächigen Verschlingungen von feinen Linien, wulstartigen Schlangenleibern und anderen Tierkörpern. Der Wirrwarr macht es schwer, einzelnen Linien mit den Augen zu folgen; selbst mit einem Stift gerät man immer wieder durcheinander. Im letzten Teil dieses Kapitels soll diesem Interesse an der ornamentalen Gestaltung des Kreuzes nachgegangen werden. Ähnlich, doch ganz anders als die kostbare Einfassung der Gemmenkreuze schafft sie eine überirdische Form, in der das Kreuz als Todeswerkzeug noch konsequenter aus dem Blick gerät.

Der hohe Stellenwert des Ornaments und das verdichtete, mal kontrolliert, mal eigensinnig wirkende Formvokabular des Lindauer Buchdeckels sind klare Indizien dafür, dass sich der Künstler von der insularen Buchmalerei und Goldschmiedekunst inspirieren ließ. „Insulare Kunst" ist ein Sammelbegriff für die Kunst des 6. bis 9. Jahrhunderts in Irland und Großbritannien. Der Zeitraum umfasst die Frühzeit der Christianisierung in Irland, die von dort ausgehende Missionierung in Schottland und im angelsächsischen England sowie den Beginn der Wikingerzeit. Der Aufbau der Bibliotheken in den neu gegründeten Klöstern erforderte eine umfängliche Handschriftenproduktion, bei der sich – vor allem in den Skriptorien der großen Abteien – der insulare Stil mit einer ganz eigenen, zugleich transkulturellen Formensprache entwickelte. Sie ist von der Kunst der Kelten, Pikten und Angelsachsen geprägt, enthält aber auch Elemente, die nach Italien und in den östlichen Mittelmeerraum weisen. Dass den Schreibern und Buchmalern Handschriften aus diesen fernen Gegenden vorlagen, mag erstaunen. Tatsächlich aber war gerade die Buchkultur, die auf dem Austausch und der Herstellung individueller Handschriften basierte, ein ganz wesentlicher Bereich des interkulturellen Kontakts im Mittelalter. Der Rückdeckel des

Lindauer Evangeliars ist ein gutes Beispiel dafür, denn er bezeugt, dass die insulare Buch- und Goldschmiedekunst auch im östlichen Alpenraum bekannt waren und dort wiederum zu neuen Formen und eigenständigen Kompositionen anregten.

Eine sehr berühmte insulare Handschrift ist das sogenannte Book of Lindisfarne, ein Evangeliar (auch „Lindisfarne Gospels"; Abb. 30), das nach der gleichnamigen Insel im Nordwesten Englands beziehungsweise nach dem dort 635 gegründeten Kloster benannt ist. Ob es tatsächlich aus dessen Skriptorium stammt, ist allerdings umstritten.

Jedem der vier Evangelien geht eine Folge von drei Schmuckseiten voraus: ein Bild des jeweiligen Evangelisten als Schreiber, eine Kreuzdarstellung (Abb. 30) sowie der Textbeginn in prachtvoller Schrift und mit großen, ornamentalen Initialen. Die Kreuzseiten, die aufgrund ihrer Ästhetik häufig als „carpet pages" („Teppichseiten") bezeichnet werden, kennzeichnet ein Spannungsverhältnis von einerseits klarer Struktur und andererseits schwer durchschaubarer ornamentaler Fülle. Sie ähneln darin dem Lindauer Buchdeckel (Abb. 28, S. 117), stellen jedoch die Kreuzform mit dem breiten Farbumriss prägnanter heraus, was insbesondere für das hier ausgewählte Beispiel gilt. Die Zusammenfügung von Kreuz und Rahmen ist nun so konsequent, dass der Eindruck einer Schablone entsteht. Innerhalb des äußeren grünen Rahmens bilden der rote Rahmen und der Umriss des Kreuzes eine einzige, nahtlose Figur. Ihre Flächen sind nach einer bestimmten Farb- und Formsystematik mit Ornament ausgefüllt. Nur die Hauptelemente der Kreuzfläche – Rot, Braun, Grün und eine „Brezelform" – lassen sich recht schnell erschließen. Außerhalb davon leuchtet vor allem das Blau aus dem dunklen Grund hervor, doch es hilft wenig, sich an ihm zu orientieren, da alle übrigen Farben im selben Maße an der Musterbildung beteiligt sind. Man meint, im unteren Bereich eine S-Form und ihre Spiegelung, im oberen hingegen weitere „Brezelformen" zu erkennen, die allerdings im Wechsel der Farben und in den variantenreichen Verflechtungen immer wieder durchbrochen werden. An vielen

Abb. 30: Lindisfarne Gospels, Kreuzseite, zwischen 690 und 720,
34 × 24,5 cm, London, The British Library, Cotton MS Nero D.IV, fol. 26v

Abb. 31: Lichfield Gospels, Kreuzseite, um 730, 30,8 × 22,3 cm,
Lichfield, Cathedral Library, S. 220

Stellen gibt es einen ähnlich trügerischen Anschein von symmetrischen Flächenordnungen. Unbeirrbar, doch erst bei ganz genauem Hinsehen zu erkennen, enden die breiten Linien auch hier in Tierköpfen. Fast alle Schnäbel und Schnauzen werden von Linien durchkreuzt und auf diese Weise zu Bestandteilen des Geflechts.

Auf der Kreuzseite aus den sogenannten Lichfield Gospels (Abb. 31) kann man das Kreuz hingegen nur dann schnell erkennen, wenn man sich mit dieser Art der Darstellung bereits ein wenig auskennt. Zugegebenermaßen ist die Handschrift in einem ungleich schlechteren Zustand, doch durch die immer gleichen Farben auf schwarzem Grund muss das Kreuz von Beginn an zwischen ordnender und verschwindender Figur changiert haben. Das Evangeliar ist nach seinem Aufbewahrungsort, der Kathedrale St Chad's in Lichfield (deshalb auch St. Chad Gospels), wo es sich vermutlich schon im 10. Jahrhundert befand, benannt. Erneut gibt es verschiedene Auffassungen, wo und wann die Handschrift entstand, doch in stilistischer Hinsicht wird sie in eine enge Beziehung zu den (vermutlich) etwas älteren Lindisfarne Gopels gesetzt. Hauptmotiv sind nun nicht mehr Rankenfiguren mit Tierköpfen, sondern die stilisierten, in die Länge gezogenen Tierkörper. Das Ornament setzt sich aus quadratischen, achsen- und punktsymmetrisch gebildeten Blöcken mit einem jeweils deutlich erkennbaren Zentrum zusammen. Den oberen Bereich hingegen nehmen die bereits vertrauten s-förmigen Tierranken ein.

Auf jeweils eigene Weise fordern die beiden Darstellungen den Betrachter zu einer intensiven, entdeckungsreichen Betrachtung des Ornaments heraus. Da die Formen so kunstvoll sind, kann man auch von einer Einladung zum genussvollen, vielfältigen Schauen sprechen. Es erlaubt ein Sichverlieren in den Details, da bei aller Unübersichtlichkeit das Kreuz die Großstruktur bleibt. Das Auge kann wandern, sich fokussieren und den Blick wieder weiten – immer kehrt es zum Kreuz zurück. Die künstlerische Gestaltung bewirkt eine vertiefte Wahrnehmung des

Kreuzes und macht aus der Buchseite eine Meditationsfläche, auf der sich verschiedene Inhalte des Kreuzes herausbilden. Auf der Seite der Lichfield Gospels kann das Kreuz als Kosmosfigur wiedererkannt werden, dies aber auf gänzlich andere Art als auf dem Lindauer Buchdeckel (Abb. 28, S. 117). Nun ist das Kreuz die zunächst kaum sichtbare, doch das Ornamentfeld festigende und an sich bindende Großfigur, die die Formen und Farben in sich birgt, die sich außerhalb von ihm entfalten. Dieser Gedanke, dass das Kreuz die Welt zum einen in ihrer Beschaffenheit und Struktur in sich enthält und zum anderen räumlich umfasst, ist ganz wesentlich für die bereits im zweiten Kapitel erläuterte Kreuzkosmologie. Die schwierige Erkennbarkeit des Kreuzes im Ornamentfeld verweist darauf, dass das kosmische Kreuz eine nicht sichtbare, nur dem Intellekt zugängliche Figur ist.

Auf der Seite der Lindisfarne Gospels wiederum gibt es ein bestimmtes, bisher noch nicht erwähntes Detail, durch das die *crux gemmata* im Ornamentkreuz aufscheint. In jedem der sechs Kreuzkompartimente befindet sich ein kleines Medaillon mit einem Kreuz beziehungsweise einer Blüte im Zentrum. Die Medaillons sind axial und im selben Abstand zueinander angeordnet, sodass ein Kreuz im Kreuz entsteht. Mit ihren breiten, hellen Rändern, die sie vom Ornamentfeld absondern, erinnern die Medaillons an die eingefassten Edelsteine einer *crux gemmata*. Erneut kann der Lindauer Buchdeckel als Vergleichsbeispiel dienen, da dort vor allem die Perlen im Zentrum und an den Enden der Kreuzarme ganz ähnliche, aus der Ornamentfläche hervorgehobene Gestaltungselemente sind. Damit soll nicht behauptet werden, dass das Kreuz der Lindisfarne Gospels eine *crux gemmata* darstellt, sondern sie in deutlich reduzierter, nur angedeuteter Form enthält und aus sich hervortreten lässt. Da die *crux gemmata* die Herrlichkeit Christi erfahrbar machte und seine Siegeskraft symbolisierte, schuf sie eine Präsenz Christi. Wer sich also auf die Medaillons konzentrierte und die *crux gemmata* im Ornamentkreuz erkannte, vermochte Christus zu vergegenwärtigen. Intensiviert wurde diese Wahrnehmung durch die Art des Buches, in dem sich die Kreuzseite befindet. Da die Evangeliare jene Texte enthalten, die vom Leben und Wirken, von der Passion und Wiederauferstehung Christi berichten, galten sie selbst als Gegenstände, die von dessen Präsenz erfüllt waren. Wenn sich der Betrachter auf die visuell und inhaltlich vielschichtigen Kreuzdarstellungen einließ, konnte er sich noch weiter in die Gegenwart Christi hineinbegeben.

Das überwältigende Kreuz

Die ornamentalen Kreuze der insularen Kunst und die Gemmenkreuze bewirken einander entgegengesetzte Akte des Sehens und Staunens. Während das minutiöse Betrachten der Formen immer tiefer in Ornamentfläche hineinführt, lässt sich das Auge vom Glanz betören. In beiden Fällen aber geht es um eine Entgrenzung des Blicks, die die Konturen der irdischen Dinge verschwimmen lässt. In der Welt des Ornaments tritt das Kreuz als schablonenhafter Rahmen aus der Fläche hervor und kann durch verschiedene künstlerische Mittel als Kosmosfigur erfahren werden. Man hätte es kaum vermutet, aber die Kreuzseiten der insularen Buchmalerei bilden somit ein Pendant zu den diagrammatischen Darstellungen des zweiten Kapitels (Abb. 11, S. 51 und Abb. 10, S. 40). Strikte Rationalität und ästhetische Opulenz schließen sich nicht gegenseitig aus. Waltet dort der menschliche Verstand über die Dinge, eröffnet hier die meditative Versenkung in das Kreuz spirituelle Erkenntnis. Doch wer eines der ornamentalen Kreuze betrachtete, hatte möglicherweise kurz zuvor ein astronomisch-kosmologisches Traktat studiert, sodass die Imagination beide Visualisierungsformen miteinander verknüpfte. Das Separieren der Darstellungen lässt sich für dieses Buch thematisch begründen, doch es ist auch ein künstliches Vorgehen. Zu schnell verliert man den Gedanken aus dem Kopf, dass an jedem Ort unterschiedliche Bildwerke gleichzeitig vorhanden waren, betrachtet und diskutiert wurden. Jeder bildete seinen individuellen

Schatz an Bilderfahrungen und Objektkenntnissen, in dem vermeintlich Unvergleichbares einander ergänzte und überlagerte. Die Gemmenkreuze werden unter den Bildwerken einen besonderen Status gehabt haben. Sie griffen der Zukunft voraus und vergegenwärtigten funkelnd und glänzend die himmlische „Macht und Herrlichkeit" (Mt 24,30), mit der Christus am Ende aller Zeiten wiedererscheinen wird. Sie sind überirdisch schön und zugleich materiell greifbar, was es schwer macht, sie in Raum und Zeit zu verorten. In ihnen überschneiden sich Himmel und Erde, Zukunft und Gegenwart. Durch die Kreuzform ist Christus selbst in ihnen präsent – durch diese Form erhalten die Gemmenkreuze ihre besondere Strahlkraft. Sie bemächtigen sich des schändlichen Kreuzes von Golgatha, erinnern noch an den irdischen Tod Christi, manifestieren aber letztlich den finalen Triumph des Erlösers. Es sind somit Objekte, die das Widersprüchliche des Kreuzes einerseits nicht kaschieren, andererseits aber seiner christlichen Umdeutung auf prächtigste Art Geltung verleihen.

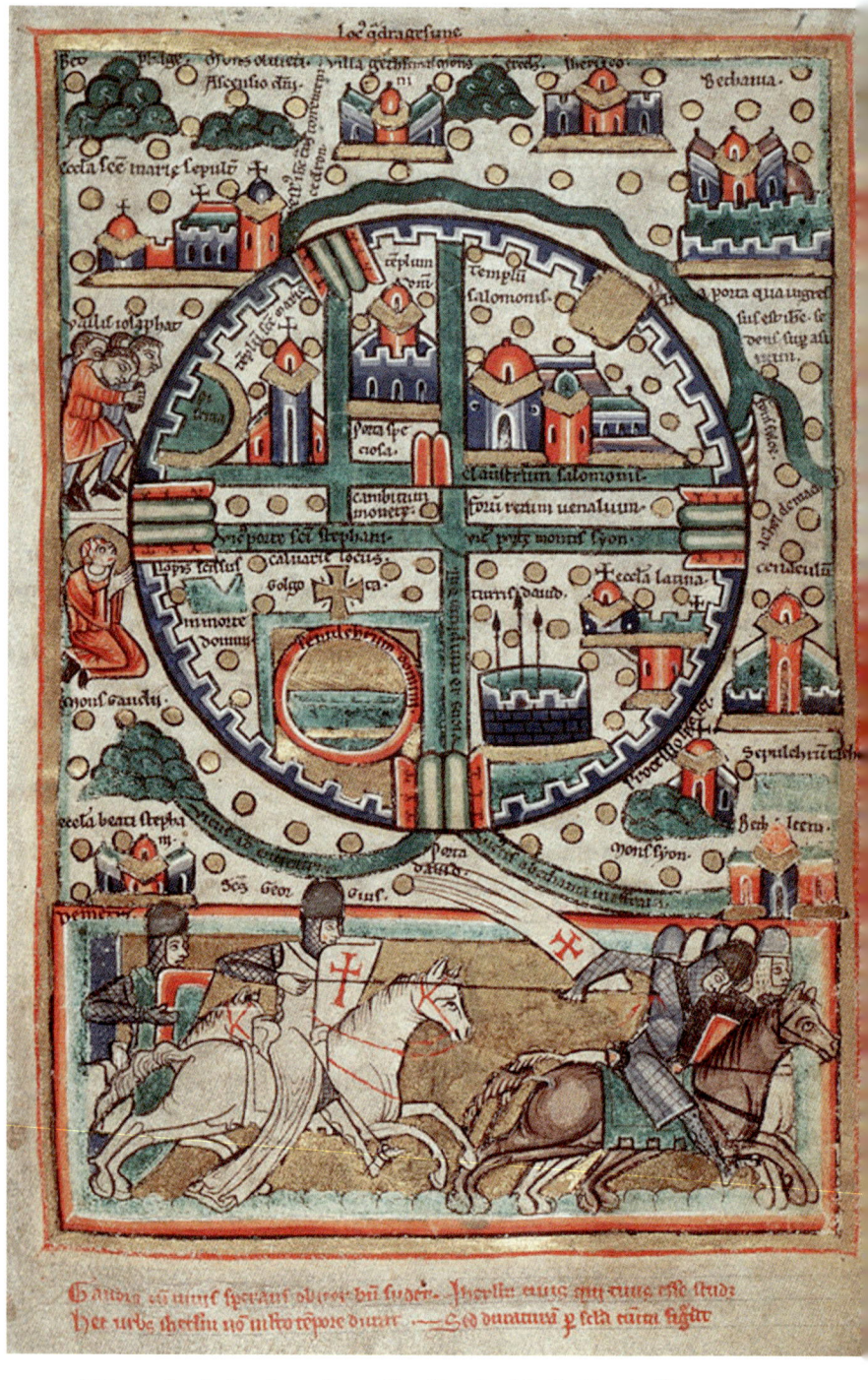

Abb. 32: Stadtplan Jerusalems, Nordfrankreich, St. Bertin (?), um 1170/80,
25,5 × 16,5 cm, Den Haag, Koninklijke Bibliotheek, Ms. 76 F 5, fol. 1r

Kapitel 5

Golgatha: Der Ort des Kreuzes

In dem farbenfrohen, detailreichen Bild sorgt ein großer blauer, an ein Zahnrad erinnernder Kreis für Ordnung. Er stellt die Stadtmauer Jerusalems dar und umrahmt einen nach Osten ausgerichteten Plan der Stadt, in dem breite, grün hervorgehobene und rechtwinklig aufeinanderstoßende Straßen Orientierung bieten. Sie führen entlang von Gebäuden und Orten ganz unterschiedlicher Art, die sich dank der Inschriften genauer identifizieren lassen. Der folgenden Betrachtung einzelner Details sei vorausgeschickt, dass sich die Darstellung auf die Stadtanlage zur Zeit der Kreuzfahrer bezieht. Sie entstand gegen Ende des 12. Jahrhunderts vermutlich in der nordfranzösischen Benediktinerabtei Saint-Bertin. Die glorreiche Zeit der christlichen Herrschaft im Heiligen Land, die mit der Eroberung Jerusalems 1099 begonnen hatte, war zu dieser Zeit längst schon wieder vorbei. Innere Zwistigkeiten und äußere Bedrohungen führten schlussendlich zu der vernichtenden Niederlage der Kreuzfahrer gegen Sultan Saladin 1187 und dem endgültigen Verlust Jerusalems. Das Bild stammt aus genau dieser Zeit. Die Reiterszene unterhalb des Stadtplans hat etwas Nostalgisches, denn sie zeigt den Ritterheiligen Georg, wie er einer Legende zufolge in weißer Rüstung mit rotem Kreuz den ersten Kreuzfahrern zu Hilfe kam, um die Glaubensfeinde in die Flucht zu schlagen.

Rechts oben im Stadtplan sind ein goldenes Tor und darunter ein größerer Gebäudekomplex, der „Tempel Salomos" (*Templum Salomonis*), zu sehen. Hinter diesem Namen verbirgt sich die Mitte des 7. Jahrhunderts auf dem ehemaligen Gelände des jüdischen Tempels errichtete al-Aqsa-Moschee. Die Kreuzfahrer nutzten sie als Königspalast und taten mit den neuen Namen kund, dass sie nichts weniger als die Fortführung der alttestamentlichen Herrschertradition für sich beanspruchten. Im Jahr 1120 wurde der

Bau zum Hauptdomizil des geistlichen, nach dem „Templum Salomonis" benannten Ritterordens der Templer. Der links daneben von zwei Straßen eingefasste „Tempel des Herrn" (*Templum Domini*) stellt den christlich umfunktionierten, ebenfalls auf das 7. Jahrhundert zurückgehenden Felsendom dar. Der Plan ist topografisch nicht präzise, sondern zeigt im Groben die Lage der Bauten zueinander. Das rechte untere Kreisviertel enthält den Davidsturm (*Turris David*), ein Festungsbau, den die Kreuzfahrer 1120 als Königsresidenz bezogen, sowie die Kirche Santa Maria Latina (*Ecclesia latina*).

Der Stadtteil unten links unterscheidet sich deutlich von den übrigen Vierteln, da er von einem roten, grün eingerahmten Kreis und darüber einem goldenen Kreuz dominiert wird. Dazu gehören drei Inschriften: ganz oben „Kalvarienberg" (*Caluarie locus*), links und rechts vom Kreuz *Golgota* und, etwas schwieriger zu lesen, „Grab des Herrn" (*Sepulcrum Domini*) auf dem Kreis. Wenn man ganz genau hinschaut, erkennt man, dass der grüne Streifen innerhalb des Kreises ein leerer Sarkophag ist. Der Maler hätte hier auch die Grabeskirche, in der sich die Kreuzigungsstätte und die leere Grabkammer Christi befinden, einfügen können. Stattdessen verwandelte er die Rotunde der Kirche in eine abstrakte Kreisform und konzentrierte sich mit Sarkophag und Kreuz auf das Wesentliche. Mit dem radikalen Verzicht auf Architekturelemente ging es ihm ganz offenkundig darum, der Grabeskirche einen Sonderstatus zu geben und durch die Form eine engere Beziehung zwischen ihr und der Stadt Jerusalem herzustellen.

Jerusalem, der Nabel der Welt

Der Kreis hebt Jerusalem, das in Wirklichkeit rechteckig war, als bedeutsamste Stadt des Christentums hervor. Es ist in eine kleine Palästinakarte eingebettet, in der unterschiedliche Gebäude diverse heilige Stätten markieren, darunter im Südosten (oben rechts) Bethanien, links daneben Jericho und auf der gegenüberliegenden Seite die Kirche mit dem Grab Marias (*Ecclesia Sanctae Mariae Sepulchrum*). Jerusalem ist nicht nur die weitaus größte, sondern auch die einzige Stadt mit einer kreisförmigen Mauer. In dieser Form ist es in zweifacher Gestalt enthalten: einerseits als irdisches Jerusalem in Palästina, in dem man die heiligen Stätten besuchen kann, andererseits als das ersehnte, erst noch kommende und in diesem Sinn abstrakte Himmlische Jerusalem, das, so heißt es am Ende der Bibel, mit dem Beginn des Gottesreichs die bestehende Stadt ersetzen wird. (Off 21, 22)

Die Kreisform deutet außerdem auf die Verortung der Stadt im Weltganzen. Mit der geometrischen Figur des Kreises ist die Idee des Zentrums eng verbunden, denn sie zeichnet sich dadurch aus, dass ihr Zentrum an jedem Punkt gleich weit von der äußeren Umgrenzung entfernt ist. Kreis und Zentrum passen auf Jerusalem besonders gut, da die Stadt aus christlicher Sicht als Mitte oder Nabel der Welt (*umbilicus mundi*) galt. Die Vorstellung gewann an Durchschlagkraft, als Papst Urban II. im November 1095 zum Ersten Kreuzzug aufrief und, so heißt es in der zeitgenössischen Kreuzzugschronik des Robert von Reims, die Heilige Stadt verklärte: „Jerusalem ist der Nabel der Welt, fruchtbar im Vergleich zu allen übrigen Gegenden der Erde, gleichermaßen ein anderes Paradies des Wohlgefallens. Dieses Jerusalem [...] hat der Erlöser durch sein Leiden geheiligt, durch seinen Tod erlöst und durch sein Grab ausgezeichnet. Diese königliche Stadt also, die in der Mitte des Erdkreises gelegen ist (*in orbis medio posita*), wird nun von ihren Feinden als Gefangene gehalten".[30] Urban II. sprach hier wohl nicht als Geograf, vielmehr verlieh er der Vorstellung von einer christlich geordneten Welt Ausdruck. Er nutzte die Metapher, um die zentrale religiöse Bedeutung der Stadt hervorzuheben: Jerusalem war sowohl der Ort von Leid, Tod und Auferstehung Christi als auch derjenige, an dem sich mit dem Himmlischen Jerusalem die Heilsgeschichte vollenden würde.

Es erscheint nur folgerichtig, innerhalb Jerusalems die Kreuzigungs- und die Grabesstätte als Zentrum und damit als ultimative Mitte der christlichen Welt zu verstehen. Diese Vorstellung bestand bereits seit dem 2. Jahrhundert; Bischof Kyrill von Jerusalem verknüpfte sie in der zweiten Hälfte des 4. Jahrhunderts auf prägnante Weise mit dem – bereits im zweiten Kapitel erläuterten – kosmologischen Verständnis des Kreuzes: „Ausgestreckt hat [Christus] seine Hände am Kreuze, um den ganzen Erdkreis zu umfassen. Denn der Mittelpunkt der Erde ist der Golgatha hier."[31]

Obgleich im Stadtplan nicht in der geometrischen Mitte angeordnet, kommt insbesondere die rote, kreisförmige Grabesrotunde mit dem Sarkophag als besonders wichtigem Ort zur Geltung. Das kleine goldene Kreuz fällt aus dieser Ordnung ein wenig heraus, da es keine eigene Rahmung besitzt. Letztlich ist es nur eine Ortsmarkierung, denn das historische Kreuz Jesu hatte sich nicht erhalten und die Kreuzigungsstätte war leer. Man konnte sich dort, auf Golgatha, nur noch vorstellen, was geschehen war, doch gerade deshalb war es wichtig, den genauen Ort zu kennen. Nur wer auf Golgatha stand und sich dort das Sterben Jesu vor Augen führte, vermochte das Kreuz noch zu sehen. Obwohl schon längst verschwunden, blieb es dort auf unsichtbare Weise noch immer präsent. Umso wichtiger war es, Golgatha und damit die authentische Kreuzigungsstätte wiederzuentdecken.

Verseuchte Erde: Konstantins Heldentat

Den Evangelisten war die Kreuzigungsstätte kaum der Rede wert. „Und er trug sein Kreuz auf dem Rücken und ging hinaus zum Ort, den man Ort des Schädels nennt, auf Hebräisch Golgota, wo sie ihn kreuzigten, und mit ihm zwei andere auf der einen und auf der anderen Seite, Jesus aber in der Mitte." (Joh 19,17–18) Die Informationen sind karg. Die Kreuzigungsstätte befand sich zur Zeit Jesu außerhalb der Stadt an dem Ort Golgatha (hebr. *Golgolet*; „Kugel", „Schädel") und sie war von Weitem zu sehen. Die Evangelisten erwähnen, dass die Frauen, die Jesus bis nach Jerusalem gefolgt waren, der Kreuzigung aus der Ferne zuschauten. Aus römischer Sicht war dies nur konsequent, denn diese Form der Hinrichtung verlangte einen Ort, an dem sie sich dem Blick aufdrängte. Wer dort entlangging, durfte keine andere Wahl haben als hinzusehen. Die gnadenlose Demonstration der Macht sollte vor allem Nichtrömern eine Mahnung sein, dass Schwerverbrecher und politische Aufwiegler vor aller Augen elendig sterben mussten.

Die hebräische Bezeichnung „Golgatha" ist ebenso anschaulich wie schwer verständlich. Der Evangelist Lukas übersetzte das Wort ins Griechische und sprach von *Kránion*. In den lateinischen Übersetzungen der vier Evangelien heißt der Ort *Calvaria*; im Deutschen wird daraus „Kalvarienberg". Auch *Calvaria* bedeutet „Hirnschale", „Schädel". Damit war vermutlich kein Ort gemeint, an dem Schädel und Knochen herumlagen, denn für die Zeit der jüdischen Dynastien der Makkabäer und Hasmonäer (167 v. Chr. bis 37 n. Chr.) ist eine solche Schandstätte vor den Toren der Heiligen Stadt undenkbar. Auch aus der römischen Präfektur sind keine entsprechenden Quellen bekannt. Ein unverfängliches Verständnis von „Golgota" ist das eines Hügels, dessen Form an eine Schädelkuppe erinnerte. Die christliche Auffassung von der „Schädelstätte" als Begräbnisort des Schädels Adams kam erst im 2. Jahrhundert auf. Auf sie wird noch zurückzukommen sein.

Golgatha befand sich zur Zeit Jesu auf einem Gelände mit brach liegenden Steinbrüchen, Felsengräbern und Gärten im Norden Jerusalems. Mit dem ehrgeizigen Projekt von Herodes Agrippa I. (41–44), die Stadt durch den Bau einer neuen Stadtmauer erheblich zu vergrößern, wurde das Gelände in das Stadtgebiet einbezogen. Da Begräbnisstätten innerhalb der Stadtmauern nicht erlaubt waren, wurden die Gräber aufgelöst. Die Bebauung des Areals zögerte sich bis ins folgende Jahrhundert hinaus. Ihr ging der militärische Aufstand der jüdischen Bevölkerung gegen die römischen Prokuratoren voraus, der im Jahr 70 mit der Zerstörung des jüdischen Tempels, dem heiligsten Ort der Juden, und mit ihm der gesamten Stadt Jerusalem endete. Auf dem nördlichen Areal gründete Kaiser Hadrian 135 eine neue Stadt nach römischem Muster mit Forum, Staatstempel und den

Magistralen Cardo maximus und Decumanus maximus. Das zerklüftete Steinbruchgelände wurde zur Großbaustelle, aufgeschüttet und geebnet, um als Fundament für das politische Zentrum von Colonia Aelia Capitolina, der Stadt Hadrians, zu dienen. Die römischen Herrscher und mit ihnen die paganen Götter machten sich das ehemalige Jerusalem zu eigen. Ihre Bauten waren eine Demonstration der Macht. Doch obgleich auf dem Forum nichts mehr an das Gräberfeld denken ließ, sollte hier Konstantin der Große etwa zwei Jahrhunderte später das Grab Christi wiederentdecken.

Nicht von ungefähr stellt sich die Frage, wer 200 Jahre nach der resoluten Überbauung des Geländes noch wissen konnte, wo Jesus gekreuzigt, geschweige denn, wo er begraben worden war. Schon den ersten Generationen nach seinem Tod wäre eine Antwort vielleicht schwergefallen, da die Orte des Wirkens und der Passion Christi noch keine wichtigen Andachtsstätten waren. Aus heutiger Sicht ist dies vollkommen verblüffend, scheinen doch Pilgerziele und Wallfahrtsorte seit jeher üblich zu sein. Das mangelnde Interesse daran in frühchristlicher Zeit lässt sich auch an der verzögerten Symbolgeschichte des Kreuzes nachvollziehen. Die älteren christlichen Zeichen, wie das Staurogramm und das Christogramm, die beide ausschließlich aus Buchstaben bestanden (Abb. 17, S. 70), ließen nicht im Entferntesten den Gedanken an die Kreuzigungsstätte noch irgendeinen anderen Ort aufkommen.

Erst zur Zeit Konstantins wurden Orte zu Zeugen der Heilsgeschichte, die das Leben Jesu erlebbar machten. Mit seinem umfangreichen Bauprogramm widmete sich Konstantin der Kennzeichnung und Ausstattung der heiligen Stätten. Eusebius, sein Biograf, schildert dies als geradezu göttlichen Auftrag. Mit schneidender Kritik rekapituliert er das ruchlose Ansinnen der Ungläubigen, den Ort des Grabes durch Neubauten aus der Erinnerung zu tilgen. Eusebius nimmt vor allem am Tempelbau, vermutlich ein Jupiter- und/oder Venustempel, sowie den Altären für die Opferhandlungen Anstoß. Konstantin, so schreibt er, folgte einer göttlichen Eingebung und enttarnte den Ort. Gerade in dem allzu bemühten Versuch der Römer, Überlegenheit zu demonstrieren, erkannte er demnach einen Hinweis auf den heiligen Ort. Durch den Götzendienst war der Boden bis in die untersten Schichten „verseucht", sodass die Suche nach dem Grab Christi mit der gründlichen Abtragung des Erdreichs einherging. Immer tiefer gruben die Leute Konstantins. „Als aber Scholle um Scholle der Platz in der Tiefe der Erde freigelegt wurde, da zeigte sich schließlich das verehrungswürdige und allerheiligste Zeugnis der Auferstehung des Erlösers wider alle Hoffnung, und die allerheiligste Grotte wurde zum Gleichnis für das Wiederaufleben des Erlösers."[32] Das Felsengrab Christi, hier als „Grotte" bezeichnet, kam zum Vorschein. Es enthielt keinerlei Spuren eines verwesten Leichnams. Die Leere des Grabes genügte als Beweis, dass dies der Ort der Auferstehung Jesu Christi war.

Der Felsen Golgatha

Die Kreuzigungsstätte musste dem Evangelisten Johannes zufolge ganz in der Nähe sein: „Sie nahmen also Jesu Leichnam und wickelten ihn in leinene Tücher, zusammen mit den Duftstoffen, wie es die Begräbnissitte der Juden ist. Es war aber am Ort, wo er gekreuzigt wurde, ein Garten, und im Garten ein neues Grab, in das noch niemand gelegt worden war. Dort also legten sie Jesus hin, wegen des Vorbereitungstages der Juden, weil das Grab in der Nähe war." (Joh 19,40–42) Jesus wurde demnach am Vortag des Sabbats in ein leeres Felsengrab gelegt, das sich in einem Garten unweit von Golgatha befand.

Bei der Bereinigung und Einebnung des Terrains im Auftrag Konstantins schlug man einen Felsen tiefer heraus und ließ ihn als Solitär stehen. Archäologische Untersuchungen in den 1960er Jahren konnten seine imposante Gesamthöhe von zwölf Metern feststellen, doch die abgestumpfte Spitze ist so klein, dass hier niemals drei Kreuze gestanden haben können. Vielleicht war die

Fläche ursprünglich größer, doch um die Authentizität des Ortes soll es hier nicht gehen. Entscheidend ist, dass sich der Glaube, die Felsspitze sei der wahre Standort des Kreuzes Jesu gewesen, bald verfestigte. Ob auch der Felsen gezielt gesucht und glücklich gefunden wurde, ist den Quellen nicht zu entnehmen. Gemessen an der Aufmerksamkeit, die dem Grab zuteilwurde, wirkt er eher wie ein Statist. Auch in der zweiten spektakulären Auffindungslegende – der Legende von der Auffindung des „wahren" Kreuzes Christi, von der im folgenden Kapitel die Rede sein wird –, kommt er lediglich als Ortsangabe vor.

Golgatha in der Ecke des Säulenhofes

Mit seiner Auffindung wurde das Grab zum bedeutungsvollsten Erinnerungsort der Christen und damit auch zum Pilgerziel. Die frühesten erhaltenen Aufzeichnungen stammen von einem anonymen Pilger aus Bordeaux, der im Frühjahr 333 in seiner Heimatstadt aufbrach, um auf dem Landweg nach Jerusalem zu gelangen, und nach etwa einem Jahr zu Hause zurück war. Seine Notizen sind ein Itinerar, ein Wegeverzeichnis, das die Reiseroute dokumentiert und Städte, Stationen des Pferdewechsels sowie Übernachtungsstätten mitsamt Entfernungsangaben aneinanderreiht. Der Pilger besuchte mehrere biblische Stätten im Heiligen Land. Seine Notizen sind sehr knapp, doch in Jerusalem verweist er immerhin auf Golgatha: „Auf der linken Seite aber ist der kleine Hügel (*monticulus*) Golgotha, wo der Herr gekreuzigt wurde. Ungefähr einen Steinwurf davon entfernt befindet sich die Höhle, wo sein Leib bestattet war und am dritten Tage auferstand. Dort ist auf Befehl des Kaisers Konstantin eine Basilika, d. h. eine Kirche, von wunderbarer Schönheit errichtet worden."[33]

In seiner Ortsbeschreibung hielt sich der Pilger an die Chronologie der historischen Ereignisse: erst Kreuzigung, dann Begräbnis, dann Auferstehung, dann Konstantins Basilika. Es ist der früheste Text, in dem der Ort der Kreuzigung als *monticulus*

Golgotha bezeichnet wird. Einerseits ist man über diese Bezeichnung froh, da sie die dürftigen Informationen aus den Evangelien präzisiert. Andererseits hatte sich der Ort mittlerweile verändert. „Hügel" wirkt nun ungenau, weil man sich längst auf eine bestimmte Stelle, den Golgathafelsen, konzentrierte.

Die Basilika, die der Pilger aus Bordeaux erwähnt, war Teil des großen, langgestreckten, auf Veranlassung Konstatins seit 325/26 im Bau befindlichen Architekturkomplexes, der in den folgenden Jahrhunderten mehrfach zerstört und sukzessive verkleinert wurde. Die heutige Grabeskirche entspricht im Wesentlichen dem Umbau der Kreuzritter aus dem 12. Jahrhundert; nur noch die Grabesrotunde basiert auf dem konstantinischen Grundriss. Eine Rekonstruktion der konstantinischen Anlage stammt von dem Archäologen Virgilio C. Corbo, der an der großen Instandsetzung der Grabeskirche zwischen 1960 und 1978 beteiligt war. Umfängliche archäologische Untersuchungen konnten dabei nicht durchgeführt werden, gleichwohl erlaubten es die Ergebnisse, erstmals die entscheidenden Phasen der Baugeschichte zu rekonstruieren. Corbos dreibändige, 1981 erschienene Publikation dokumentiert und analysiert die Resultate.[34]

Die konstantinische Anlage erstreckte sich auf einer Länge von etwa 150 Metern von Ost nach West, das heißt vom Cardo maximus, der hadrianischen Nord-Süd-Magistrale, bis zur Rotunde mit dem Heiligen Grab (Abb. 33). Von der Straße aus gelangte man über eine Treppe zunächst in ein trapezförmiges Atrium (im Plan von Corbo der *Atrio orientale*). Drei Portale führten von dort in eine fünfschiffige Basilika (*Martyrion*), hinter der ein Hof lag, der an drei Seiten von einem Säulengang umgeben war (*Triportico*). In der südöstlichen Ecke des Umgangs befand sich der Golgathafelsen, der in Corbos Grundriss wie ein unförmiger schwarzer Fleck aussieht. Über den Hof erreichte man das letzte Gebäude, die Grabesrotunde oder Anastasis (gr. „Auferstehung"), und in ihm das Heilige Grab. Die Anlage war somit für zwei Passionsstätten Christi gebaut, einerseits den Felsen, andererseits das Grab.

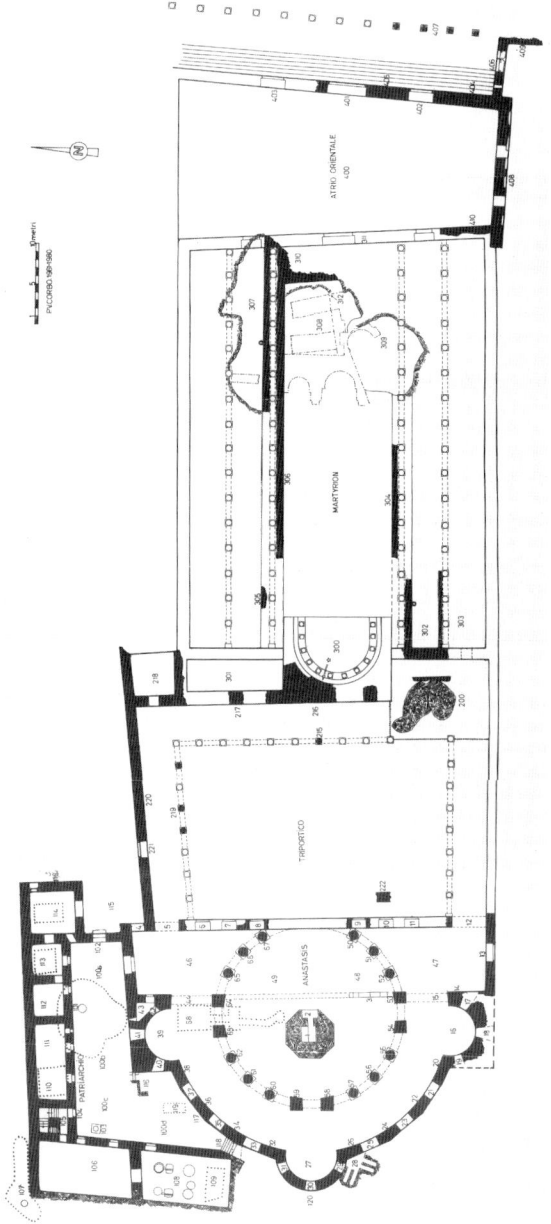

Abb. 33: Grundriss des Baukomplexes mit der Grabeskirche, Zustand 4. Jh.

Der Golgathafelsen ragte etwa fünf Meter über dem Boden-
niveau des Hofes empor und war frei stehend in die Architektur
integriert. Die Säulenreihe ließ eine Lücke vor ihm, sodass er
zwar in der Ecke stand, doch gut sichtbar war. Ob es Schranken
um ihn herum gab, lässt sich nicht sagen. Das Bedürfnis, nah an
den Felsen herantreten zu können, vermittelt Bischof Kyrill in
seinen „Katechesen", den Unterweisungen für die Taufanwärter.
In den sehr eindringlichen Ansprachen verwies er des Öfteren
auf die Passionsstätten vor den Toren Jerusalems und innerhalb
der Stadt, um seinen Worten größere Überzeugungskraft zu verleihen. Auf Golgatha kam er mehrfach zu sprechen. Noch immer,
so verdeutlichen die „Katechesen" eindrücklich, musste der Glaube an einen gekreuzigten Messias entschieden gerechtfertigt
werden. Noch immer war das Kreuz anrüchig und seine Heilsbotschaft unverständlich. Es hört sich an, als habe Kyrill auch
den Taufanwärtern noch so manchen Zweifel nehmen müssen.
Nicht umsonst ist die Unterweisung „Über die Worte: ‚gekreuzigt
und begraben'", aus der die folgenden Sätze stammen, die nahezu
längste: „Doch darf man nie müde werden, auf die Lehre vom
gekrönten Herrscher zu hören, vor allem hier auf dem hochheili-
gen Golgatha. Während andere nur von ihm hören, sehen und
berühren wir ihn. Keiner ermüde! Ergreife gerade für das Kreuz
die Waffen gegen die Feinde! Pflanze den Glauben an das Kreuz
als Siegeszeichen auf gegen die, welche widersprechen! So oft du
mit Ungläubigen über das Kreuz Christi disputieren willst, mache
zuvor mit der Hand das Zeichen des Kreuzes Christi, und der
Gegner verstummt. Schäme dich nicht, das Kreuz zu bekennen!"[35]
Es ist eine nahezu militärische Ansprache. Kyrill und den
Täuflingen mag dabei Konstantin der Große vor Augen gestanden haben, hatte er doch auf das Kreuz vertraut und mit ihm über
die Feinde gesiegt. Von seiner Macht und der göttlichen Gunst,
die ihm widerfahren war, zeugte nicht zuletzt der Baukomplex,
in dem sie sich gerade befanden. Doch an diesem Ort insistierte
Kyrill nicht allein auf dem Triumph des Kreuzes, vielmehr wollte
er auch den Glauben daran festigen, dass derjenige, dessen Grab

leer aufgefunden wurde, am Kreuz tatsächlich wie ein Mensch gestorben war. Der Blick richtete sich nun gewissermaßen vom Grab in der Rotunde zurück auf den Golgathafelsen im Innenhof. Das Erlösungsversprechen des leeren Grabes gewann erst dann vollends an Überzeugungskraft, wenn es wirklich ein Leichnam aus Fleisch und Blut gewesen war, der nach drei Tagen unversehrt das Leben wiedererlangt hatte. Man hatte keinen göttlichen Scheinleib, sondern einen menschlichen Körper ans Kreuz geschlagen. Erst dann vermochte die Auferstehung Christi davon zu überzeugen, dass auch die Auferstehung des Menschen im Bereich des Möglichen lag.

Der Golgathafelsen bekräftigte die Überzeugung einer „echten" Kreuzigung, denn auch er war kein überirdischer, feinstofflicher Ort, sondern ein massives Gestein, das man berühren konnte. Außerdem galt der Riss, der auf das Erdbeben bei der Kreuzigung (Mt 27,51) zurückgeführt wurde und, so Kyrill, „noch jetzt es zeigt, daß seinerzeit Christus wegen die Felsen sich spalteten"[36], als Beweis dafür, dass die Kreuzigung Christi ein übernatürliches, göttliches Ereignis gewesen war. Vielleicht handelt es sich um den Riss von etwa zwölf Zentimetern Breite, den man heute im Felsen erkennen kann, wenn er auch auf dem Stadtplan aus dem 12. Jahrhundert ungleich größer aussieht (Abb. 32, S. 130). Der grüne, links neben dem Kreuz befindliche „Stein, der sich beim Tod des Herrn spaltete" (*Lapis scissus in morte Domini*), hat einen tiefen Keil. Diese Manifestation göttlicher Kraft scheint der Grund dafür gewesen zu sein, den Felsen im Stadtplan gesondert darzustellen, wenn er sich auch neben dem mehrfach gerahmten Sarkophag etwas kümmerlich ausnimmt. Da zudem das Kreuz nicht auf dem Felsen steht, sondern die abstrakte Grabkonstruktion krönt, tritt die Grabstätte als der bedeutsamere Ort hervor.

Golgatha in der Wahrnehmung der Pilger

„Vom Grabmal bis Golgotha sind es 80 Schritte. Von einer Seite steigt man auf Stufen hinauf, auf denen unser Herr zur Kreuzigung hinaufstieg. Man sieht auch die Stätte, wo er gekreuzigt wurde, und den Blutfleck im Felsen."[37] So notierte es ein anonymer Pilger aus Piacenza, der sich um 570 in Jerusalem aufhielt.

Die von ihm erwähnte, wohl schon weit früher angelegte Treppe führte auf der Nordseite zur Felskuppe und wurde erst bei der Wiederinstandsetzung der Grabeskirche nach dem großen Brand von 1808 verbaut. Das von Kyrill gepriesene Berühren des Felsens konnte beim Hinaufschreiten intensiviert werden, denn nun vollzog der Pilger das letzte Teilstück des Weges Jesu Stufe für Stufe nach. Bei dem Blut, das er oben im Stein sah, handelte es sich wohl um rote, wie Blutstropfen erscheinende Einschlüsse in dem harten, annähernd weißen Kalkstein.

Wie es sich anhört, stand der Pilger aus Piacenza auf einer leeren Kuppe. Der Gegenstand, um den es auf Golgatha eigentlich ging, findet keine Erwähnung. Tatsächlich ist ausgerechnet die Frage, ob in den ersten Jahrhunderten ein Memorialkreuz auf dem Felsen stand, nicht ganz unumstritten. In der bereits im vorangegangenen Kapitel erwähnten pilgertauglichen Kurzbeschreibung Jerusalems („Breviarius de Hierosolyma"), die nur 20 Jahre vor dem Bericht des Pilgers aus Piacenza entstand, ist von einem Kreuz aus Gold und Edelsteinen die Rede, das unter einem goldenen Baldachin stand und von Schranken aus Gold und Silber umgeben war.[38] Sollte der Pilger es übersehen haben? Eine Lösung für dieses Rätsel gibt es nach wie vor nicht. Fest steht, dass dem Pilger der nackte Felsen genügte, weil es authentische Spuren im Stein gab.

Der Golgathafelsen wurde bald zu einem Ort, an dem sich verschiedene Bedeutungsschichten mit dem Kreuz Christi als imaginativem Fixpunkt ablagerten. So heißt es zum Beispiel in der etwas unsystematischen Beschreibung der heiligen Orte, die ein nicht weiter bekannter Archidiakon Theodosius in der ersten

Hälfte des 6. Jahrhunderts zusammenstellte: „In der Stadt Jerusalem ist da beim Grabe des Herrn der Calvarienort. Dort brachte Abraham seinen Sohn als Brandopfer dar, und weil der Hügel felsig ist, auf diesem Hügel, d. h. am Fuße dieses Hügels, machte Abraham einen Altar. Über dem Altar erhebt sich der Hügel, den man auf Treppenstufen besteigt; dort ist der Herr gekreuzigt worden."[39] Die in der jüdischen Bibel beschriebene Opferung Isaaks durch seinen Vater Abraham (Gen 22,1–19) war aus christlicher Perspektive ein Ereignis, das bereits auf die Kreuzigung Christi verwies. Sie ist als alttestamentlicher Typus auch in der „Biblia pauperum" zu sehen (Abb. 5, S. 28). Was bei dieser Opferung noch nicht Wirklichkeit werden sollte, vollzog sich demnach am Kreuz. Während Isaak mit dem Leben davonkam, weil der Engel Abraham im letzten Moment vom Schwerthieb abhielt, musste Christus, der Sohn Gottes, den Opfertod sterben. In der Passion Christi, so das Argument, offenbarte sich die wahre Botschaft der jüdischen Bibel, die nun zum Alten Testament wurde.

Das typologische Rechtfertigungsmodell, das bereits im ersten Kapitel Thema war, wurde am Golgathafelsen in den Raum übertragen. Der Altar Abrahams und damit der Ort des verhinderten Sohnesopfers war nun am Fuß des Felsens platziert. Darüber ragte das Kreuz Christi auf – sei es in Form eines Prachtkreuzes, sei es in der Vorstellung des Pilgers. Wer vor dem Felsen stand, konnte die alttestamentliche Opferszene als ein heilsgeschichtliches Fundament der Kreuzigung wahrnehmen. In der räumlichen Anordnung war zudem die zeitliche Ordnung enthalten. Der Archidiakon Theodosius wurde vor Ort zuerst auf den Altar Abrahams verwiesen, schaute vielleicht schon zur Felskuppe hoch und konnte dann die Stufen hinaufgehen, um zur Kreuzigungsstätte zu gelangen. Am Golgathafelsen war es möglich, die Schichtung der Heilsgeschichte mit dem eigenen Körper zu durchschreiten.

Zwar war der Felsen bei Weitem nicht der einzige Pilgerort im Heiligen Land, an dem sich biblische Ereignisse überlagerten und mit theologischen Aussagen verknüpft waren. Zudem änderten sich die Arrangements. So findet sich der Abrahamaltar in anderen Pilgerberichten nicht eindeutig am Fuß des Felsens wieder. Er ist aber ein Beispiel dafür, dass sich die Sinnstiftungen am Golgathafelsen besonders gut inszenieren ließen. Die Höhe des Felsens ermöglichte es, ihn in mehrere Orte aufzuteilen und diese in Beziehung zueinander zu setzen. Das sollte sich am Grab Adams, genauer seiner Schädelstätte, zeigen, hatte jedoch zur Konsequenz, dass der Felsen immer mehr von der Architektur eingehüllt wurde.

Die architektonische Neugestaltung des Felsens

Als der persische König Chosrau II. Jerusalem 614 eroberte, wurde der konstantinische Baukomplex in großen Teilen beschädigt. Schon wenige Jahre später allerdings begann unter Modestos, dem Patriarchen von Jerusalem, der Wiederaufbau. Die archäologischen Funde deuten einerseits darauf, dass die architektonische Einfassung des Golgathafelsens gänzlich neu gestaltet wurde, bilden aber andererseits keine solide Basis für eine genauere Rekonstruktion. Es wird deshalb häufig ein Text zurate gezogen, der zwischen 679 und 688 geschrieben wurde, die ganze Sache jedoch eher verkompliziert, denn der Pilger ist in diesem Fall nicht der Verfasser. „Von den heiligen Stätten" („De locis sanctis") stammt aus der Feder von Adomnan von Hy, seit 679 Abt des Klosters Iona auf der gleichnamigen Insel der Inneren Hebriden im Westen Schottlands. Adomnan hatte sich nicht selbst auf den Weg in die Ferne gemacht, sondern – darauf deutet seine Gelehrsamkeit – die meiste Zeit seines Lebens in der Bibliothek verbracht. Über die Identität des Pilgers, der ihm von seiner Reise berichtet habe, lässt er uns auf eigentümliche Weise im Unklaren. Er heiße Arkulf, sei ein Bischof gallischer Herkunft und habe neun Monate lang die Heiligen Stätten von Jerusalem aus besucht. Adomnan schrieb nicht einfach nur dessen Erzählungen nieder, sondern machte daraus eine Abhandlung über das Heilige

Land, der Arkulfs Auskünfte etwas Authentisches verliehen. Der Abt von Iona brachte seinen eigenen Kenntnisreichtum zur Geltung, vertiefte die Inhalte durch eigene Reflexionen und maß manchen Informationen Arkulfs nur sekundäre Bedeutung bei. Umso interessanter ist es, dass Adomnan vier Zeichnungen in seinen Text einbaute, die Arkulf während des Gesprächs angefertigt habe. Es handelt sich um architektonische Darstellungen, die wie Grundrisse oder Pläne aussehen. Sie zeigen das Bauensemble mit der Grabeskirche (Abb. 34), die Basilika auf dem Berg Sion, die Himmelfahrtskirche und die Kirche über dem Jakobsbrunnen bei Sichem. Warum sie in nur vier der etwa 40 erhaltenen Abschriften des Textes mitkopiert wurden und inwieweit sie darin der Originalfassung entsprechen, lässt sich nicht beantworten. Die überlieferten Zeichnungen sind ambivalenter Art: Einerseits informiert der Text darüber, dass sie von einem Augenzeugen stammen, andererseits haben sie schon einen mehrstufigen, nicht mehr rekonstruierbaren Kopierprozess – von Arkulf zu Adomnan zu den Schreibern in diversen Klöstern – durchlaufen. Die hier zu sehende, heute in Paris aufbewahrte Abschrift entstand im 9. Jahrhundert im Benediktinerkloster der nordfranzösischen Stadt Corbie.

Die Zeichnung zur Grabeskirche und zu den unter dem Patriarchen Modestos erneuerten Bauten wirft die schwierige Frage auf, ob die feinen Linien und breiten Balken in irgendeiner Weise den Grundriss und damit die tatsächlich vorhandenen Mauern und Zugänge wiedergeben sollen. Einerseits wäre die Grabesrotunde dann ein hermetisch verschlossenes Gebäude, andererseits sind einige Angaben aus Arkulfs Beschreibung in der Zeichnung wiederzuerkennen. Die Darstellung konfrontiert uns vermutlich mit einer unvertrauten Verbindung von Grundrisszeichnung und Lageplan mit der im Text geschilderten Raumerfahrung des Pilgers. Umso schwieriger ist es dann zu ermessen, wie präzise oder unpräzise die Zeichnung ist.

Unter den Nebengebäuden der Grabesrotunde, die hier nicht alle erwähnt werden sollen, fallen zwei mit großen Kreuzen auf. Ganz rechts befindet sich die Basilika, die in Corbos Rekonstruk-

oleonu triente p̄ fulgent. Sed &̄ hoc noccendu
eē und &̄ur quod mag̊ oleū scluucorir hoceſt
sepe supcæ memorcæ tū cegorū spelcū siuespelunca
reſteuociucu por sit. dequoui delicc &̄ dn̄o ihuxp̄o
incc sepulto ppholicuecciuncct̄ dicenr hiccebica
uit inex celrc spelunca pc̄refoſtur sime. &̄pcculo
poſt deipſiur dn̄i resurreſtione adccpoſtolor
&̄ccificccndor subinfeſtur. regēcū gloriccui debitur
Supcc diſtc ig̊ teſte formulē cū rotundo cegori
olo inmedio eiur collocato incuiur aquilonẽt paſtē
domm cū hccb &̄ur sepulchrū. subiectec decceratt
pilturcc. Necnon &̄ trium aliccerum figurccr
ecclesiccrū dequib; inferiur intimabitur. :
Jncccdem uero ecclēc quedcc inpc̄lrcc
hccb &̄ur exciſcc spelunca infrcclocum
cſtcccntmabasilicc
hcſtmaſtyrum
plcctcolcc in   mſulgnccto
quadie &̄nocte inloco
lccpuderardcit altc
                rit
                habitt
                ham   Inquolocococrux
                        domm cū binir
            gɔlga exedc   lcctcronū
            tchcorccc circc crucib; sub
            ecclenˉ ucceducr tcrrcc rep
                    o   tcc eſt

            ſccmaricc
            ecclcēˉ

Abb. 34: Adomnan, Über die heiligen Stätten,
Baumkomplex mit der Grabeskirche, Corbie, 9. Jh., 28,5 × 19 cm,
Paris, Bibliothèque nationale de France, Ms. lat. 13048, fol. 4v

147

tionszeichnung der konstantinischen Anlage als *Martyrion* bezeichnet ist (Abb. 33, S. 140) und an dem Ort stand, wo man im 4. Jahrhundert drei Kreuze ausgegraben hatte: das wahre Kreuz sowie die Kreuze der beiden Schächer, die gemeinsam mit Jesus hingerichtet worden waren. Von diesem Sensationsfund wird das folgende Kapitel über die Kreuzreliquien berichten. Der andere, durch ein einzelnes Kreuz gekennzeichnete Bau ist Arkulf zufolge die sehr große „Kirche" (*ecclesia*) über der Schädelstätte, dem Ort der Kreuzigung. „In ihrem Oberteile hängt an Seilen ein großes bronzenes Rad mit Lampen, unter dem ein großes silbernes Kreuz an der Stelle fest verankert steht, wo dereinst das Holzkreuz befestigt war, an dem der Erlöser des Menschengeschlechtes litt."[40] Arkulf erwähnte zwar den Golgathafelsen nicht explizit, doch seiner Beschreibung ist zu entnehmen, dass darauf ein Silberkreuz in einem eigens dafür errichteten Bau stand, von dessen Decke ein Radleuchter herabhing. Während man sich diese Innenausstattung gut vorstellen kann, bleibt unklar, was mit der „Kirche" gemeint ist. Dass die Zeichnung in der Handschrift aus dem 9. Jahrhundert (Abb. 34) keinen weiteren Aufschluss gibt, kann natürlich den kargen Angaben Arkulfs geschuldet sein. Auffällig ist der breite, ausschließlich nach innen gerichtete Zugang der „Kirche", den man möglicherweise als „Schauöffnung" zum Hof deuten könnte. Das wäre ein recht gewagter Versuch, die Zeichnung mit Corbos Rekonstruktion in Übereinstimmung zu bringen. Letztere deutet nämlich auf eine offene Architektur, die wie ein Baldachin gewirkt haben muss: Die Grundelemente waren vier Pfeiler, von denen zwei bis zum Boden reichten und vor dem Felsen standen, die beiden hinteren aber oben auf ihm aufsetzten. Die vier Pfeiler ragten hoch hinauf und trugen ein Gewölbe von etwa sieben mal sieben Meter, von dem der große Radleuchter aus Arkulfs Beschreibung herabhing. Der Baldachin war Corbo zufolge nicht zugemauert, sondern zu allen vier Seiten offen, das heißt, dass das Kreuz von außen sichtbar blieb.

Corbo zufolge wurde der Felsen in zwei Stockwerke unterteilt, indem man einen Boden einzog, aus dem die Kuppe mit dem

Silberkreuz hervorragte. Wenn die Kerzen des Radleuchters brannten, muss oben ein Raum aus Licht entstanden sein, unter dem der Rest des Felsens in Dunkelheit verschwand. Der untere Raum war von nur drei Metern Tiefe, da der Felsen weit in ihn hineinragte. „In derselben Kirche gibt es eine aus dem Felsen gehauene Höhle unter dem Ort des Herrenkreuzes, wo auf dem Altar das Opfer für die Seelen vornehmer Personen dargebracht wird".[41] Arkulfs Erinnerung ist für die Forschung etwas schleierhaft, da er das Interessanteste unerwähnt lässt: Bei dem kleinen Raum handelte es sich um die Adamskapelle, wo in einer kleinen Aushöhlung des Felsens ein Schädelknochen lag, der als derjenige Adams galt.

Das Grab Adams

Mit dem Umbau unter Modestos wurde erstmals ein Raum für das heilsgeschichtliche Verständnis der „Schädelstätte" geschaffen. Es lässt sich bis ins 2. Jahrhundert zurückverfolgen und in der Herleitung des frühchristlichen Theologen Origenes besonders gut nachvollziehen: „[M]ir ist folgende Tradition zu Ohren gekommen: der Leichnam Adams, des ersten Menschen, ist da begraben, wo Christus gekreuzigt worden ist, damit ‚wie alle in Adam sterben, alle in Christus lebendig gemacht werden' [1 Kor 15,22], damit an diesem Ort, der Kalvarienberg heißt, was Schädelstätte bedeutet, der Kopf der Menschheit seine Auferstehung mit dem ganzen Volk findet."[42] Origenes baute in diese Erläuterung einen Vers ein, der aus dem ersten Brief von Paulus an die Korinther Gemeinde stammt und die Hoffnung auf Erlösung durch Christus in Kurzform enthält: So wie das Vergehen Adams im Paradiesgarten zur Erbsünde der gesamten Menschheit wurde, so solle der Opfertod Christi die gesamte Menschheit von dieser Sünde befreien.

Wer den Golgathafelsen in seiner neuen Architektur vom Hof aus betrachtete, konnte die Heilsgeschichte sehen. Die Kreuzigung und das Grab Adams bekamen einerseits eigene Räume, befanden sich aber andererseits am selben Ort. Einen inhaltlichen Aspekt, der für diese Inszenierung von zentraler Bedeutung war, umschreibt ein anonymer Autor aus der ersten Hälfte des 5. Jahrhunderts, dem die Forschung den Behelfsnamen „Pseudo-Tertullian" gegeben hat, auf anschauliche Weise. Auch für ihn war Golgatha das Zentrum der Welt. „[H]ier ist der Mittelpunkt der Erde, hier ist das Zeichen des Sieges. Unsere Vorfahren lehrten, daß hier ein großer Knochen gefunden wurde, wir haben erfahren, daß hier [auf Golgatha] der erste Mensch begraben ist, hier leidet Christus, von heiligem Blut wird die Erde feucht, damit der Staub des alten Adam, vermischt mit dem Blut Christi, durch die Kraft des rinnenden Wassers erweckt werden kann."[43]

In den Bildfeldern eines Tragaltars aus dem 12. Jahrhundert hat sich die Erweckung durch das Blut Christi bereits vollzogen (Abb. 35). Ganz unten im linken vertikalen Bildstreifen ragt der völlig ausgemergelte Adam aus einem Sarkophag empor, den Kopf und die Arme nach oben gestreckt. Drei dunkelrote Blutströme fließen von den Füßen des Gekreuzigten zu Adam herab. Christus steht aufrecht, doch mit dem tief herabgesunkenen Kopf eines Sterbenden oder Toten am Kreuz. Links und rechts heben die weißen Rahmungen die trauernde Maria und den zum Gekreuzigten hinaufschauenden Jünger Johannes hervor. Die Personifikationen des Mondes und der Sonne in den kleinen Medaillons oberhalb des Kreuzbalkens erinnern an das kosmische Geschehen während der Kreuzigung, in dem sich die universale Dimension des Todes Christi offenbarte: „Es war aber ungefähr die sechste Stunde, und eine Finsternis entstand auf der gesamten Erde bis zur neunten Stunde, und die Sonne wurde verdunkelt". (Lk 23,44–45) Die obere Figurenkonstellation ist wesentlich komplizierter, da sich ihre Motive nicht unmittelbar aus den Berichten über die Kreuzigung beziehungsweise aus der Deutung der „Schädelstätte" herleiten lassen. Dargestellt ist hier die Heilige Dreifaltigkeit mit Christus, dem Heiligen Geist in Form einer weißen Taube sowie Gottvater im Kreissegment ganz oben.

Gegenüber von der Kreuzigung am rechten Rand der Gesamt-
fläche befindet sich ein Bildfeld identischer Größe, in dem der
Engel, die drei Frauen und die schlafenden Wächter um den leeren
Sarkophag Christi herum gruppiert sind. Es handelt sich erneut
um die Szene, die schon im Kapitel über das siegreiche Kreuz genauer betrachtet wurde (Abb. 22, S. 92). Während die Inschrift
unter der Kreuzigung auf das Leiden Christi (*Passio Christi*) verweist, wird hier mit dem Wort „Wiederauferstehung" (*Resurrectio*)
die zentrale Heilsbotschaft hervorgehoben. Beide Bildfelder sind
Bestandteil eines Rahmens mit weiteren figürlichen Darstellungen, der den rechteckigen Altarstein aus rotem Porphyr umgibt.
Die Abbildung erweckt den Eindruck eines zweidimensionalen
Bildes, da sie den Tragaltar in Aufsicht zeigt. Tatsächlich aber handelt es sich um die Oberseite eines kastenförmigen, etwa 16 Zentimeter hohen und damit leicht zu transportierenden Objekts.

Tragaltäre sind Altäre in Miniaturform, die von hohen Geistlichen auf Reisen oder im Heereslager zum Einsatz kamen, aber
auch als Zusatzaltäre im Kirchenraum verwendet wurden. Sie
mussten nicht aufwendig gestaltet sein, sondern konnten aus
einem geweihten Altarstein mit einer schlichten Einfassung bestehen. Das hier gezeigte Exemplar gehört zu einer kleinen Gruppe besonders prächtiger hochmittelalterlicher Tragaltäre, deren
Bildprogramme die Inhalte der Messfeier vertiefen. Im Ritus wird
des Opfertodes Christi gedacht und damit ein von Christus selbst
erteilter Auftrag erfüllt: „Und nachdem [Christus] das Brot ent-
gegengenommen hatte, sagte er Dank und brach es und gab es
ihnen und sagte: ‚Das ist mein Leib, der für euch gegeben wird.
Das tut zu meinem Gedenken!' Ebenso nahm er auch den Becher
entgegen, nachdem er gegessen hatte, und sagte: ‚Dieser Becher
ist der neue Bund in meinem Blut, das für euch vergossen wird.'"
(Lk 22,19–20) Die Messfeier, die sich aus dieser Weisung entwickelte, ist jedoch kein einfacher Akt des Gedenkens, sondern
ihrerseits ein komplexer Opfervorgang. Brot und Wein werden
nun zu Opfergaben für Gott, damit er sie in Leib und Blut Christi
wandle. Diese rituelle Erneuerung des Todes Christi und dessen

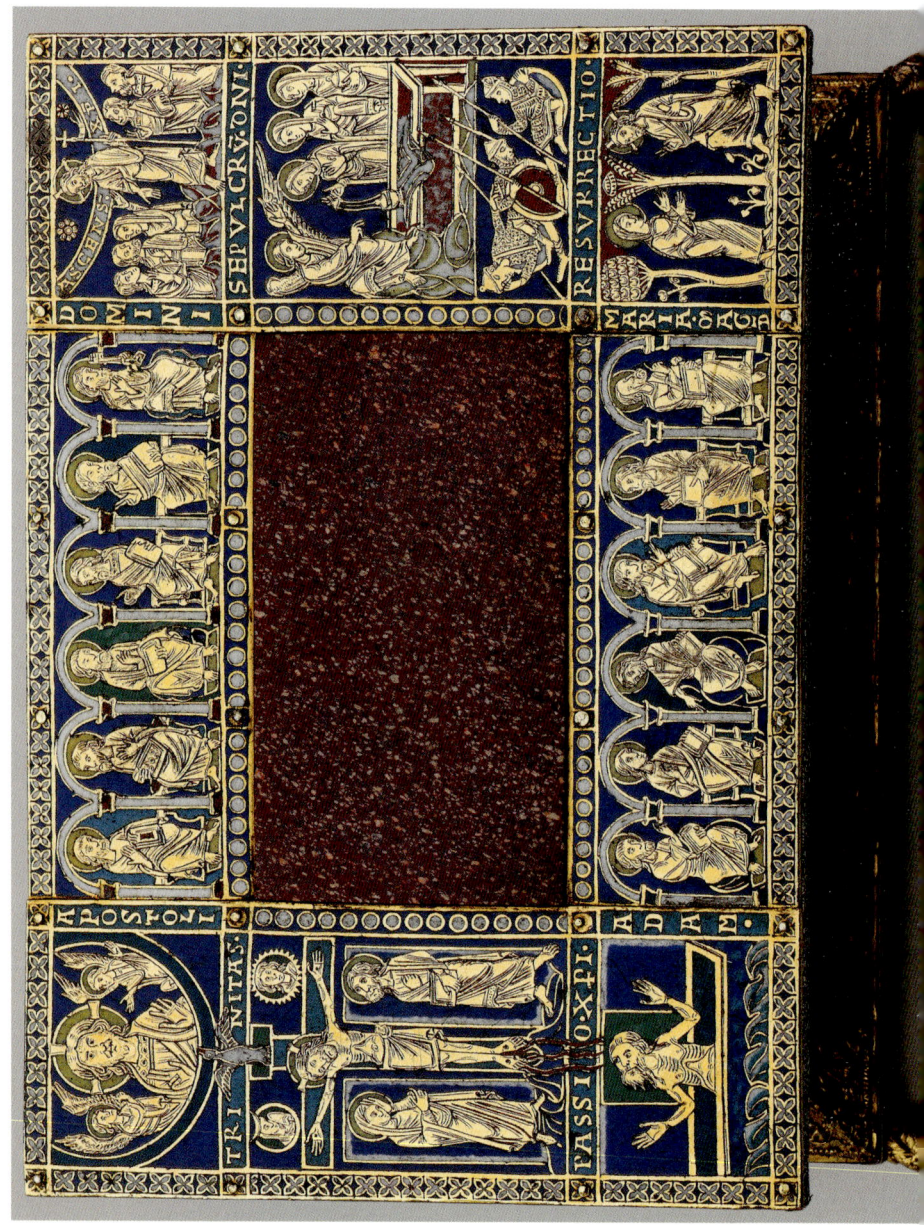

Abb. 35: Mauritius-Tragaltar, Köln, um 1181, 33,3 × 22,4 cm,
Siegburg, Schatzkammer Sankt Servatius

erlösender Kraft ist unweigerlich mit einer Vergegenwärtigung der Kreuzigung auf Golgatha verbunden. Die künstlerische Gestaltung trägt zu dieser Vergegenwärtigung bei. Die figürliche Darstellung des Gekreuzigten auf Golgatha, die sich genau neben dem Altarstein befindet, führt zur Assoziation des Steins mit dem Felsen. Die Blutströme, die im Bild vom Felsen zur Figur Adams hinabfließen, verstärken den Eindruck, der dunkelrot gemaserte Stein sei mit dem Blut Christi durchtränkt. Dieses Blut im Stein bekommt etwas nahezu Authentisches, sodass Christus darin gegenwärtig zu sein scheint. In der Feier der Heiligen Messe wird diese Präsenz gesteigert, denn der Stein ist die Fläche, auf die der Kelch mit dem Wein/Blut und der Teller mit dem Brot/Leib gestellt werden. Insgesamt hat der Altarstein eine vielschichtige Bedeutung, was sich nicht zuletzt darin zeigt, dass der leere Sarkophag Christi im Bild mit den drei Frauen eine ganz ähnliche, rot-weiße Maserung hat. Hier dient das Nebeneinander von Bild und Altarstein dazu, den Kreuzestod Christi und das Messritual mit der Hoffnung auf Erlösung zu verbinden, die durch das Bild des auferstehenden Adam zusätzlich bekräftigt wird.

Vor dem Golgathafelsen in Jerusalem wurde das Versprechen der Auferstehung zwar nicht derart anschaulich, doch seit dem 7. Jahrhundert förderte die Architektur mit der Kapelle unterhalb der Kreuzkuppe die Vorstellung, dass das Blut Christi herabgeflossen und bis hinunter zum Grab Adams tief im Gestein versickert war. Man konnte es nicht sehen, doch es war ein Leichtes, sich das Blut vorzustellen. Es schuf eine imaginäre Verbindung zwischen der Kreuzigung und dem Grab. Zwar demonstrierte der Schädel in der Kapelle nur allzu deutlich, dass die Auferstehung noch immer ein ersehntes, zukünftiges Ereignis war, doch wenn man aus der Distanz auf den Golgathafelsen schaute, sah man über der Kapelle das glänzende Silberkreuz. Die Inszenierung mit Hilfe der Architektur, prächtiger Materialien und leuchtender Kerzen überbot jeden Zweifel am verheißenen Sieg über den Tod.

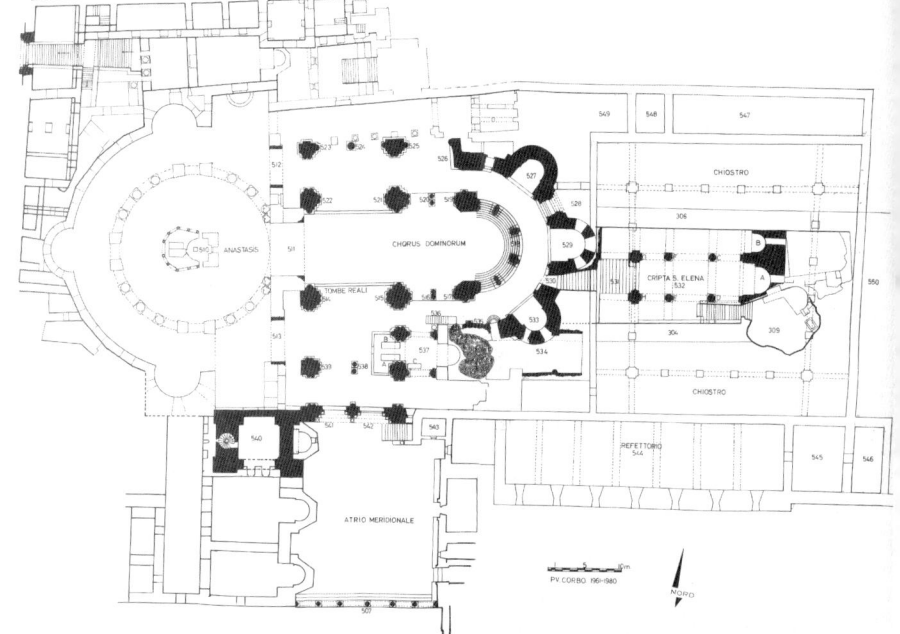

Abb. 36: Grundriss des Baukomplexes mit der Grabeskirche,
Zustand Mitte 12. Jh.

Golgatha, bis zur Unkenntlichkeit verbaut

Der unter Modestos wiederhergestellte Bau wurde 1009 auf Befehl des fatimidischen Kalifen al-Hakim zerstört, doch der Neubau, veranlasst durch den byzantinischen Kaiser Konstantin IX. Monomachos, war etwa 50 Jahre später bereits vollendet. Von der ursprünglichen Anlage des 4. Jahrhunderts (Abb. 33, S. 140) blieben nur noch der Säulenhof mit dem Golgathafelsen sowie die Grabesrotunde in ihren Grundmauern bestehen. Die nun fortschreitende architektonische Überformung des Felsens fand ihren vorläufigen Abschluss in der Mitte des 12. Jahrhunderts von den

Abb. 37: Jerusalem, Grabeskirche, Golgathakapelle

Kreuzfahrern errichteten Grabeskirche, der die heutige Kirche in
wesentlichen Teilen entspricht (Abb. 36).

Auf dem Areal des abgerissenen Säulenhofes entstand der
Hochchor mit einem inneren Umgang und einem Kranz aus drei
Kapellen. Die architektonische Einbettung des Felsens veränderte
sich radikal. Er wurde mitsamt der Adamskapelle und dem oberen Raum mit Kuppe und Kreuz, der im 11. Jahrhundert zur Golgathakapelle ausgebaut worden war, in die Grabeskirche integriert
und dort fast zum Verschwinden gebracht. Die vollständige Um-
mauerung der Adamskapelle veranlasste jedoch erst der griechische Architekt Komnenos von Mytilene, der die Grabeskirche
nach dem Brand von 1808 innerhalb von nur zwei Jahren wieder-
errichten ließ. Während der Instandsetzung zwischen 1960 und
1978, an der auch Corbo mitwirkte, konnte der Felsen an manchen
Stellen wieder freigelegt werden.

155

In der griechisch-orthodoxen Golgathakapelle wird die Felskuppe heute spektakulär inszeniert (Abb. 37). Der gläserne Über-
bau lässt den Eindruck eines Terrariums entstehen, in das die
Kuppe hineinragt. Sowohl die schmalen Holzleisten und die
rechtwinklige Rahmenkonstruktion als auch die künstliche Be-
leuchtung steigern die Monumentalität und das Unbezwingbare
des Felsens. Die optische Nähe, die mit dem transparenten Glas
hergestellt wird, wandelt sich in eine individuelle körperliche
Nähe, wenn man auf Knien in den Altar hineinkriecht, dort die
Hand durch ein Loch steckt und den Stein berührt. Während um
den Altar herum ein Blick auf die Felsformation gewährt wird,
verengt sich im Inneren alles auf eine bestimmte, kaum sichtbare,
dafür aber tastbare Stelle. Der Golgathafelsen ist zwar nur noch
ein partiell zugänglicher, von außen nicht mehr als Kreuzigungsstätte erkennbarer Ort, dessen Inszenierung aber die Imagination
des Kreuzes und seiner Heilsgeschichte intensiviert.

Das Schicksal des Felsens Golgatha

Die Grabeskirche in Jerusalem ist ein Ort der Abwesenheit: Das
Grab Christi ist leer und auch das Kreuz existiert nicht mehr. In
der Grabkammer empfindet man Ehrfurcht vor der göttlichen
Macht Christi, auf der Felskuppe den Schmerz körperlicher und
seelischer Qual – es sei denn, dort steht ein Gemmenkreuz. Im
späten 7. Jahrhundert war es ein großes, beleuchtetes und sicherlich sehr effektvolles Silberkreuz. Auf Golgatha wurde die Heilsbotschaft, die die Auferstehung Christi für die Gläubigen besaß,
sinnlich erfahrbar. Es ist somit Kyrill von Jerusalem zuzustim-
men, dass sich der Blick vom Grab zurück zur Kreuzigungsstätte
lohnt: Zuerst geht man zum Ort des Kreuzes, dann zum Grab und
schließlich zum Felsen zurück, um sich dort im Glanz des Kreuzes
der Erlösung und des ewigen Lebens gewiss zu werden. Der anfänglich etwas nebensächliche Felsen – keine Erwähnung in den
Auffindungslegenden, keine Rotunde – diente schon früh als Ort

der Inszenierung von Heilsgeschichte. Von manchen als Nabel der Welt verstanden, ist der Felsen zugleich ein Nabel des Kreuzverständnisses. Von hier aus umfasst das Kreuz den Kosmos; an dieser Stelle war es Gegenstand von Schmach und Schande; über dem Grab Adams steht es als Zeichen der Erlösung; im Bau Konstantins erinnert es an seine Verheißung politischer Macht. So ist es etwas bedauerlich, dass mit der Architekturumhüllung das Potenzial des Felsens heute vertan ist.

Abb. 38: Borghorster Reliquienkreuz (Vorderseite), Lothringen (?), um 1050, 41,1 × 28,4 cm, Steinfurt-Borghorst, Pfarrkirche St. Nikomedes

Kapitel 6

Echtes Holz: Kreuzreliquien

Wenn man das erste Mal hinschaut, sieht man lediglich ein prächtiges goldenes Kreuz mit Edelsteinen. Dann aber fallen die beiden unförmigen, auf der Abbildung gräulich erscheinenden Bestandteile auf, bei denen es sich um Flakons aus Bergkristall handelt, Importstücke aus dem Reich der Fatimiden, das Territorien in Ägypten, Syrien sowie im Maghreb umfasste. Der obere Flakon ist mit seinen geschliffenen Blattornamenten kunstvoller als der etwas gedrungene untere Flakon, der die Form eines Fisches hat. Ganz oben befindet sich ein runder Bergkristall, der ebenfalls eine eigene Aussparung hat und gemeinsam mit den beiden Flakons von der Vorder- wie auch der Rückseite des Kreuzes zu sehen ist. Diese Gestaltung – sowohl die Verwendung von Flakons zur Zierde eines Kreuzes als auch das Durchbrechen des Kreuzkörpers – ist äußerst ungewöhnlich. Das sogenannte Borghorster Kreuz ist ein einzigartiges Objekt.

In jedem der beiden Flakons ist ein roter, eingerollter Stoff zu sehen, der etwas sehr Kostbares umhüllt. Es sind Reliquien. Das lateinische Wort *reliquiae* bedeutet „Rest", „Überrest" oder auch „das Zurückgebliebene von etwas". Letzteres scheint für den religiösen Kontext am passendsten zu sein, denn Reliquien sind in der Mehrzahl Dinge, die von Heiligen und Märtyrern in der irdischen Welt verblieben sind. Klassischerweise sind es die Gebeine. Hinzu kommen unter anderem Objekte, die von den heiligen Personen berührt wurden. Das beste Beispiel sind Kleidungsstücke, etwa der Gürtel Mariens oder die Sohle der Sandale des Heiligen Andreas. Reliquien ermöglichten es den Gläubigen, eine Nähe zu den Körpern der Heiligen und Märtyrer herzustellen und eine besondere Form der Präsenz zu empfinden. Zwar weilten die heiligen Seelen in der himmlischen Sphäre, gleichwohl verliehen sie ihren irdischen Überresten eine himmlische Wirkmacht

Abb. 39: wie Abb. 38 (Rückseite)

(*virtus*), die für die Gläubigen heilstiftend war. Wer Reliquien verehrte, brachte sich in die Gegenwart der himmlischen Heiligen und Märtyrer und bat um deren Gunst und Fürsprache. Die heilende Kraft der Reliquien sollte auf den Gläubigen übergehen und seine Seele vor allem Unbill und den unerträglichen, nicht enden wollenden Qualen, mit denen nach dem Tod zwingend zu rechnen war, schützen.

Eine besondere, zugleich die höchste Kategorie der Reliquien sind die Christus- oder Herrenreliquien. Da Christus mit seinem ganzen Leib in den Himmel auffuhr, leuchtet es unmittelbar ein, dass es sich nicht um Gebeine handeln kann. Zu den Herrenreliquien zählen insbesondere die Passionswerkzeuge, darunter die Kreuznägel, die Lanze des Longinus, die Dornenkrone und der Schwamm, der mit Essig getränkt und dem dürstenden Christus am Kreuz emporgehalten wurde. Das Borghorster Kreuz enthält – der langen Inschrift auf der Rückseite zufolge – ein Stück Schwamm sowie ein Partikel vom Holz des echten, des historischen Kreuzes, der kostbarsten Reliquie. Bedenkt man, in welchen Rechtfertigungszwang die Christen durch den Kreuzestod ihres Erlösers geraten waren, ist die intensive Verehrung des „Holzes des Herrn" (*lignum Domini*) oder „wahren Kreuzes" (*vera crux*) nicht erstaunlich. Die Reliquie war ein starkes Argument gegen alle Spötterei, da sie – wie noch zu zeigen ist – Wunder wirken konnte. Tote wurden durch sie wiedererweckt, Kranke geheilt. Wer im Kreuz ein Instrument des Todes gesehen hatte, konnte dessen Heiligkeit nun kaum noch leugnen. Die religiöse Bedeutung der Kreuzreliquie war jedoch wesentlich komplexer.

Splitter vom Kreuz und das Blut Christi

Kyrill von Jerusalem, dessen energischer Appell an die Täuflinge im vorherigen Kapitel zu vernehmen war, führte die Kreuzreliquie als weiteres Beweisstück dafür an, dass der Erlöser tatsächlich gekreuzigt worden war: „Er ist für unsere Sünden wahrhaft gekreuzigt worden. Willst du es leugnen, so belehrt dich der Ort, den du siehst, dieser [heilige] Golgatha, auf dem wir jetzt um dessentwillen versammelt sind, der auf ihm gekreuzigt worden war. Mit dem Kreuzesholze ist nunmehr fast der ganze Erdkreis erfüllt. Nicht um eigener Sünden willen ist er gekreuzigt worden, sondern damit wir von den unsrigen erlöst würden."[44] Kyrill wies nicht nur hier, sondern in weiteren seiner Unterweisungen darauf hin, dass zahlreiche Partikel der Kreuzreliquie bereits in Umlauf seien. Bereits in der Mitte des 4. Jahrhunderts war es demnach vielerorts möglich, sich anhand des Holzes der Kreuzigung zu vergewissern. Die Kreuzreliquie vergegenwärtigte den Opfertod und erinnerte daran, dass Christus den schlimmsten Tod erleiden musste, weil er die Sündhaftigkeit der Menschen auf sich nahm. Das Kreuz war in Wahrheit keine Schande, sondern ein Instrument der Selbstopferung.

Zur kostbarsten Reliquie wurde das Kreuzesholz durch das Blut Christi, das an ihm herabgeflossen und in ihm verblieben war. Gerade das Blut, so könnte man Kyrill beipflichten, beweist den Tod am Kreuz. Durch das Blut, so will es der Reliquienkult, ist Christus im Holz noch anwesend. Außerdem hatte sein Körper das Kreuz berührt. Das Holz erinnerte deshalb nicht lediglich an die Kreuzigung, vielmehr enthielt es den Körper Christi. Die Präsenz war von einer solchen Intensität, dass noch das kleinste Holzpartikel den heiligen Körper und dessen Wirkmacht in Gänze in sich barg. Die Kreuzreliquie, die den heilspendenden Tod Christi vergegenwärtigte, besaß eine unüberbietbare Authentizität und Kraft. Keine andere Passionsreliquie konnte das Verlangen nach Nähe besser stillen, keine andere die erlösende Macht Christi stärker enthalten.

Dass allein ein Holzpartikel genügte, geht eindrücklich aus einem Brief hervor, den Paulinus von Nola seinem Freund Sulpicius Severus um das Jahr 403 schrieb. Beide stammten aus Familien der römischen Aristokratie in Aquitanien, nahmen den christlichen Glauben an und entschieden sich für ein asketisches Leben. Paulinus und seine Frau Therasia ließen sich 395 in Nola nieder, einer Stadt westlich von Neapel, in der Paulinus für etwa zehn Jahre das Bischofsamt übernahm. Sulpicius hatte sich auf das Landgut Primuliacum in Aquitanien zurückgezogen und dort ein Kloster gegründet. Zur Weihe der dortigen Basilika schickte ihm Paulinus eine Kreuzreliquie. Es war ein ganz kleiner Holzsplitter. Im Begleitbrief schrieb Paulinus: „Nehmt also von euren gleichgesinnten Brüdern, die die Gemeinschaft mit euch in jedem Gut begehren, nehmt an ein großes Geschenk in einem kleinen und empfangt in einem fast unteilbaren Partikel eines kurzen Splitters den Schutz für das gegenwärtige und ein Unterpfand des ewigen Heils. Laßt euren Glauben nicht eng werden, weil eure fleischlichen Augen nur etwas Kleines sehen, vielmehr soll er durch den inneren Blick die ganze Kraft in diesem ganz kleinen Stück vom Kreuz sehen. Während ihr daran denkt, jenes Holz zu sehen, an dem unser Heil, an dem der Herr der Hoheit unter dem Beben der Welt angenagelt hing, dann jubelt mit Zittern. Wir wollen uns auch an die Felsen erinnern, die sich beim Anblick dieses Kreuzes spalteten, und wollen wenigstens in Nachahmung der Felsen unser Herz durch Gottesfurcht spalten."[45]

In diesen wenigen Sätzen ist alles gebündelt. Die Reliquie hat eine Heilskraft sowohl für das irdische Leben wie auch für das Schicksal nach dem Tod. Was winzig ist und nach nichts aussieht, enthält doch die gesamte Wirkmacht Christi. Das Holzpartikel vermag die Kreuzigung wachzurufen. Es vergegenwärtigt das Beben der Erde und das Bersten der Felsen und damit die Überwindung der irdischen Welt. Der gespaltene Golgathafelsen soll dem Gläubigen ein Vorbild dafür sein, die Gottesfurcht in sich zu tragen.

Paulinus wirkte auch der möglichen Sorge seines Freundes entgegen, in dem allzu kleinen Partikel möge sich die heilige Kraft verflüchtigt haben. Zwar werde das Holz immer weiter aufgesplittert, um das Verlangen so vieler Gläubiger zu stillen. Da aber der Körper Christi kein verwesender Körper sei, verleihe das Blut dem Holz Unverletzlichkeit: „Dieses Kreuz besitzt ja in gefühlloser Materie eine lebendige Kraft; es überläßt seit jener Zeit sein Holz fast

täglich so den zahllosen Wünschen von Menschen, daß es keinen
Schaden spürt und gewissermaßen unberührt bleibt, obwohl es
täglich geteilt wird von denen, die es ergreifen und immer das
ganze verehren. Aber diese unverwesliche Kraft und unabnutz-
bare Festigkeit trinkt es sicherlich vom Blut des Fleisches, das
den Tod erlitten, aber die Verderbnis nicht gesehen hat."[46]
Voraussetzung für diese Gewissheit war natürlich, dass es sich
glaubhaft um das wahre Kreuzesholz handelte. Der Brief des Paulinus war in dieser Hinsicht eine Art Beipackzettel, denn er bestätigte in zweifacher Hinsicht die einwandfreie Provenienz der
Reliquie. Zunächst versicherte er ihre Herkunft aus Jerusalem.
Die Reliquie stamme von Johannes, dem Bischof von Jerusalem,
der sie Melania gegeben habe. Melania war eine Tochter oder En-
kelin des Konsuls Antonius Marcellinus sowie eine Cousine von
Paulinus, die um 372 zu einer Reise ins Heilige Land aufbrach und
für einige Jahre in Jerusalem blieb, wo sie auf dem Ölberg ein
Kloster gründete und auch die im vierten Kapitel erwähnte Rotunde über den Fußspuren Christi erbauen ließ. Melania muss
Paulinus die Reliquie bei ihrem Besuch in Nola im Jahr 400 über-
reicht haben. Von ihr erfuhr er auch, was man sich in Jerusalem
über die Auffindung des wahren Kreuzes erzählte. Er gab den Bericht an Sulpicius weiter und wirkte damit gegen jeden Zweifel an
der Authentizität des mitgeschickten Holzpartikels.

Helena entdeckt das wahre Kreuz

Die Auffindung des Kreuzes musste etwa 80 Jahre zurückliegen.
In der Legende wird es heißen, das Kreuz sei vollständig gewesen.
Was für ein Holzstück es tatsächlich war, ist schwer vorstellbar. Es
muss die Gläubigen überaus beglückt haben, denn anders als die
Freilegung des leeren Grabes brachte die Kreuzauffindung den
Körper Christi zurück. Kyrill, der auf die weite Verbreitung der
Reliquie hinwies, schrieb 351 in einem Brief an Kaiser Constantius
II., Sohn Konstantins des Großen, dass der segensreiche Schatz

zur Zeit der Regentschaft seines Vaters geborgen wurde. Man dürfte erwarten, dass Eusebius, der Biograf Konstantins, aus der Auffindung des Kreuzes eine ganz große Geschichte machen würde. Tatsächlich aber war er ausschließlich auf das Grab fixiert. Das Kreuz kommt bei ihm nur ganz am Rande und etwas verklausuliert vor. Eusebius baute einen Brief Konstantins, den dieser 325/326 an den Jerusalemer Bischof Makarius geschrieben hatte, in die „Vita" ein. Gleich zu Beginn sprach Konstantin darin von dem Wunder, dass man „das lange unter der Erde verborgene Kennzeichen jenes heiligsten Leidens"[47] gefunden habe. Die Forschung sieht hier einen Interpretationsspielraum. Meinte Konstantin das Grab oder das Kreuz? Da vom Leiden die Rede ist, wird es wohl doch das Kreuz gewesen sein. Dann muss es spätestens 325/326 gefunden worden sein.

Eine Erklärung, warum Eusebius in der „Vita" so vage bleibt, ist nicht leicht zu finden. Es gibt dazu verschiedene Thesen, die hier jedoch nicht erörtert werden müssen. Festzuhalten ist, dass das wahre Kreuz eine Legende brauchte. Es stillschweigend auf eine unerwartete Entdeckung bei der Bereinigung des Baugeländes zu reduzieren, wäre unangemessen gewesen. Jede Reliquie, insbesondere die Kreuzreliquie, erforderte ihre eigene Herkunftsgeschichte, um authentisch zu sein. In welchem Maße die Geschichte der Kreuzauffindung historischen Tatsachen entsprach, ist höchst umstritten. Darüber kann hier nicht entschieden werden.

Die ältesten erhaltenen Schriftquellen mit der Legende der Kreuzauffindung stammen aus dem späten 4. und frühen 5. Jahrhundert. Es gibt jedoch Anhaltspunkte, dass die Verschriftlichung auf Kyrill zurückging und die Legende noch vor der Mitte des 4. Jahrhunderts in Jerusalem aufgekommen war. Hier wurde die Kreuzreliquie verehrt; hier wollten die Pilger mehr über das Wunder der Auffindung erfahren. Es ging dabei sicherlich nicht darum, hartnäckige Zweifel an der Echtheit der Reliquie aus der Welt zu schaffen. Vielmehr trug die Legende dazu bei, die Geschichte des 300 Jahre alten Holzes bis in die Gegenwart fortzuschreiben. Es verblüfft allerdings, dass die Legende in keinem der Pilgerberichte Erwähnung fand. Weder dem anonymen Reisenden aus Bordeaux, der 333 in Jerusalem war, noch allen folgenden kam sie beim Schreiben in den Sinn. Erneut wird deutlich, dass von den Pilgern weder übereinstimmende noch vollständige Berichte zu erwarten sind.

Eine frühe Schilderung der Auffindung ist in der Kirchengeschichte des Rufinus aus Aquileia enthalten. Rufinus, der in Rom Rhetorik und Philosophie studiert hatte, ließ sich als etwa Dreißigjähriger taufen und leitete gemeinsam mit Melania, der Cousine von Paulinus von Nola, das Kloster auf dem Ölberg in Jerusalem, bis er 397 nach Italien zurückkehrte. Rufinus widmete sich insbesondere der Übertragung theologischer Schriften aus dem Griechischen ins Lateinische. Um 402 verfasste er eine Kirchengeschichte („Historia ecclesiastica"), in die er Texte aus der nicht erhaltenen Kirchengeschichte des Gelasius, Bischof von Caesarea, übernahm, darunter auch die Legende der Kreuzauffindung. Gelasius hatte sie vermutlich auf Wunsch seines Onkels Kyrill niedergeschrieben. Was zuvor nur mündlich verbreitet worden war, wurde nun, um 390, schriftlich fixiert. Nur wenige Jahre später nahm sich Rufinus den Text von Gelasius vor. Da er seine griechischen Vorlagen in größerem Maße abzuändern pflegte, kann die Legende in seiner Kirchengeschichte wohl nicht als die ursprüngliche gelten. Erstaunlicherweise ist die Version im Brief von Paulinus eine weitere Variante, obgleich sie von Melania stammte, die in einem engen Verhältnis zu Rufinus stand. Paulinus schrieb den Brief um 403, also zur selben Zeit, in der Rufinus an seiner Kirchengeschichte arbeitete. Die Unterschiede zwischen den beiden Versionen sind nicht gravierend, gleichwohl zeigen schon diese beiden Beispiele, dass sich die Legende in ihrer schriftlichen wie mündlichen Weitergabe wandelte. Immer aber ist Helena, die Mutter Konstantins des Großen, die Protagonistin, denn sie fand das Kreuz. Dabei sollte es in den folgenden Jahrhunderten bleiben.

Helena, eine überaus gottergebene Frau, begab sich nach Jerusalem und suchte nach der Kreuzigungsstätte. Die Daten ihrer Reise ins Heilige Land lassen sich jedoch nicht mit der oben erwähnten Chronologie in Übereinstimmung bringen. Orientiert man sich an dem Brief Konstantins an Makarius, dann müsste sich die Auffindung des Holzes spätestens 325/326 ereignet haben. Helena unternahm ihre Reise aber wohl erst zwischen 327 und 330, dem Jahr ihres Todes. Den historischen Kern der Auffindungslegende(n) auszumachen, ist problematisch, denn es kommt hinzu, dass Helena die Kreuzigungsstätte noch immer verunstaltet vorgefunden haben soll. An der Stelle des Kreuzes stand eine Statue der Venus (Rufinus) beziehungsweise Jupiters (Paulinus). Nun war es Helena, die das Terrain reinigen musste. Bei Rufinus ergeht es ihr ähnlich wie ihrem Sohn bei der Suche nach dem Grab: Eine göttliche Weisung führt sie zu der richtigen Stelle. Bei Paulinus hingegen ist sie auf die Ortskenntnisse der Christen und Juden Jerusalems angewiesen. In jeder Version findet sie drei Kreuze, sodass sich das Problem der Identifizierung des wahren Kreuzes stellt. Bei Paulinus lässt Helena einen gerade Verstorbenen herbeibringen, den das Kreuz zum Leben wiedererweckt. Bei Rufinus kommt der Kreuztitulus als weiteres Indiz zutage, doch er ist nicht genau zuzuordnen. Bischof Makarius übernimmt die Aufgabe der Kreuzesprobe, und das echte Kreuz heilt eine sterbenskranke Frau.

Bemerkenswert ist, dass Rufinus auch die Zuschauer nennt, die gespannt auf die Identifizierung des Kreuzes warten, sodass man unweigerlich an die Zuschauer bei der Kreuzigung denken muss, die im ersten Kapitel dieses Buches zu Wort gekommen sind. Die eine Szene wiegt die andere auf. Auch für die Wundertätigkeit des heiligen Holzes gab es nun Zeugen, und dies am selben Ort. Dort, wo alle das erbärmliche Sterben des Erlösers verlacht hatten, zeigte sich nun vor aller Augen die Heilskraft des Todeswerkzeugs. Damit sollte der Spott zum Verstummen gebracht werden. Wesentlich drastischer wurde diese Botschaft in einer erweiterten Version der Legende vermittelt, die zwischen 415 und 450 in Jerusalem entstand. Diese Version war am schlagkräftigsten und im Mittelalter am weitesten verbreitet. Da sie dezidiert antijüdischen Inhalts ist, soll sie erst im folgenden Kapitel näher betrachtet werden.

Glanz und Gloria: Reliquiar und Reliquie

Das 4. Jahrhundert war die entscheidende Zeit für das Kreuz, seine Wirkmacht und Verehrung. Es erwies sich, wie im dritten Kapitel deutlich wurde, als militärisches Schutz- und Siegeszeichen des weltlichen Herrschers. Darin bestätigte sich seine religiöse Bedeutung als Symbol für die Überwindung des Todes. Diese Bedeutung gewann an Überzeugungskraft, als das wahre, dank des Blutes Christi nicht verweste Kreuz aufgefunden wurde. Anders als das Grab mit seiner göttlichen Leere gehörten Kreuz und Kreuzigung nun viel stärker zur Wirklichkeit der Gläubigen. Das Kreuzesholz war ein materieller Gegenstand, den man einem Brief beilegen konnte, ohne dass seine Heiligkeit darunter litt. Die Auffindungslegende beteuerte seine Wundertätigkeit. Zugleich zeugte das Holz vom Kreuzestod Christi und von seiner menschlichen Natur, seinem menschlichen Leiden. Umso intensiver konnte nun am Golgathafelsen die Kreuzigung imaginiert werden, ein Ereignis, das viele Zeugen gehabt hatte. Hier, im gespaltenen Felsen, manifestierte sich auch das Überirdische. Im Felsen wie im Holz kam beides zusammen, die irdische und die überirdische Sphäre beziehungsweise die menschliche und die göttliche Natur Christi.

Im vorherigen Kapitel wurde gezeigt, wie diese Sinndimensionen in der räumlichen Inszenierung des Felsens thematisiert wurden. Im Folgenden soll die Funktion von künstlerisch gestalteten Reliquiaren, den Bedeutungsschichten der Holzpartikel Form zu verleihen, weiterverfolgt werden. Dazu dienen zunächst nochmals die Schriftquellen.

Sulpicius erhielt den Splitter vom wahren Kreuz nicht ungeschützt, denn Paulinus hatte „den Gegenstand so großen Segens in ein goldenes Röhrchen eingeschlossen."[48] Das Reliquiar, das heißt das Behältnis für die Reliquie, wurde gleich mitgeliefert. Paulinus stellte jedoch sofort klar, dass es weder auf dessen Materialwert noch seine irdische Pracht ankam. Das goldene Röhrchen war vielmehr als eine Belohnung mit symbolischem Wert gedacht: Wie das Gold halte der vorbildliche Glaube des Beschenkten jeder Feuerprobe stand. Sulpicius hatte sich das schöne Reliquiar somit auf besondere Weise verdient. Das galt umso mehr für die Reliquie, denn sie war die eigentliche Gabe. Hier mussten keine Missverständnisse ausgeräumt und keine Bedeutungen erklärt werden. Weder die materielle Kostbarkeit noch ein äußerer Glanz konnten nun verfangen. Das Holz war Träger einer unsichtbaren Kraft, mit der Christus in der Reliquie präsent war. Paulinus formulierte es für Sulpicius mit diesen Worten: „Ihr sollt körperlich besitzen, woran ihr im Geiste bereits festhaltet."[49]

Es erstaunt, dass Paulinus die Schönheit des Goldes so strikt auf seinen Freund bezog. Er hätte hinzufügen können, dass im Gold die innere Schönheit der Reliquie erstrahle. Dem Holz allein war sie nicht anzusehen; es war kaum der Betrachtung wert. Wer aber in das Röhrchen schaute, die verehrte Reliquie sah und herausnahm oder einfach nur wusste, dass sie sich darin befand, nahm den Glanz des Goldes als ein Leuchten des Kreuzesholzes wahr. Das Holz war von einer Kostbarkeit, die mit keinen Reichtümern dieser Welt aufgewogen werden konnte. Die Reliquie stellte alles in den Schatten. Gold und Edelsteine konnten ihr keine Pracht verleihen, sondern waren lediglich die besten Mittel, das Heiligtum der Reliquie wahrnehmbar zu machen.

Das Besondere an dieser Hierarchie der Materialien sowie dem Verhältnis von innen und außen wird im Vergleich zu heutigen, handelsüblichen Schmuckkästen deutlich. Ihr schlichtes Äußeres lässt das Glitzern und Glänzen des Inhalts nicht vermuten, denn hier ist alles auf den Effekt der visuellen Überwältigung und des Staunens angelegt. Das Unscheinbare der Kästen dient dazu, die edlen Materialien im Inneren besser zur Geltung zu bringen. Wer den Deckel hebt oder an der Schublade zieht, sieht nur noch

Schmuck. Bei einem prächtigen Reliquiar ist es genau umgekehrt. Es handelt sich gewissermaßen um einen umgestülpten Schmuckkasten, da nun Gold, Silber und Edelsteine in den Dienst des Inhalts gestellt werden.

Man musste sich diese materiellen Kostbarkeiten jedoch erst einmal leisten können. Tatsächlich waren die allerwenigsten Reliquiare derart prächtig. Da sie zuallererst zum Schutz der Reliquien dienten, konnte jede Art von Behältnis zum Reliquiar werden – ein einfaches Kästchen aus Holz, ein kleiner Beutel aus Leder, eine Kapsel aus Blech. Doch schon das „Urreliquiar" des Kreuzes signalisierte durch seine Beschaffenheit, dass es einen großen Schatz barg.

Das Schicksal der Jerusalemer Kreuzreliquie

Die Pilgerin Egeria, die sich gegen Ende des 4. Jahrhunderts in Jerusalem aufhielt, bekam dieses erste Kreuzreliquiar zu Gesicht. Egeria stammte vermutlich aus Nordspanien, einer Region, in der das Christentum noch nicht weit verbreitet war, und hielt sich etwa von 381 bis 384 im Heiligen Land auf. Sie schrieb für „meine Damen Schwestern"[50], doch wer damit gemeint war, ist umstritten. Möglicherweise gehörte Egeria einem Kloster an, und der Bericht war für ihren Konvent gedacht; möglicherweise gehörte sie zu einer Gruppe gläubiger Frauen aus der Oberschicht, die sich mit der christlichen Lehre auseinandersetzten. Ihre Reise dauerte ungewöhnlich lange, da Egeria immer wieder für mehrere Wochen nach Jerusalem zurückkehrte. Entsprechend ist ihr Text der umfangreichste unter den frühchristlichen Pilgerberichten, wobei Egerias besonderes Interesse den liturgischen Feiern in der Stadt galt. Von ihnen berichtete sie ebenso detailliert wie emphatisch.

Das „Urreliquiar" wird in dem berühmten Abschnitt erwähnt, der zur Beschreibung der Karfreitagsliturgie gehört. Im Gedenken an die Todesqual Christi haben sich die Gläubigen beim Golgathafelsen versammelt. Es wird ein Stuhl für den Bischof gebracht. Der Bischof setzt sich. „Vor ihn wird ein mit Leinen gedeckter Tisch gestellt, und Diakone stehen um den Tisch herum. Dann wird ein vergoldetes Silberkästchen gebracht, in dem sich das heilige Holz des Kreuzes befindet; es wird geöffnet, das Kreuzesholz wird herausgehoben und zusammen mit der (Kreuzes-)Inschrift auf den Tisch gelegt. Wenn es nun auf den Tisch gelegt worden ist, hält der Bischof im Sitzen die beiden Enden des heiligen Holzes mit den Händen fest; die Diakone aber, die (um den Tisch) herum stehen, bewachen es. Es wird deshalb so bewacht, weil es üblich ist, dass das Volk, einer nach dem anderen, kommt, sowohl die Gläubigen als auch die Katechumenen. Sie verbeugen sich vor dem Tisch, küssen das heilige Holz und gehen weiter. Und weil es heißt, einmal – ich weiß nicht wann – habe jemand zugebissen und einen Splitter vom Kreuz gestohlen, deshalb wird es nun von den Diakonen, die (um den Tisch) herum stehen, so bewacht, dass keiner, der herantritt, wagt, so etwas wieder zu tun. So geht das ganze Volk, einer nach dem andern, vorüber. Alle verbeugen sich, berühren zuerst mit der Stirn, dann mit den Augen das Kreuz und die Inschrift, küssen das Kreuz und gehen weiter; aber niemand streckt die Hand aus, um es zu berühren."[51]

Der Biss ins Holz hat den Charakter einer Verzweiflungstat. So sehr begehrte man die Reliquie, dass man die Zähne ins Holz schlug und die Verletzung durch einen Splitter gerne in Kauf nahm. Immerhin gewährten die folgenden Beschränkungen weiterhin das Küssen des Holzes. Für eimem Moment konnte jeder Einzelne Christus ganz nah sein, bevor die Reliquie wieder für ein Jahr im vergoldeten Silberkästchen verschwand. Nur an Karfreitag wurde sie hervorgeholt, „es sei denn", wusste Paulinus, „daß dies etwa im Glauben äußerst eifrige Leute zuweilen fordern, die nur aus diesem Grunde als Pilger dorthin gekommen sind, damit ihnen als Preis für die lange Pilgerschaft zuteilwird, daß man [das Kreuz] ihnen zeigt".[52]

Da Egeria von einem Silber*kästchen* (*loculus*) sprach, kann das Holzstück nicht sonderlich groß gewesen sein. Die Auffindungslegende in der Kirchengeschichte von Rufinus enthält die Information, dass Helena das wahre Kreuz aufteilte und das eine Stück in Jerusalem „in einer Silberlade"[53] beließ, das andere aber – mitsamt den Kreuznägeln – ihrem Sohn in Konstantinopel schickte. Jenes Reliquiar, das vor Egeria und den übrigen Gläubigen auf den Tisch gestellt wurde, mag als ein von Helena gestiftetes Behältnis präsentiert worden sein. Es muss dann zusätzlich zur Kreuzigung das Wunder der Auffindung vergegenwärtigt und ein zeitliches Kontinuum der Heilsgeschichte vermittelt haben.

Unabhängig davon, ob man das Reliquiar auf diese Weise mit Helena in Beziehung setzte, entsprach das Behältnis dem Prinzip des gesamten konstantinischen Bauensembles. Wie die Grabesrotunde die leere Grabkammer umschloss, barg das Reliquiar einen Teil des Kreuzes. Die Architektur und das Kästchen dienten dazu, die Heiligkeit des Ortes beziehungsweise der Reliquie zu manifestieren und ihnen eindrücklich Präsenz zu verleihen. Dass dies auch für die Basilika galt, geht aus der Kurzbeschreibung Jerusalems aus der Mitte des 6. Jahrhunderts hervor: „Weit im Westen ist die Apsis, wo die drei Kreuze gefunden worden sind. Darüber ist dort ein Altar aus Silber und reinem Gold und 9 Säulen, die den Altar tragen."[54] In der heutigen Grabeskirche gibt es einen spezifischen Ort, an dem die Auffindung lokalisiert wird, doch es ist fraglich, ob er in der Kurzbeschreibung gemeint ist. In der Ostapsis führt eine Treppe in die unterirdische Helenakapelle, von der man über eine weitere Treppe in die Gruft der Kreuzauffindung gelangt. Die Kapelle stammt aus der Zeit der Kreuzfahrer; die Gruft war Virgilio C. Corbo zufolge ursprünglich eine römische Zisterne. Ob die beiden Räume schon zur konstantinischen Basilika gehörten und welche Funktion insbesondere der Kapellenraum erfüllte, ist umstritten. Sie hätten sich in der Basilika unterhalb der Mitte des Hauptschiffes befunden. An dieser Stelle genügt jedoch die Auffassung der Pilger, dass die Basilika über der Stätte der Kreuzauffindung stand.

Die Bedeutung einer Memorialstätte behielt der konstantinische Baukomplex ungeachtet der folgenden Zerstörungen bei.

Die Reliquie hingegen ging verloren. Zunächst wurde sie für mehrere Jahrhunderte nach Konstantinopel verbracht, wo sich bereits das von Helena an ihren Sohn gesandte Teilstück befand. Entscheidend für diese Translation war zum einen der Krieg Ostroms gegen das Perserreich der Sassaniden von 602 bis 628, zum anderen die arabische Eroberung Syriens, Palästinas und Ägyptens zwischen 634 und 642. Als der persische König Chosrau II. Jerusalem 614 einnahm, ließ er die konstantinische Anlage zerstören und brachte die Kreuzreliquie in seinen Besitz. Der Krieg endete mit der Rückgewinnung Jerusalems sowie der Reliquie durch den byzantinischen Kaiser Heraklius I. Unter Patriarch Modestos wurde die Grabeskirche wiederaufgebaut; spätestens 630 befand sich die Reliquie wieder vor Ort. Die byzantinische Herrschaft währte jedoch nur zehn Jahre. Bevor Jerusalem 638 von Kalif Omar erobert wurde, hatte man die Reliquie zum Schutz nach Konstantinopel geschafft. Sie war nun exklusiver Besitz der byzantinischen Kaiser. Im anderen Teil des christlichen Europas mussten die politischen und kirchlichen Würdenträger auf ein kleines Geschenk aus dem Osten hoffen, doch dieses Privileg wurde kaum jemandem zuteil. Die Reliquie war als „Reichspalladium" in Konstantinopel von politischer Bedeutung. Die Funktion als Schutzschild gegen militärische Angriffe ging auf das *labarum*, die kreuzförmige Siegesstandarte Konstantins des Großen, zurück. Diese Tradition setzte sich ungebrochen fort. Entsprechend gehörte ein Partikel der Kreuzreliquie seit Kaiser Konrad II. zu den Reichskleinodien, den Herrschaftsinsignien im Heiligen Römischen Reich, zu denen auch der Reichsapfel zählte (Abb. 13, S. 58).

Erst mit der Wiederauffindung eines weiteren Holzstücks durch die Niederlage der Kreuzfahrer im Jahr 1099 gab es in Jerusalem wieder eine Kreuzreliquie. Seit der Schlacht bei Hattin 1187 und der vernichtenden Niederlage gegen die Streitkräfte Sultan Saladins ist sie jedoch verschollen. Die beiden Teilstücke des wahren Kreuzes, die sich seit dem 4. beziehungsweise 7. Jahrhundert in Konstantinopel befunden hatten, erbeuteten die Kreuzfahrer bei ihrer Plünderung der Stadt im Jahr 1204. Das Holz wurde noch vor Ort restlos unter den Bischöfen und Rittern aufgeteilt, die es nach Gutdünken verschenkten und stifteten oder einfach behielten.

Die Kreuzreliquie im Schmuckstück

Wenn Kyrill von Jerusalem schon Mitte des 4. Jahrhunderts davon sprach, dass Partikel der Kreuzreliquie bereits in der ganzen Welt verbreitet seien, bedeutet dies auch, dass es schnell die unterschiedlichsten Kreuzreliquiare gab. Sehr persönliche Formen waren die des Brustkreuzes und des Fingerrings. Gregor von Nyssa, dessen kosmologische Deutung des Kreuzes im zweiten Kapitel erläutert wurde, stellte nach dem Tod seiner Schwester Makrina 379/380 fest, dass sie einen solchen Ringe getragen hatte. Gregor verehrte Makrina sehr und nannte sie seine Lehrerin. Er verfasste eine Biografie Makrinas und berichtete darin von einem Fund, den er gemeinsam mit Vestiana, einer Gefährtin seiner Schwester, bei der Herrichtung des Leichnams machte. „Siehe‛, sprach Vestiana, ‚was für ein Schmuck am Hals der Heiligen hängt!‛ Und zugleich, wie sie das sagte, löste sie hinten das Band und hielt uns ein Kreuzbild von Eisen und einen Ring aus demselben Stoffe her. Diese beiden Dinge hatte sie an einer feinen Schnur immer auf dem Herzen getragen. Und ich sprach: ‚Wir wollen den Schatz miteinander teilen; behalte du das geweihte Kreuz: mir soll das Erbteil des Ringes genügen.‛ Denn auch seinem Siegel war das Kreuz eingegraben. Darauf hinschauend sagte die Frau wieder: ‚Die Wahl dieses Besitzstückes war für dich kein Fehlgriff. Denn der Ring ist an seiner Kapsel hohl und darin ist ein Stück vom Holz des Lebens verborgen. Und so verrät das Siegel oben durch sein Gepräge, was darunter sich befindet.‛"[55] Es waren bescheidene, aus Eisen hergestellte Schmuckstücke, die vom asketischen Leben Makrinas zeugten. Da der Ring ein kreuzförmiges Siegel besaß, muss man unweigerlich an den Ring mit dem Christogramm denken (Abb. 19, S. 76), obgleich dieser von edlerem Material ist und aus einer Zeit stammt, in der es noch keine Kreuzreliquie gab. Fingerringe, die als Reliquiar dienten, sind aus dem gesamten Mittelalter in nur sehr geringer Zahl überliefert. Anders verhält es sich mit den Brustkreuzen oder Enkolpien (gr. „auf der Brust"), die Reliquien bargen. In beiden Fällen handelte es sich um Objekte, die unmittelbar auf dem Körper getragen wurden, mit den Fingern berührt und auch geküsst werden konnten. Sie stifteten eine große individuelle Nähe zu Christus und müssen deshalb wohlgehütete, sehr persönliche Gegenstände gewesen sein. Das Erstaunen Gregors und Vestianas über das Brustkreuz und den Ring verdeutlicht, dass Makrina beide Objekte nicht zum äußeren Schmuck, sondern zur innigen Verbundenheit mit Christus getragen hatte. Es ist gut möglich, dass die beiden Objekte Phylakterien, das heißt Amulette oder Talismane, für sie gewesen waren.

Die Inszenierung von Reliquie und Bild in einer Staurothek

In Konstantinopel wurde ein bestimmter Typus des Kreuzreliquiars entwickelt, die sogenannte „Staurothek" (gr. *staurós*; „Kreuz"; *thékē*; „Behälter", „Kiste"), ein flaches, zumeist rechteckiges Kästchen, das mit einem Schiebedeckel oder/und Seitenflügeln zu verschließen ist. Es besteht üblicherweise aus einem mit Edelmetall umkleideten Holzkern. Bei den prächtigeren Exemplaren sind sowohl die Außen- als auch die Innenseiten in verschiedenen Goldschmiedetechniken künstlerisch gestaltet. Die berühmte Limburger Staurothek, entstanden zwischen 968 und 985 im Auftrag eines hochrangigen Beamten am kaiserlichen Hof, führt eindrücklich vor Augen, wie Ornamente, figürliche Darstellungen und Inschriften zu komplexen Bildprogrammen, deren materielles wie ideelles Zentrum die Kreuzreliquie ist, zusammengefügt wurden.

Deutlich schlichter, doch noch immer kostbar ist eine kleine, nur etwa sechs Zentimeter hohe Staurothek des späten 10. oder

Abb. 40: Staurothek (erster geöffneter Zustand),
Konstantinopel, 10./11. Jh., Monopoli, Museo Diocesano

frühen 11. Jahrhunderts, die sich heute im Museo Diocesano in
Monopoli (Apulien) befindet (Abb. 40). Auch dieses Reliquiar
ist ein Anhänger, der an einer Kette getragen werden konnte. Er
übernimmt jedoch nicht die Form des Kreuzes, sondern sieht von
außen – der Bezeichnung *thēkē* entsprechend – wie ein Miniatur-
schrank mit zwei Türflügeln aus vergoldetem Silberblech aus.
Beide Flügel haben leere Fassungen, in denen sich ursprünglich
Edelsteine befanden. Auf Hochglanz poliert, muss der Anhänger
schon von außen ein echtes Schmuckstück gewesen sein. Die

Form eines Schrankes signalisiert, dass man hinter die Türchen schauen kann. Mit dem Aufklappen verwandelt sich der Anhänger in ein Triptychon, ein Bild mit zwei Seitentafeln, mit einer Breite von lediglich 8,4 Zentimetern. Auf der Mitteltafel ist der Gekreuzigte zu sehen, zu dem Maria hinaufschaut, während Johannes, in Trauer versunken, den Kopf mit der Hand stützt. Auf den Flügeln stehen die Apostel Paulus (links) und Petrus (rechts). Beide wenden den Körper zur Mitteltafel und schauen ebenfalls zum Gekreuzigten. Von außen nach innen verändert sich somit zum einen der Modus der Darstellung: Es gibt nun kein abstraktes Ornament mehr, sondern Figuren mit Namensbeischriften. Zum anderen wird das Objekt immer prächtiger, denn die Platten im Inneren bestehen nicht aus vergoldetem Silberblech, sondern aus Gold. Die Figuren, die durch ihre Vielfarbigkeit aus dem Goldgrund hervortreten, sind in einer bestimmten Technik des Emaillierens gefertigt, dem sogenannten Zellenschmelz oder „Cloisonné" (frz. *cloisonner*; „unterteilen", „durch Scheidewände trennen"). Dafür werden filigrane Stege auf den Metallträger gelötet und auf diese Weise kleine Kompartimente oder Zellen geschaffen. Sie werden mit farbigem Glaspulver gefüllt, das beim anschließenden Brennvorgang zu einer Farbfläche schmilzt, die im erkalteten Zustand geschliffen und poliert wird, sodass die Stege nun wie Linien aus der Fläche hervortreten. Diese Technik wurde in den Goldschmiedewerkstätten Konstantinopels zu äußerster Feinheit perfektioniert und deshalb – ähnlich wie der Reliquiartypus der Staurothek – im westlichen Europa als spezifisch byzantinisch wahrgenommen und bewundert.

Da Paulus und Petrus auf den Seitenflügeln deutlich größer sind als die übrigen Figuren, nimmt man sie nicht als Teil der mittleren Gruppe wahr. Wie wir scheinen sie als Außenstehende das Bild zu betrachten. Mit dem Aufklappen des Reliquiars findet man sich folglich in einer gänzlich neuen Situation wieder. War der Blick gerade noch auf die äußeren verschlossenen Türen der Staurothek fokussiert, so weitet er sich nun ein wenig, um die vergrößerte Fläche zu erfassen. Man schaut zunächst auf das

Kreuz, wird sich aber schnell bewusst, dass man dies nicht als Einziger tut. Vielmehr fügt sich der eigene Blick in eine Konstellation aus mehreren Blicken ein. Maria schaut zum Gekreuzigten hinauf; die Apostel schauen auf die Szene mit dem Gekreuzigten; man selbst tut es ihnen gleich. Wenn man sich die Apostelfiguren ein wenig eingehender anschaut, wird man durch ihren Blick immer wieder zur Mitteltafel zurückgeführt. Dieser Aspekt ist für die weitere Handhabung des Objekts wichtig.

Auf der Abbildung ist es dem Anhänger nicht anzusehen, dass er sich noch weiter öffnen lässt. Es ist ein Prinzip der Staurothek, dass man sich der Reliquie im Objekt annähert, und dies insbesondere durch das Ziehen an einem Schiebedeckel, der seinerseits künstlerisch gestaltet ist. Eine Staurothek setzt also eine Objektkenntnis, das heißt eine Vertrautheit mit diesem Typus des Reliquiars, voraus. Bei dem vorliegenden Anhänger ist die Mitteltafel mit dem Gekreuzigten der Schiebedeckel. Sie setzt sich unter dem unteren Ornamentstreifen der Rahmung fort und besitzt an der unteren Kante links und rechts jeweils eine Öse. Wenn man daran zieht, wird ein Hohlraum mit einem kreuzförmigen Fach sichtbar, in dem sich die Reliquie befand. Beachtet man nochmals die Gesamthöhe der Staurothek von etwa sechs Zentimetern, so wird ersichtlich, wie klein das Kreuzfach im Inneren ist. Es ist zudem sehr wahrscheinlich, dass die Reliquie auch hier nur ein einzelner, in die Kreuzform eingebetteter Splitter war. Die Form ließ die Irrelevanz der Größe erkennen, da sie aus dem Splitter ein vollständiges Kreuz machte.

In der Kombination der figürlichen Darstellungen mit dem Reliquienkreuz ergeben sich zwei Richtungen der Identifikation und Beglaubigung. Die Darstellung des Gekreuzigten befindet sich unmittelbar über dem Reliquienkreuz. Wenn der Deckel nach unten gezogen wird, kann man dieses Übereinander als eine Entsprechung verstehen: Das Bild des Gekreuzigten identifiziert die Reliquie als Kreuzesholz. Wenn der Deckel wieder hochgeschoben wird, gilt dies umgekehrt: Die Reliquie beglaubigt – ganz im Sinne Kyrills von Jerusalem –, dass sich die Kreuzigung tatsächlich ereignet hat. Alles bestätigt sich gegenseitig. Die Staurothek ist somit ein Zirkelschluss in Objektform. Die beiden Apostel, die stets auf den Seiten verbleiben, tragen zu diesem Verständnis bei. Im geöffneten Zustand der Staurothek richten sie auf dieselbe Weise, in der sie zuvor zum Gekreuzigten geschaut haben, den Blick auf die Reliquie. Schließt man die Staurothek wieder, so wechselt dieser Blick von der Reliquie auf die Kreuzigung. Die unveränderliche Position der Apostel zeigt an, dass im Zentrum des Triptychons alles identisch geblieben ist.

Bedenkt man nochmals, dass das Insistieren auf dem realen Kreuzestod Christi anfänglich eine Reaktion auf das Unverständnis der Heiden und Juden war, so kann man dieses Zusammenspiel von Bild und Reliquie als ein fortwährendes Insistieren auf der Erlösungstat am Kreuz verstehen. Mit dem Betrachten, Öffnen und Schließen der Staurothek wurden die Selbstopferung Christi und die Bedeutung der Kreuzreliquie fortwährend bekräftigt. Das bedeutet, dass die historische Debatte unweigerlich in dem Objekt steckte und ihrerseits fortdauerte. Damit soll keineswegs behauptet werden, dass die Staurothek mit dieser Absicht entworfen wurde. Als sie entstand, war die vehemente Verteidigung des christlichen Glaubens längst nicht mehr vonnöten. Es soll damit auch nicht ausgeblendet werden, dass Vergegenwärtigung und Aktualisierung des Heilsgeschehens generell zentrale Aufgaben der mittelalterlichen christlichen Kunst waren. Die Staurothek in Monopoli ist in dieser Hinsicht nichts Besonderes. Reliquie, Kreuzform und figürliche Darstellung werden hier jedoch auf eine Weise inszeniert, die in einem engeren Bezug zu den historischen Rechtfertigungsbemühen steht. Kyrill hätte das Reliquiar in der Mitte des 4. Jahrhunderts gut als Demonstrationsobjekt vor den Täuflingen am Golgathafelsen einsetzen können.

Holz und Blut im Kristallflakon

Als die kleine Staurothek um das Jahr 1000 entstand, war die Kreuzreliquie im alleinigen Besitz Konstantinopels. Das Partikel im zentralen Kristallflakon des Borghorster Kreuzes (Abb. 38 und 39, S. 158 und 160), welches aus der Zeit um 1050 stammt, muss deshalb umso kostbarer gewesen sein. Die Flakons, etwa 13 Zentimeter beziehungsweis 7 Zentimeter hoch, enthalten insgesamt 17 Reliquien, die in der umlaufenden Inschrift auf der Rückseite aufgelistet sind (Abb. 39). Die Inschrift beginnt unten links und führt in *scriptura continua* („unmittelbar aufeinander folgende Schrift"), das heißt in einer Wortfolge ohne Zwischenräume, im Uhrzeigersinn um das Kreuz herum. Als Erstes werden die Christusreliquien genannt: „Dies sind die Namen jener Heiligen; vom Kreuz des Herrn, vom Schwamm des Herrn, vom Bett Mariens, der Mutter des Herrn, vom Leib des Heiligen Apostel Petrus, des Heiligen Apostel Andreas [...]" (*Hec sunt nomina istorum sanctorum; de ligno Domini, di sponda Domini, de lecto Marie Matris Domini, de corpore Sancti Petri Apostoli, Sancti Andree Apostoli [...]*).[56] Da diese Inhaltsangabe den Rahmen des Kreuzes bildet, wird besonders ersichtlich, dass das Kreuz als ein Gegenstand für die Reliquien geschaffen wurde.

Unmittelbar oberhalb des unteren Flakons ragt eine weibliche Figur mit ausgestreckten Armen in die Fläche hinein. Sie kann zum einen durch die Inschrift *Berhta Abbatissa*, zum anderen durch die Provenienz des Kreuzes aus Borghorst, Westfalen, als Bertha, Äbtissin des dort seit 968 bestehenden Damenstifts, identifiziert werden. Gegen Ende der Inschrift hören wir sie eine Fürbitte sprechen: „und alle Heiligen mögen für mich Sünderin [beten] und [für] alle, die bis jetzt etwas Gutes mit dem Zeichen [des Kreuzes] getan haben" ([...] *pro me peccatrice et pro omnibus illis qui aliquid boni adhoc signaculo fecerunt*).[57] Ein bestimmter Aspekt kommt in Berthas Fürbitte besonders zum Ausdruck: Sie erhofft sich die Fürsprache der Heiligen, weil sie einen Gegenstand in Auftrag gegeben hat, der auch als Gabe für die Gemeinschaft gedacht ist. Nicht nur ihr Heil, sondern auch dasjenige der übrigen soll er bewirken. Für Bertha bringt dies den Vorteil mit sich, dass sie sich auch noch nach ihrem Tod durch ihre fromme Tat hervortun kann, weil bei jeder Betrachtung des Kreuzes an sie gedacht wird. Im Bild hingegen wird Bertha die ersehnte Gnade schon zuteil, da aus dem Wellenkranz des runden Himmelssegments die segnende Hand Gottes hervorkommt.

Ganz ähnlich ist die Szene an derselben Stelle auf der ungleich prächtigeren Vorderseite (Abb. 38). In nahezu identischer Pose reckt sich hier der Mitstifter des Kreuzes, Heinrich III., Kaiser seit 1046, zwei Engeln entgegen, die ihm bereits die Hände reichen. Das Faszinierende an dieser Darstellung ist, dass sie im Glanz des Goldes nur bei entsprechendem Lichteinfall genauer zu erkennen ist. Gleiches gilt für die Heiligenfiguren auf dem Querbalken rechts und links vom Flakon sowie den Gekreuzigten mit Maria und Johannes unmittelbar darüber. Das kostbare Material wiegt die eingeschränkte Sichtbarkeit auf. Die Flakons und damit die Reliquien treten ganz anders hervor. Wenn das Licht, beispielsweise bei einer Prozession oder im Kerzenschein auf dem Altar, durch die Gefäße hindurch fällt, ist das Stoffbündel mit den Reliquien am deutlichsten zu sehen. Der obere befindet sich dort, wo man eigentlich eine Darstellung des Gekreuzigten erwarten würde, die hier allerdings in Miniaturform darüber zu sehen ist. Das Rot des Stoffes ruft die Erinnerung an das Blut Christi wach, das bei der Kreuzigung vergossen wurde. Es repräsentiert hier den gesamten Körper Christi. Das Wissen, dass das Reliquiar ein Partikel des wahren Kreuzes mit Spuren des echten Blutes enthält, verstärkt die Vorstellung, im roten Stoff das Blut Christi zu sehen. Die Tatsache, dass das Reliquiar noch eine Vielzahl ganz anderer Reliquien enthält, geht allein aus der Inschrift hervor. Die Gestaltung ist auf die Herrenreliquien fokussiert, allen voran das Blut Christi. Sie kompensiert die Tatsache, dass das Holzstück vermutlich nur sehr klein ist, vielleicht sogar kleiner als der ganze Rest.

Jerusalem – Konstantinopel – Halberstadt

Nur etwa 50 Jahre nach der Herstellung des Reliquienkreuzes von Borghorst, im Sommer 1099, nur zwei Wochen nach der Eroberung Jerusalems durch die Kreuzfahrer, wurde – wie bereits erwähnt – in der Stadt ein weiteres Stück vom wahren Kreuz gefunden. Wie schon bei der Helenalegende weichen die einzelnen Schilderungen voneinander ab. Konsens ist, dass sich die Auffindung der Reliquie während des Patriarchats Arnulfs von Chocques ereignete, den manche Chronisten zum Entdecker deklarieren. Wilhelm von Tyros, der aus Jerusalem stammte, nach seinem Studium in Paris, Orléans und Bologna 1165 ins Heilige Land zurückkehrte und dort sowohl als Kleriker als auch als höfischer Beamter Karriere machte, schrieb Folgendes: „Zu dieser Zeit wurde in einem abgesonderten Teil in der Kirche des Heiligen Grabes ein Teil des Kreuzes des Herrn gefunden. Dies geschah lange nachdem es die Gläubigen aus Furcht vor den Ungläubigen, deren Macht sie erdulden mussten, zum größeren Schutz an einem nur für wenige zugänglichen Ort verborgen hatten. Nachdem es durch die Ergebenheit und Mühe eines Syrers, der um den kostbaren Verwahrungsort wusste, entdeckt worden war, brachten sie das silberne Behältnis mit Hymnen und geistigen Liedern und in Begleitung des gesamten Klerus und Volkes zuerst zum Grab, dann zum Tempel des Herrn. Zusammen empfingen sie den wie vom Himmel gesandten Trost in dem Glauben, dass sie den gerechten Lohn für ihre Mühe und bereitwillige Folgsamkeit wiedererhalten hatten."[58]

Niemand musste sich noch die Mühe machen, das Kreuzesholz auszugraben, vielmehr hatte es die Jahrhunderte muslimischer Herrschaft sicher versteckt in einem silbernen Reliquiar überdauert. Die Kenntnis des Ortes war über Generationen hinweg bis zu einem „Syrer" weitergegeben worden, der den christlichen Eroberern sein Wissen bereitwillig preisgab. Noch am Fundort bildete sich eine Prozession der Gläubigen, welche die Auffindung wie eine Belohnung für ihren langen, verlustreichen

Weg und das entschiedene Abschlachten der Glaubensfeinde empfanden. Sie waren dem Aufruf Papst Urbans II. 1095 auf dem Konzil von Clermont gefolgt und hatten nichts Geringeres als die Rückeroberung des Heiligen Landes bis zur Wiedergewinnung des Heiligen Grabes zum Ziel gehabt. Auf ihr Gelübde, das Kreuz Christi auf sich zu nehmen und in den heiligen Krieg zu ziehen, wird im übernächsten Kapitel noch zurückzukommen sein.

Die Kreuzritter taten es den Kaisern in Konstantinopel gleich und nahmen die Kreuzreliquie unzählige Male mit in den Kampf. Anfang Juli 1187 reichte die Wirkmacht der Reliquie nicht aus, und das Kreuzfahrerheer verlor in der Schlacht von Hattin westlich vom See Genezareth gegen die Streitkräfte Sultan Saladins, der kurz darauf Jerusalem eroberte. Weder auf dem Dritten Kreuzzug, den Papst Gregor VIII. noch im Oktober desselben Jahres initiiert hatte, noch auf dem Fünften Kreuzzug mit der kurzen Amtszeit Kaiser Friedrichs II. als König von Jerusalem konnte die Reliquie wieder in Besitz genommen werden. Mitte des 13. Jahrhunderts mussten die Christen im lateinischen Europa schmerzlich einsehen, die Jerusalemer Reliquie möglicherweise für immer verloren zu haben.

Eine mehr als angemessene Entschädigung waren jedoch die beiden Kreuzstücke aus Konstantinopel, die 1204 auf dem Vierten Kreuzzug erobert worden waren. Ein Partikel davon brachte 1205 der Halberstädter Bischof Konrad von Krosigk, auch er ein Kreuzritter, nebst zahlreichen weiteren Beutestücken mit nach Hause. Für die Kreuzreliquie entstand nach 1225 ein sehr ungewöhnliches, wie das Borghorster Kreuz besonders prächtiges Reliquiar (Abb. 41). Es handelt sich um eine annähernd quadratische Tafel mit den Maßen 45 × 40,5 Zentimeter. Sie sieht auf der Abbildung wie ein flaches, mit seiner Rahmung bildähnliches Objekt aus, hat aber eine Tiefe von 4,5 Zentimeter. Es fallen sofort die kleinen Schriftstreifen hinter den Bergkristallabdeckungen auf. Es handelt sich um sogenannte Authentiken, genauer *cedulae* (mittellat. „Zettel"), Pergamentstreifen, auf denen notiert ist, von wem beziehungsweise welchem Gegenstand die jeweilige Reliquie stammt. Anders als beim Borghorster Kreuz mit der summarischen Inschrift gibt es hier eine genaue Zuordnung. Ein weiterer Unterschied besteht darin, dass die Reliquien sichtbar sind. Manche von ihnen werden zwar von Stoff umhüllt, doch die Sichtbarkeit – sowohl der Namen und Bezeichnungen als auch des Inhalts der einzelnen Fächer – ist ein durchgehendes Prinzip der Gestaltung, das die systematische Ordnung nachvollziehbar macht. In den kreisförmigen Sepulchren (*sepulcrum*; „Grab") im mittleren Rahmen befinden sich Reliquien der vier Evangelisten sowie mehrerer Apostel, darunter Petrus und Paulus –, die in der Staurothek die Mitteltafel flankierten (Abb. 40, S. 176) – im oberen Mittelstück. Die Heiligen sind um das zentrale Feld mit dem großen, markanten Kreuz versammelt. Auf dessen Zentrum ist, kaum sichtbar, ein byzantinisches Silberplättchen angebracht, das den Gekreuzigten mit Maria und Johannes zeigt. Es lässt sich nur vage in die Zeit vom 7. bis zum 9. Jahrhundert datieren, ist somit deutlich älter als das Reliquiar und möglicherweise ein weiteres, einer Staurothek entnommenes Beutestück aus Konstantinopel. Mit Sicherheit sind einige, wenn nicht sogar alle hier enthaltenen Reliquien im Gepäck Bischof Konrads nach Halberstadt gelangt. Wie es scheint, soll das gesamte Kreuz im Zentrum die Reliquie sein, also nicht lediglich ein kleineres Stück in sich bergen.

Um das Kreuz herum sieht alles etwas unordentlich aus. In den Mulden einer teigigen, vergoldeten Masse – aus Holz, Wachs oder Harz – liegen weitere Reliquien. Oberhalb des Querbalkens befinden sich hochrangige Partikel: ein Dorn der Dornenkrone Christi, ein Haar Mariens sowie ein nicht genauer benanntes Stück „Vom Körper des Herrn" (*De corpore Domini*). Die Reliquien unterhalb des Querbalkens stammen, von links, von den Heiligen Maria Magdalena, Andreas, Anna und Sylvester. Ihr vertikales Arrangement macht aus ihnen eine Kreuzigungsgruppe auf Golgatha – sie scheinen unter dem Kreuz zu „stehen". Die Kreuzreliquie wird in das Golgathakreuz rückverwandelt und gewinnt – ganz ähnlich wie in der Staurothek (Abb. 40) – durch die Insze-

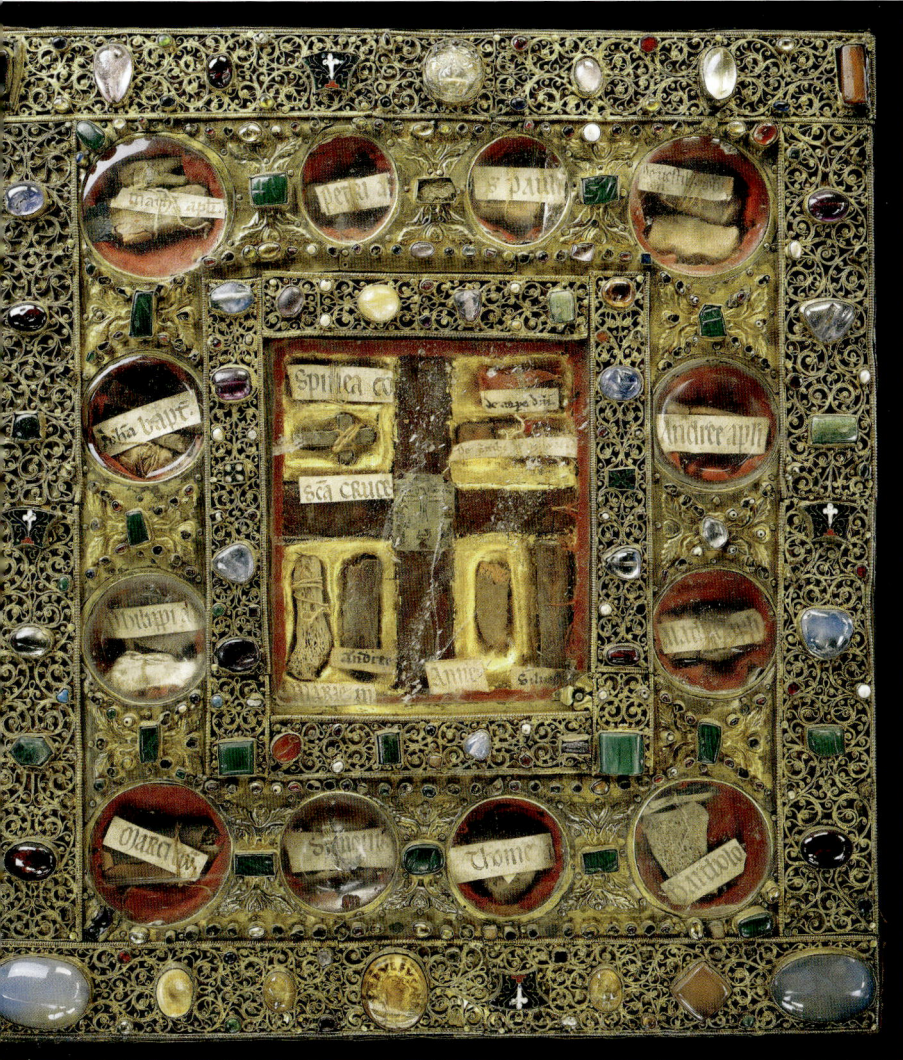

Abb. 41: Tafelförmiges Kreuzreliquiar, Niedersachsen, 2. Viertel 13. Jh.,
45 × 40,5 cm, Halberstadt, Domschatz

nierung an Authentizität. Wenn auch nur schemenhaft, versetzt das Reliquiar die Kreuzreliquie aus Konstantinopel wieder nach Jerusalem.

Das kostbarste Holz der Welt und seine Behältnisse

Die Kreuzreliquie war nicht nur ein Gegenstand individueller und gemeinschaftlicher Frömmigkeit, sondern von Beginn an auch ein politisches Objekt. Die Kaiserinmutter fand sie und schickte ein Teilstück an ihren Sohn, dem das Kreuz nun nicht mehr nur zeichenhaft Schutz und Macht verlieh, sondern in authentischer, Christus im Hier und Jetzt vergegenwärtigender Form. Die Reliquie musste vor den Feinden geschützt und von ihnen zurückgefordert werden. Sie war eine Trophäe, von der alle etwas haben wollen, was so weit ging, dass sie sich in Kleinstpartikel ohne gesicherte Provenienz auflöste. Ihrer Wirkmacht tat dies keinen Abbruch, denn noch die feinste Faser war Teil jenes Kreuzes, das durch das Blut und die Berührung Christi vollständig von Heiligkeit durchdrungen war. Die Wundertätigkeit des Holzes gleich nach seiner Auffindung gab der Kreuzfrömmigkeit erst den richtigen Schwung. Zum einen bestand nun an der Rechtmäßigkeit des Kreuzes kein Zweifel mehr. Außerdem bewies sie, dass Christus einen Leib aus Fleisch und Blut besessen hatte, schließlich wirkte das Holz nur durch ihn Wunder. Diese Wundertätigkeit wiederum ließ an der Göttlichkeit Christi keinen Zweifel.

Mit der Auffindung und Zerteilung der Kreuzreliquie entstand mit dem Reliquiar eine neue Art des Behältnisses, wobei auch bereits vorhandene Kästchen, Kettenhänger oder andere Dinge dieser Art einfach umfunktioniert werden konnten. Manche Reliquiare sind von geringem Materialwert und bescheidener Schlichtheit. Prachtvolle Varianten jedoch machen die Reliquien zu dem, was sie sind, indem sie deren überirdische Heilskraft nach außen erstrahlen lassen. Kreuzreliquiare nehmen entsprechend häufig die Form von Gemmenkreuzen an und steigern deren Aussagekraft: Das Reliquienkreuz überbietet das schändliche Holzkreuz nicht nur mit seiner triumphalen Form, sondern macht es mit dem wundertätigen Holz gänzlich zunichte.

Die Behältnisformen, Materialien, Bilder und Inschriften der hier vorgestellten Beispiele boten zudem Raum für die individuelle Bitte um Fürsprache; die imaginäre Rückführung der Reliquie nach Jerusalem; die Vergegenwärtigung der Kreuzigung und der Kreuzauffindung. Damit gelangte man zurück zum Beginn der Auffindungslegende, mit der sich das folgende Kapitel genauer beschäftigen wird.

Kapitel 7

Gegen die Juden: Erniedrigungen durch das Kreuz

„Cham lacht, als er die beschämende Nacktheit seines Vaters sieht; die Juden lachten über den Schmerz des sterbenden Gottes." (*CHAM RIDET DVM NVDA VIDET PVDIBVNDA PARENTIS + IV-DEI RISERE DEI PENAM* MORI(entis).)[59] Die Inschrift, die auf den beiden Schmalseiten des sogenannten Cloisters Cross zu lesen ist, erinnert im zweiten Teil an die Kreuzigung auf Golgatha und die Demütigung Jesu. Wenn er wirklich der Erlöser und König von Israel sei, solle er vom Kreuz herabsteigen, riefen die Hohepriester und die Schriftkundigen unter dem Kreuz. Erst dann würden sie ihm zugestehen, dass er göttlicher Natur sei. Da Jesus erst nach der Grablegung vom Tod wiederauferstand und dies gänzlich unbeobachtet geschah, konnten ihm die jüdischen Schriftgelehrten auch danach keinen Glauben schenken. Die Inschrift auf einem christlichen Objekt viel späteren Datums, hier des 12. Jahrhunderts, erweckt den Eindruck, dass das Lachen der Juden noch immer unverzeihlich war.

Zugleich verleiht der erste Teil der Inschrift diesem Lachen eine gewisse Zwangsläufigkeit. Er bezieht sich auf ein Geschehen aus dem Alten Testament: „Und Noah fing an, die Erde als Bauer zu bearbeiten. Und er pflanzte einen Weinstock und er trank den Wein und wurde berauscht und war entblößt in seiner Hütte. Als Ham (*CHAM*), der Vater Kanaans, dies gesehen hatte, meldete er seinen beiden Brüdern draußen, dass nämlich die Geschlechtsteile seines Vaters nackt seien. Aber Sem und Jafet legten einen Mantel auf ihre Schultern, und sie bedeckten die Scham ihres Vaters, indem sie rückwärts eintraten, und ihre Gesichter waren abgewandt, und sie sahen die Schamteile ihres Vaters nicht." (Gen

← Abb. 42: The Cloisters Cross (Vorderseite), England, zwischen 1150 und 1160, 57,5 × 36,2 cm, New York, The Metropolitan Museum of Art, The Cloisters Collection

9,20–23) Von einem Lachen Hams ist hier nicht die Rede, vielmehr könnte man sich die Szene doch auch so vorstellen, dass sich Ham aus lauter Scham angesichts des entblößten Vaters nicht zu helfen wusste und deshalb zu seinen älteren Brüdern lief. Doch auch der Vater sollte sein Handeln als Vergehen verurteilen, aber nicht ihn, sondern, schlimmer noch, Hams Sohn verfluchen.

In der Inschrift dient das Verb „lachen" (*ridere*) dazu, die beiden Verse miteinander zu verknüpfen und Ham mit den Juden unter dem Kreuz gleichzusetzen. Die Überzeugung, dass Jesus in seinem Wirken und seiner Passion im Alten Testament schon in verhüllter Sprache enthalten sei, stützte die Argumente für die Rechtmäßigkeit des Kreuzestodes. Die Christen warfen den Juden vor, das Alte Testament nicht vollends zu verstehen. Wer zum Beispiel in der Episode mit Noah, Ham und seinen Brüdern allein ein historisches Ereignis sehe, erkenne den tieferen Sinn der Heiligen Schrift nicht. Aus christlicher Sicht besaßen die Texte nicht allein einen wörtlichen, sondern einen mehrfachen Sinn. Das typologische Schriftverständnis, das in diesem Buch ein wiederkehrendes Thema ist, enthüllte das Alte Testament, indem es zum Beispiel in der Entwürdigung Noahs durch seinen Sohn Ham die Verspottung Jesu durch die Juden wiedererkannte. Dadurch ergaben sich sowohl eine Erklärung des frevelhaften Verhaltens der Juden – sie agierten wie Ham – als auch die Folgerichtigkeit ihrer Verfluchung – wie Ham wurden sie verstoßen. Diese Konstruktion der christlichen Heilsgeschichte enthält eine in jeder Hinsicht fatale Ambivalenz. Einerseits kam den Juden eine Sonderform der Gnade zu, da sie eine Funktion im Erlösungswerk Christi erfüllten. Nicht zuletzt bezeugten sie die Kreuzigung. Andererseits wurden sie als missliebige Zweifler, die die Berechtigung des christlichen Glaubens infrage stellten, wahrgenommen.

← Abb. 43: wie Abb. 42 (Rückseite)

Das Cloisters Cross: Ein Bildwerk der Rechtfertigung

Das Cloisters Cross ist ein durch und durch typologisches Kreuz. Sein ausgefeiltes Programm aus figürlichen Szenen und lateinischen Inschriften dient der im Kern rechthaberischen Verschränkung der jüdischen Bibel mit dem Neuen Testament. Das Kreuz ist etwa 60 Zentimeter hoch und aus Walrosselfenbein gefertigt. Anders als beim Borghorster Kreuz (Abb. 38 und 39, S. 158 und 160) steht die Rückseite (Abb. 39) der Vorderseite in nichts nach. Gleichermaßen meisterlich geschnitzt, zeigt sie eine noch größere Vielzahl von Figuren. Auf beiden Seiten fällt sogleich das zentrale, überaus dicht von Figuren ausgefüllte und von liegenden Gestalten umschlossene Medaillon auf. Die Kreuzarme enden in etwas breiteren, nahezu quadratischen Figurenblöcken, von denen sich derjenige am Fußpunkt nicht erhalten hat. Wenn man genau hinschaut, sieht man, dass das Kreuz ein Steckkreuz ist. Die Stückelung erklärt sich durch das Material, das heißt die Größe des Walrosszahns, nach der sich der Bildschnitzer zu richten hatte. Ursprünglich waren es sechs Teile; als siebenter Teil kam im Originalzustand eine ebenfalls aus Walrosszahn geschnitzte Figur des Gekreuzigten hinzu, die auf der Vorderseite angebracht war. Diese Seite (Abb. 42) sah somit gänzlich anders aus als heute. Der Kopf des Gekreuzigten fiel zur Seite, sodass das Medaillon im Kreuzungspunkt der Vorderseite gut zu sehen war (Abb. 44).

In diesem Medaillon herrscht ein ziemliches Gedränge, weil sich eine ganze Reihe männlicher Figuren die Fläche oder besser den Raum mit einem Durchmesser von etwa 7 Zentimetern teilen muss. Lange Bärte, lange Gewänder und nahezu identische Gesichter gleichen sie einander an. Einige von ihnen tragen spitze Kopfbedeckungen, die sie als Juden kennzeichnen sollen. Die gesamte Figurenansammlung ist beeindruckend in die Tiefe gestaffelt und von Bewegung erfüllt. Der Mann ganz vorn, der sich schon aus dem Raum hinausbewegt hat und auf der Umfassung steht, bildet die Mittelachse des kreisförmigen Ganzen. Ungeachtet seiner Dynamik verleiht er der Darstellung Stabilität. Rechts

Abb. 44: wie Abb. 42 (zentrales Mosesmedaillon der Vorderseite)

und links neigen sich zwei Figuren in Schräglage waghalsig weit nach vorn; hinter ihnen stehen zwei Männer mit verdrehten Körpern; die übrigen sind allein an den dicht gedrängten Köpfen zu erkennen. Zum Eindruck der Bewegung tragen insbesondere die großen Schriftbänder bei, die zwar von den Figuren gehalten werden, ihnen jedoch auch ein wenig zu schaffen machen, da sie sich ganz eigenständig im Raum entrollen. Bei dem Text, der zweizeilig und gut lesbar in die nur wenige Millimeter breiten Streifen geritzt wurde, handelt es sich um Bibelverse.

„So wird dein Leben gleichsam vor dir hängen und du wirst deinem Leben nicht trauen." (*SIC ERIT VITA TVA PENDENS AN* (te) *TE* (&) *N*(on) *CREDES VITE TVE.*) Die vorderste Figur präsentiert einen Vers aus der Thora beziehungsweise, der christlichen Ordnung des Alten Testaments entsprechend, dem fünften Buch Mose, auch Deuteronomium genannt (Dtn 28,66). Anders als die eingangs des Kapitels betrachtete Inschrift entstammt der Vers nicht der Beschreibung eines spezifischen Geschehens im Alten Testament, sondern zitiert in verkürzter Form einen Ausspruch, den Moses an das Volk Israel richtete. Das Bildwerk stellt diese Unterweisung nach. Die Figur kann durch den Vers als Moses identifiziert werden. Das Schriftband ist wie eine „Sprechblase". Er ist aus dem dunklen Hintergrund hervorgetreten und befindet sich auf der vertikalen Achse des Kreuzes, ursprünglich unmittelbar über der Figur des Gekreuzigten. Nach christlichem Verständnis bezog sich Moses in seinen Worten auf Christus. Er kündigte den Messias an, der zwar am tödlichen Kreuz hängen und doch das ewige Leben verheißen würde. Die Juden, deren Köpfe unterhalb des Schriftbandes aus der Fläche hervorkommen und die Moses anschauen, sind seine Zuhörer. Die Darstellung will zeigen, dass das Volk Israel die Ankündigung Christi bereits von einem seiner Stammväter vernommen hat, doch die Wahrheit der Worte selbst nach der Auferstehung Christi nicht erkannte.

Oberhalb von Moses und seinem Schriftband gibt es eine weitere Figurenkonstellation, die ein Geschehnis nachstellt, das als alttestamentliche Vorwegnahme des Kreuzestodes par excellence aufgefasst wurde und auch in der „Biblia Pauperum" zu sehen ist (Abb. 5, S. 28). Zentraler Gegenstand der Erzählung ist die aus Bronze geschaffene, eherne Schlange, die im geschnitzten Medaillon als wurmartiges Geschöpf von einem gabelförmigen Pfahl herabhängt. Sie ist in ihrer unförmigen Gestalt vollkommen anders geartet als die menschlichen Figuren und sticht deshalb sogleich hervor. Zusätzlich zeigt das linke, bogenförmig entrollte Schriftband wie ein Pfeil auf die Schlage. Auch beim Lesen werden die Augen zu ihr hingeführt: „Wie Moses die Schlange in der Wüste erhöht hat, so muss der Menschensohn erhöht werden." (*SICVT MOYSES EXALTAVIT SERPENTE*(m) *I*(n) *DESERTO ITA E* (xaltari) *O*(portet) *F*(ilium) *H*(ominis).) Moses hatte die Schlange auf göttlichen Befehl angefertigt. Hunger und Durst hatten das Volk Israel bei der Durchquerung der Wüste gegen Gott aufgebracht; giftige Schlangen waren die göttliche Strafe. Der ehernen Schlange, einer Skulptur, verlieh Gott heilende Kraft: „Wer, von den feurigen Schlangen gebissen, diese Schlange ansieht, wird leben." (Num 21,8) Die Männer, deren Köpfe im Schnitzwerk dicht um die Schlange herum gruppiert sind, vertrauen auf den Gottesspruch. Allein der Blick soll ihnen das Leben schenken.

In dieser Episode sind gleich zwei Argumente für die göttliche Bestimmtheit des Kreuzes enthalten. Zum einen erhöhte es Christus, da es vom Boden hochgezogen und aufgerichtet werden musste. Zum anderen war denjenigen, die zu Christus aufschauten und in ihm den Sohn Gottes sahen, das ewige Leben verheißen, schließlich hatte Jesus selbst angekündigt: „Und so wie Mose die Schlange in der Wüste erhöht hat, so muss der Menschensohn erhöht werden, damit jeder, der an ihn glaubt, nicht zugrunde geht, sondern das ewige Leben hat." (Joh 3,14) Wer als gläubiger Christ vor dem Cloisters Cross steht und im Medaillon die Schlange mit ihren Betrachtern sieht, kann sich in den Figuren wiederfinden. Wie sie auf die errettende Schlange schauen, betrachtet er das Kreuz mit dem Gekreuzigten, an dessen heilbringende Macht er glaubt. Er sieht die Gruppe weit im Hintergrund, das heißt deutlich zurückgesetzt im Tiefenraum des Medaillons.

Diese Komposition hat eine zeitliche Komponente: Sie führt vor Augen, dass das alttestamentliche Geschehen zeitlich weit zurückliegt. Es hat seine Bedeutung nicht verloren, wird aber nun durch den Gekreuzigten und den Betrachter vor dem Kreuz „ersetzt". Die Szene ist für ihn sichtbar, doch zugleich kann er sich dessen bewusst werden, dass er sowie das Objekt vor ihm der neuen, prophezeiten Zeit angehören, in der sich die wahre Bedeutung des Alten Testaments offenbart.

„Gegen die Juden": Justins fiktiver Dialog

Das Vorkommnis mit Moses, dem Volk Israel und der ehernen Schlange ist auf fundamentale Art irritierend, da es dem alttestamentlichen Bilderverbot zu widersprechen scheint. Letzteres ist im sogenannten Dekalog (gr. „zehn Worte") enthalten, das heißt in den religiös-ethischen Verboten und Geboten, die Gott Moses und dem Volk Israel am Berg Sinai mitteilte (Ex 20; Dtn 5). Darunter sind auch die folgenden Untersagungen: „Du wirst vor mir keine fremden Götter haben. Du wirst dir kein Standbild machen noch alle Nachahmung von etwas, das im Himmel oben oder auf der Erde unten ist, noch von den Dingen, die in den Wassern und unter der Erde sind. Du wirst sie nicht anbeten und nicht verehren." (Ex 20,3–5) Das Verbot ist vieldeutig, da es nicht präzisiert, ob generell alle bildlichen Darstellungen von Gott und den natürlichen Dingen gemeint sind oder ausschließlich solche, die in der Überzeugung angefertigt werden, dass Bildwerken göttliche Wirkmacht innewohnen kann. Das Verbot beträfe dann sowohl die Herstellung als auch den Umgang mit Bildwerken, ihre Anbetung und Verehrung. Wie sehr darüber gestritten werden kann, welches Verständnis der göttlichen Anweisung das richtige ist, zeigen die vielstimmigen Debatten im Mittelalter über die Zulässigkeit religiöser Bildwerke. Es ist eine Problematik, über die sich die Christen nicht nur untereinander uneins waren, sondern die auch im Disput mit Vertretern anderer Religionen verhandelt wurde.

Es gibt ein bestimmtes, schon in frühchristlicher Zeit beliebtes Genre theologischer Literatur, in dem diese Konfrontation im Zentrum steht. Dabei handelt es sich um Dialogschriften, in denen sich ein christlicher Theologe gegen (lat. *adversus*) die Juden, die Häretiker oder die Paganen richtet und ihr Unverständnis der christlichen Lehre klarstellen will. Die frühesten Schriften dieser Art sind die Traktate „Adversus Iudaeos". Der älteste überlieferte Text stammt von Justin dem Märtyrer, auf dessen kosmologische Deutung des Kreuzes im zweiten Kapitel eingegangen wurde. Justin will seinem jüdischen, fiktiven Gesprächspartner Tryphon um das Jahr 135 in Ephesus begegnet sein, schrieb den Dialog aber erst 20 bis 30 Jahre später nieder. Der Text ist eine Apologie des christlichen Glaubens, die das jüdische Verständnis der Bibel als Irrtum verhöhnt. Das Gespräch, in dem sich Justin die meiste Redezeit einräumt, ist ein theologischer Rundumschlag. Das methodische Rüstzeug bildet die Auslegung des Alten Testaments als Prophezeiung Jesu Christi. Unter den unzähligen, christlich gedeuteten Episoden, Gegenständen, Personen, Äußerungen der Propheten sind auch Moses und die eherne Schlange. Den vermeintlichen Widerspruch zwischen diesem Geschehen einerseits und dem Bilderverbot andererseits spricht Justin unverblümt an. Er bietet ihm Gelegenheit, seine jüdischen Zuhörer ein weiteres Mal für die Unzulänglichkeit ihres allzu wörtlichen Textverständnisses zu schelten:

„Wenn ihr, denen zur Auslegung der erwähnten Schriften der weite Blick fehlt, dieselben so oberflächlich aufnehmet und nicht auf den Kern der Worte eindringet, dann findet ihr an Gott viele Schwächen. Dann könnte ferner auch Moses der Gesetzesübertretung beschuldigt werden. [...] Sollen wir, statt solche Bibelstellen in ihrer symbolischen Bedeutung zu nehmen, dieselben gleich euren Lehrern so töricht auffassen? Sollen wir nicht vielmehr das Kreuz (der ehernen Schlange) in Beziehung zu Jesus dem Gekreuzigten bringen [...]?"[60] Der Vorwurf ist vernichtend: Wenn die Juden am Wortsinn des Geschehens festhalten und insgesamt den Glauben an den Gekreuzigten als Ärgernis abtun, dann müssen sie konsequenterweise eingestehen, dass sich Gott im Alten Testament als fehlbar erweist. Was sonst als ein Gesetzesübertritt sollten Errichtung und Anbetung der ehernen Schlange sein? Bereits die drei erläuterten Inschriften – „Cham lacht, als er die beschämende Nacktheit seines Vaters sieht; die Juden lachten über den Schmerz des sterbenden Gottes"; „So wird dein Leben gleichsam vor dir hängen und du wirst deinem Leben nicht trauen"; „Wie Moses die Schlange in der Wüste erhöht hat, so muss der Menschensohn erhöht werden" – machen deutlich, dass mit der typologischen Deutung der Bibel verschiedenfach gegen die Juden und die Rechtmäßigkeit ihres Glaubens argumentiert wurde: Schon im Alten Testament sei vorhergesagt, dass sie bei der Kreuzigung als Gotteslästerer agieren und den Gekreuzigten nicht als Erlöser erkennen würden. Die dritte Inschrift enthält insgeheim den maßlosen Vorwurf, Gott als unvollkommen anzusehen.

Justins „Adversus Iudaeos" ist mit seiner Fülle an typologischen Verknüpfungen das beste Beispiel dafür, dass das – darin nahezu exzessive – Kompilieren entsprechender Bibelstellen ursprünglich ein frühchristliches apologetisches Verfahren war. Als mit dem Erstarken des Christentums der Rechtfertigungsdruck nachließ, wurde die antijüdische Stoßrichtung dieses Bibelverständnisses weniger explizit gemacht. In welchem Maß sie in der Typologie in den folgenden Jahrhunderten erhalten blieb, ist eine Frage, die hier offen bleiben muss. Seit frühester Zeit war neben den Texten auch die Kunst ein geeignetes Medium, sich mit dieser Bibelsystematik auseinanderzusetzen, sie auszudifferenzieren und anschaulich zu machen. In dieser Hinsicht ist das Cloisters Cross aus dem 12. Jahrhundert alles andere als etwas Neues. Spätmittelalterliche Beispiele – die Bilder in der „Biblia Pauperum" und dem „Spiegel menschlicher gesuntheit" – wurden bereits im ersten Kapitel betrachtet (Abb. 5–7, S. 28, 30 und 31). Zu einem außergewöhnlichen Gegenstand wird das Cloisters Cross durch sein Bild- und Inschriftenprogramm sowie die Art und Weise, wie dieses Programm das Kreuz einnimmt.

Ein antijüdisches Bildwerk?

Nicht in allen figürlichen Darstellungen kommen die typologischen Verweise offen zur Sprache. Auf der Vorderseite zeigen die drei erhaltenen Bilder an den Enden von Längs- und Querbalken Szenen aus dem Leben Jesu: rechts die Kreuzabnahme mit der Beweinung; links den Engel am Grab, der den drei Frauen die Auferstehung Jesu verkündet; oben die Himmelfahrt, bei der nur noch die Beine Christi zu sehen sind. Die Pendants zu diesen Bildfeldern sind auf der Rückseite die Symbole der vier Evangelisten: Stier (Markus), Löwe (Lukas), Adler (Johannes) sowie ursprünglich die Figur eines Menschen (Matthäus). Zum typologischen Programm gehören die Prophetenfiguren mit Schriftbändern, die auf den Balken der Rückseite fast lückenlos aufgereiht sind und wie Ornamentbänder wirken (Abb. 43, S. 190). Auf den Schriftbändern stehen, wenig überraschend, Aussprüche, die als Prophezeiungen der Passion Christi verstanden wurden.

Einen engen Bezug zur Passion hat auch das Lamm im Zentrum des großen Medaillons, da es als Opferlamm und Symbol Christi aufgefasst wird. Dieses Verständnis ist zu komplex, als dass es in wenigen Sätzen erläutert werden könnte, denn ihm liegen nicht allein typologische Verknüpfungen zugrunde. Vielmehr bezieht es sich auch auf die rituelle Opferung eines Lamms an Pessach, einem der jüdischen Hauptfeste, die wiederum auf Stellen aus dem Alten Testament basiert. Erschwerend kommt hinzu, dass der Begriff des Opfers letztlich nur ein Sammelbegriff für verschiedene Formen des Rituals und der damit verbundenen religiösen Inhalte ist. Für das Cloisters Cross kann hier genügen, auf zwei Inschriften im zentralen Medaillon hinzuweisen, die das Neue und das Alte Testament in Übereinstimmung bringen.

Auf dem diagonal oberhalb des Lamms ausgerollten Schriftband steht ein Text, der zwei Versen aus der Offenbarung des Johannes entlehnt ist. Darauf heißt es: „Würdig ist das Lamm, das getötet worden ist, zu erhalten Kraft und Göttlichkeit" ((D)*IGN*(us)

EST AGN(us) *Q*(u)*I OCCIS*(us) *E*(st) *ACC*(iper)*E VI*(r)*TVTE*(m) *&
DIVIN*(itatem); Joh 5,12). Johannes sieht in seiner Vision, auf die
hier schon im dritten Kapitel etwas genauer eingegangen wurde,
ein Lamm vor dem Thron Gottes, vor dem die Umstehenden ehr-
fürchtig niederfallen. Indem das Lamm mit Christus identifiziert
wird, erfüllt sich der verborgene Inhalt des Alten Testaments, was
die Worte des Propheten Jeremia, die im Medaillon unterhalb des
Lamms zu lesen sind, belegen sollen. Jeremias spricht darin zu
Gott: „Und ich war wie ein zahmes Lamm, das zum Opfer getragen wird" ((E)*GO QVASI AGN*(us) *M*(a)*NSVET*(us) *Q*(u)*I PORTA-
TV*(r) *AD VICTIMAM*). Aus christlicher Perspektive kann Christus
in diesen Worten erkannt werden, da er zum Selbstopfer am Kreuz
geleitet wurde. Wenn man sich die Komposition des zentralen Medaillons anschaut, sieht man, dass sich die kleine Skulptur des
Lamms genau zwischen diesen beiden Inschriften befindet. In der
Gestaltung wird somit ersichtlich, dass in diesem Christussymbol
das Neue und das Alte Testament zusammenkommen.

Links vom Lamm steht eine rätselhafte weibliche Figur, die
sich zwar mit gebeugtem Kopf von dem Tier abwendet, doch einen
Speer in der Hand hält, der dessen Brust trifft. Ihre Identifikation
ist selbst dann nicht ganz einfach, wenn man sich mit der Ikonografie der Kreuzigung in der mittelalterlichen Kunst etwas besser
auskennt. Es gibt den Darstellungstypus mit zwei Frauen unter
dem Kreuz, von denen die eine die sieghafte christliche Kirche
(*Ecclesia*) und die andere die überwundenen jüdischen Glaubens-
gesetze (*Synagoga*) personifiziert. Ein bestimmtes Detail vermittelt die christliche Überzeugung, dass die Juden nicht realisierten,
den Erlöser vor sich zu haben: In vielen Darstellungen ist die
Synagoga durch ein Tuch vor den Augen mit Blindheit geschlagen.
Im Medaillon des Cloisters Cross fällt die Kopfbedeckung der
Frau zwar weit ins Gesicht, doch es ist nicht genau ersichtlich,
ob sie auch die Augen verdeckt. Der Speer ist für die Identifikation nicht hilfreich, denn er ist ein unübliches Detail. Die offenkundige Abwendung der Figur vom Lamm spricht jedoch dafür,
dass es sich um eine Personifikation der *Synagoga* handelt.

Abb. 45: wie Abb. 42 (zentrales Medaillon der Rückseite)

201

Der Vers auf ihrem Spruchband stammt aus dem Brief von Paulus an die Galater: „Verflucht ist jeder, der am Holz hängt" (*MALEDICT*(us) *O*(mn)*IS Q*(u)*I P*(endet) *I*(n) *L*(igno); Gal 3,13). Paulus, darauf wurde im ersten Kapitel verwiesen, zitiert hier einen Vers aus dem Alten Testament, der von Beginn an das schwerwiegendste Argument gegen einen gekreuzigten Messias bildete: „Denn von Gott verflucht ist, wer am Holzpfahl hängt." (Dtn 21,23) Indem der *Synagoga*-Figur nicht dieser alttestamentliche Vers, sondern jener von Paulus aus dem Neuen Testament in die Hand gegeben wurde, verwandelt sich der eigentlich vernichtende Ausspruch in eine recht kühne Selbstbehauptung. Paulus nämlich zitiert diesen Vers ganz bewusst, um ihn zu vereinnahmen und ihm seine widerstrebende Kraft zu nehmen: Christus habe gerade diesen größten Fluch auf sich genommen, um die Gläubigen von jeder Art des Fluches zu befreien: „Christus hat uns freigekauft von dem Fluch des Gesetzes, indem er für uns zum Fluch geworden ist." (Gal 3,13)

Während die Figur der *Synagoga* auf der Rückseite des Kreuzes erst bei der aufmerksamen Betrachtung der vielen kleinen Details in den Blick gerät, wird sie auf der Vorderseite in der auffälligen Inschrift, die den Längsbalken säumt, ausdrücklich genannt (Abb. 42, S. 188). Man muss berücksichtigen, dass die Inschrift ursprünglich von der Figur des Gekreuzigten teilweise verdeckt wurde und weniger gut sichtbar war. Dennoch weisen die Größe der Buchstaben und die Platzierung der Verse darauf hin, dass ihnen eine nicht zu geringe Bedeutung zugewiesen wurde: „Die Erde bebt, der Tod ist besiegt und stöhnt auf. Durch die Auferstehung aus dem Grab wird das Leben gepriesen. *Synagoga* stürzt durch törichte Anstrengung" (*TERRA TREMIT MORS VICTA GEMIT SVRGENTE SEPVLTO / VITA CLVIT SYNAGOGA RVIT MOLIMINE STVLT*(o). Die ersten beiden Verse sind ein Zeitraffer vom Kreuzestod, bei dem die Erde bebt, bis zur Auferstehung und zum Sieg über den Tod im Zentrum. Knapp, doch deutlich enthält der letzte Vers den vernichtenden Triumph über den jüdischen Glauben und über die unablässige Weigerung, Christus als Messias anzuerkennen. Die *Synagoga*-Inschrift und diejenige, die vom Lachen Hams spricht und ganz am Beginn dieses Kapitels steht, gehören inhaltlich zusammen. Während dort an die historische Kreuzigung mit dem leidvollen Sterben und den Juden unter dem Kreuz erinnert wird, gibt die andere die übergeordnete Bedeutung des Ereignisses kund. Die Zusammengehörigkeit der beiden Inschriften wird auch in der Gestaltung des Cloisters Cross ersichtlich, denn sie sind in ihrer Form identisch. Inschriften, die derart prominent am Objekt hervortreten, sollen gelesen werden. In diesem Fall ist der Wortlaut der Verse ungewöhnlich, ihr Inhalt jedoch nur allzu gut bekannt. Für das Cloisters Cross stellt sich unweigerlich die Frage, warum gerade dieser Gegenstand dafür genutzt wurde, das antijüdische Glaubensverständnis diffamierend zur Sprache zu bringen.

Spuren ins mittelalterliche England

Das Cloisters Cross ist eines jener mittelalterlichen Objekte, die im 19. oder 20. Jahrhundert wie aus dem Nichts auf dem Kunstmarkt auftauchten. Das Metropolitan Museum in New York kaufte es 1963 von dem berühmt-berüchtigten Kunsthändler Antes Topić Mimara, der mal diese, mal jene Auskunft gab, wo er es gefunden oder gekauft habe. Ähnlich obskur ist die Biografie Mimaras. Wohl Ende des 19. Jahrhundert geboren, erscheint er erstmals 1948 auf der Bildfläche, als er sich im Auftrag der jugoslawischen Regierung zum Munich Central Collecting Point begibt. Er lässt eine ganze Reihe enteigneter Kunstwerke nach Jugoslawien überführen, deren weiterer Verbleib jedoch nicht nachverfolgt werden kann. Über die Jahre akkumuliert Mimara eine höchst heterogene Kunstsammlung zweifelhafter Qualität, die sich heute im 1987 eröffneten Museum Mimara in Zagreb befindet.

Das Cloisters Cross wird sich nicht unter den Gegenständen aus dem Munich Central Collecting Point befunden haben, da es in keiner der Unterlagen dokumentiert ist. In keinem historischen Inventar, in keiner einzigen Schriftquelle ließ sich bisher die Beschreibung eines Kreuzes finden, in dem es wiederzuerkennen ist, was angesichts seiner künstlerischen Bravour sowie inhaltlichen Komplexität sehr erstaunt. Da es ein aus Einzelteilen zusammengesetztes Kreuz ist, könnte es natürlich sein, dass es unauffällig in einer Schatulle aufbewahrt wurde. Selbst dann aber dürfte man erwarten, dass sich irgendwann einmal jemand seines Besitzes gerühmt hätte. Die kunsthistorische Forschung setzt in solchen Fällen bei den stilistischen Eigenschaften an, gelangt auf diesem Weg jedoch selten zu unumstrittenen Ergebnissen, denn die Auffassung des Stils – etwa des Faltenwurfs oder der Art der Figuren – basiert letztlich auf der individuellen Wahrnehmung von Unterschieden und Ähnlichkeiten. Das Cloisters Cross weist demnach Elemente der Kunst des 12. Jahrhunderts in Nordfrankreich, Flandern und Deutschland, insbesondere aber England auf. Da kulturelle Kontakte zwischen diesen Regionen bestanden, ist es gut denkbar, dass das Kreuz in einer englischen Werkstatt entstand, in der Stileigenschaften der kontinentalen Kunst bekannt waren.

Vor allem die antijüdischen Inhalte des Cloisters Cross verleihen seiner Lokalisierung und Datierung Brisanz. Wo, so könnte man fragen, war der christliche Geltungsdrang in dem Maße angestachelt, dass man ein Programm aus Bildern und Inschriften ersann, in dem das Kreuz von diffamierenden Versen gesäumt wird? Schwerlich lässt sich dafür nur ein Ort benennen. Selbst die Anschuldigung, Juden hätten ein Kind gemartert und gekreuzigt, ist aus Städten ganz Englands dokumentiert. Am bekanntesten ist der Tod des zwölfjährigen William im Jahr 1144 in Norwich. Thomas von Montmouth, der kurz vor 1150 als Benediktinermönch in die Stadt gekommen war, machte daraus eine detailreiche Legende vom jüdischen Ritualmord und der anschließenden Wundertätigkeit der heiligen Gebeine des Kindes. 1168 sollen

Juden einen Jungen in Gloucester auf die gleiche Weise umgebracht haben; 1181 in Bury St. Edmunds; 1192 in Winchester. Tatsächlich führt eine Spur mit einem konkreteren Bezug zum Cloisters Cross nach Bury St. Edmunds. Ausgangspunkt ist eine lokale Chronik vom Ende des 12. Jahrhunderts, die berichtet, dass 1181 in der Kirche der dortigen Benediktinerabtei eine mit Bildern und Inschriften geschmückte Chorschranke errichtet worden sei. Den Entwurf führt der Chronist auf den seit 1180 amtierenden Abt Samson zurück. Einzelne Details sind erst einer Handschrift aus dem späten 13. Jahrhundert zu entnehmen, darunter die folgende Inschrift: *Cham dum nuda ridet parentis genitalia videt.*[61] („Cham lacht, als er die entblößten Schamteile seines Vaters sieht.") Die nahezu wörtliche Übereinstimmung mit dem hier ganz zu Beginn zitierten Vers auf dem Cloisters Cross scheint ein starkes Indiz dafür zu sein, dass das Kreuz ebenfalls von Abt Samson in Bury St. Edmunds konzipiert wurde. Dem widerspricht allerdings die Datierung des künstlerischen Stils in die Mitte des 12. Jahrhunderts. Vielleicht lassen sich Stilanalyse und Quellenbefund aber doch zusammenführen, denn sollte das Kreuz schon um 1150 in Bury St. Edmunds entstanden sein, könnte Samson es gut gekannt und den Vers auf dem Längsbalken als Inspiration für das Bildprogramm der Chorschranke genutzt haben. Dann allerdings wären die höhnenden Worte nicht erst ein Zeugnis jener antijüdischen Haltung, die sich durch den vermeintlichen Ritualmord im Jahr 1181 übersteigerte. Doch eines solchen konkreten Anlasses bedurften sie vermutlich auch nicht.

Seit dem Ersten Kreuzzug, zu dem Papst Urban II. 1095 aufgerufen hatte und der zur Eroberung Jerusalems 1099 führte, wandelte sich die Abneigung gegenüber den Juden häufiger als zuvor in tödlichen Hass. Zwar waren die Muslime im fernen Heiligen Land die deklarierten Feinde, doch der Auftrag, gegen die Andersgläubigen entschieden vorzugehen, brachte auch die jüdische Bevölkerung in den eigenen Landen stärker ins Visier. In England zeigte sich dies insbesondere gegen Ende des 12. Jahrhunderts. Im Jahr 1189, gleich zu Beginn seiner Regentschaft, brach Richard I.

als erster englischer König gen Jerusalem auf, wo er drei Jahre
später einen Vertrag mit Sultan Saladin schließen sollte, der den
Christen wieder Zugang zur Grabeskirche gewährte. Zu Hause
hatten die Gewalttaten gegen die jüdische Bevölkerung bereits
seit 1180 stark zugenommen; nach 1190 gab es im gesamten englischen Königreich Pogrome. Doch die Legende vom Ritualmord
in Norwich verweist darauf, dass die Ressentiments auch in England im gesamten 12. Jahrhundert an Schärfe gewannen.

Die jüdische Missbilligung des Kreuzes

Ein Verständnis des Cloisters Cross erfordert somit keine ortsspe-
zifischen Ereignisse, in denen sich die Aversionen mit voller
Wucht zeigten. Sein Programm aus Bildern und Inschriften trug
in zugespitzter Form zu einer theologischen, seit nunmehr über
1000 Jahren andauernden, christlich-jüdischen Kontroverse bei.
    Auch die jüdische Missbilligung des Kreuzes dauerte an. In
einer hebräischen Chronik der Gewalttaten der Kreuzfahrer gegen
die Juden im Frühjahr und Sommer 1096 ist das Kreuz das „ver-
pönte Zeichen" der Christen: „Erhoben hatten sich nämlich vor-
erst Unverschämte, ein grimmiges und unberechenbares Fremd-
volk, Franzosen und Deutsche; sie planten, in die heilige Stadt zu
ziehen, die durch gewalttätige Völkerschaften entweiht war, dort
das Grab ihrer Schmach aufzusuchen, die im Land ansässigen
Ismaeliten von dort zu vertreiben und das Land für sich zu er-
obern. ‚Sie setzten ihre Zeichen als Zeichen ein' [Ps 74 (73),4] –
sie brachten ein verpöntes Zeichen an ihrer Kleidung an, längs
und quer – jeder Mann und jede Frau, die sich hatten hinreißen
lassen, den Irrweg zum Grab ihrer Schmach zu gehen".[62] Über die
Identität des Verfassers ist sich die Forschung uneins. In der Chronik heißt es, sie stamme von Salomo bar Simson, über den wir
jedoch keine weiteren Kenntnisse besitzen. Der Text entstand in
den 1140er Jahren auf der Grundlage vorhandener Berichte und
beschreibt insbesondere die feindseligen Übergriffe im Rhein-

land, wobei die Reaktionen der jüdischen Gemeinden im Fokus stehen. Wenn auch, wie bei jeder Chronik, der Grad der Realitätstreue schwer zu bestimmen ist, muss an den Kreuzen auf den Kleidern der Kreuzfahrer kein Zweifel bestehen. Im folgenden Kapitel wird sich zeigen, dass es sich dabei um ein päpstlich verordnetes Accessoire handelte. Selbstverständlich aber reduzierte es keiner der christlichen Chronisten auf ein Zeichen, das aus zwei Strichen, einem vertikalen und einem horizontalen, besteht.

Äußerst drastisch ist die Verhöhnung des Kreuzes durch einen Juden in einer Anekdote, die Matthew Paris in seine „Geschichte der Engländer" („Historia Anglorum") einfügte. Der um 1200 geborene Benediktinermönch aus der Abtei St. Albans südlich von London ist vor allem für seine „Chronica Maiora" bekannt. An der umfassenden, mit der Welterschaffung beginnenden Chronik Europas und des Heiligen Landes arbeitete er bis zu seinem Tod im Jahr 1259. Die „Historia Anglorum" stellte er aus Einträgen der „Chronica Maiora" zusammen. Für die Geschichtsschreibung ist besonders interessant, wie Matthew die Ereignisse nach 1234 als Zeitzeuge dokumentierte und kritisch kommentierte. Einzigartig ist zudem die Überlieferung gleich mehrerer Handschriften, in denen Matthew seine Texte nicht nur eigenhändig geschrieben oder mit Notizen versehen, sondern auch selbst bebildert hat. Bedauerlicherweise gibt es zu der folgenden Anekdote kein Bild, doch es ist aufschlussreich, wie Matthew sie in der Handschrift der British Library in den Text einfügte (Abb. 46).

Die Anekdote erzählt von einem Vorfall im Jahr 1223. Obgleich Matthew den gesamten Abschnitt schon fertig geschrieben hatte, entschied er sich, auch dieses Ereignis noch in der Chronik unterzubringen. Er musste dafür den Seitenrand nutzen und machte aus der Ergänzung eine Art Fußnote. Darin wird Folgendes erzählt: Ein englischer Diakon, der aus Liebe zu einer jüdischen Frau deren Glauben übernommen hatte und sich beschneiden ließ, wurde zur Anklage vor den Erzbischof von Canterbury, Stephen Langton, geführt. Der Diakon gestand vor allen ein, dabei gewesen zu sein, als die Juden einen Jungen zum

Abb. 46: Matthew Paris, Historia Anglorum, zwischen 1250 und 1259, 36 × 24,5 cm, London, British Library, Royal MS 14 C.VII, fol. 107v

Opfer machten, indem sie ihn kreuzigten. Dass er dem christlichen Glauben abtrünnig geworden war, demonstrierte er auf abstoßende Weise: „Es wurde ein Kreuz mit dem Gekreuzigten vor ihn gestellt und er urinierte über dem Kreuz und sagte dabei: ‚Ich kehre mich von dem neuen, erfundenen Gesetz und den Lügen des Pseudopropheten Jesus ab.'"[63] Von einer derart skandalösen Schändung des Kreuzes und Verunglimpfung des Messias hatte man anscheinend noch nie gehört, denn Matthew machte sich die Mühe, den Verweis auf einen Augenzeugen an den äußersten Seitenrand zu quetschen: John of Basingstoke, der Erzdiakon von Leicester, habe alles gesehen und selbst davon berichtet.

Es gibt ein grundsätzliches Problem mit Anekdoten: Einmal gehört, kriegt man sie nicht mehr aus dem Kopf, mögen sie auch völlig übertrieben oder gänzlich unglaubwürdig klingen. Nicht einmal einem Augenzeugen möchte man guten Gewissens trauen. Die komplizierte Frage, ob sich die obige Szene annähernd so ereignet haben könnte, soll hier nicht gestellt werden. Entscheidend ist vielmehr, dass ihre Schilderung die Runde machte und bereits existierende Ressentiments unweigerlich verstärkte. Selbst wenn es nicht stimmte, schien es doch einen Beweis mehr zu geben, dass die Juden das Kreuz ohne Unterlass schikanierten.

Diese Überzeugung wurde zusätzlich durch Legenden zur Vor- und Frühgeschichte des Kreuzes unterfüttert. Die Legende von der Auffindung des wahren Kreuzes im 4. Jahrhundert wurde bereits im Kapitel zur Kreuzreliquie angesprochen. Sie muss hier nochmals thematisiert werden, da sie von Beginn an antijüdischen Inhalts war. Bis ins Spätmittelalter bekam das Kreuz – genauer das Kreuzesholz – eine Herkunftsgeschichte, die bis ins Paradies zurückführte. Im Kern ging es darum, das Material des Kreuzes noch überzeugender in die göttliche Heilsgeschichte einzupassen. Es ist eine verblüffende Erzählung, die quer durchs Alte Testament führt und glauben machen will, dass das Kreuzesholz – und damit auch jede Kreuzreliquie – direkt aus dem Paradies stammt.

Die Legende vom Kreuz als Baum des Lebens

Anfangs ist das Kreuzesholz ein Zweig, den Seth für die Genesung seines kranken Vaters Adam an der Paradiespforte erhält. Dort steht der Erzengel Michael, der ihm „von dem Baum, an dem Adam gesündigt hatte, einen Zweig überreichte und sagte, daß der Vater geheilt werde, wenn der Baum Frucht trage. Als er zurückkam und den Vater tot fand, pflanzte er nun diesen Zweig auf das Grab des Vaters. Der Setzling wuchs zu einem großen Baum heran und blieb bis zu Salomons Zeiten bestehen. Doch ob das wahr ist oder nicht, sei dem Urteil des Lesers überlassen, da man es in keiner authentischen Chronik [und keinem] Geschichtsbuch liest."[64]

An dieser Geschichte möchte man nicht zweifeln. Sie bettet den Tod des ersten Menschen in ein zuversichtlich stimmendes Geschehen ein. Zunächst wird die elterliche Fürsorge des Sohnes belohnt, dann bringt die Natur einen neuen, kräftigen Baum hervor. Wer uns dennoch zum Nachdenken auffordert, ist Jacobus de Voragine, geboren zwischen 1226 und 1230 und seit seiner Jugend Mitglied des Dominikanerordens in Genua, wo er in seinen letzten Lebensjahren, von 1292 bis 1298, das Amt des Erzbischofs innehatte. Von Jacobus stammen unter anderem Predigthandbücher und Schriften über den Reliquienkult. Sein bekanntestes Werk aber ist die „Legenda aurea", eine umfangreiche, zwischen 1263 und 1266 vollendete Zusammenstellung von Heiligenlegenden. Ihre Nutzung erfordert eine Vertrautheit mit der Ordnung des Kirchenjahres, denn Jacobus reihte die Legenden nicht etwa alphabetisch, sondern kalendarisch. Das obige Zitat aus der „Legenda aurea" macht deutlich, dass sie nicht nur die Festtage der Heiligen, sondern auch die großen Kirchenfeste enthält. Zwei davon sind allein dem Kreuz gewidmet, zum einen seiner Auffindung („De inventione sanctae crucis"; 3. Mai), zum anderen der Kreuzerhöhung („De exaltatione sanctae crucis"; 14. September).

Die Texte bieten zwar Nacherzählungen der Legenden, doch die Lektüre ist sperriger als man denkt. Die „Legenda aurea" ist das Ergebnis eines mehrjährigen Studiums schriftlicher Quellen vom Alten Testament bis zu Texten des 13. Jahrhunderts. Jacobus filterte sämtliches Legendenmaterial heraus und stellte es seinem Vorhaben entsprechend neu zusammen. Da er den Anspruch verfolgte, das vorhandene Material möglichst umfassend aufzubereiten, übernahm er auch widersprüchliche, abweichende oder anders fragwürdige Erzählungen und kommentierte sie entsprechend. Beim Lesen gerät man deshalb ab und zu an Stellen wie die oben zitierte und wird darauf verwiesen, dass es sich hier möglicherweise nur um die Legende einer Legende handelt. Insgesamt aber gründet die „Legenda aurea" auf einem Vertrauen in die schriftliche Überlieferung. Sie diente zur Lesung im Kloster sowie zur Vorbereitung der Predigt und war binnen kurzer Zeit weit verbreitet.

Die Legende von der Herkunft des Kreuzesholzes aus dem irdischen Paradies kleidet eine sehr frühe, erneut typologische Rechtfertigung des Kreuzes Christi in eine Erzählung. Dafür kann wiederum auf Texte aus dem 2. Jahrhundert zurückgegriffen werden. Zwei Generationen nach Justin dem Märtyrer verfasste Irenäus, seit 177 Bischof von Lyon, wo er um 200 starb, die Abhandlungen „Darlegungen der apostolischen Verkündigung" (gr. *epideixis*; „Beweis", „Aufweis") sowie „Gegen die Häresien" („Adversus Haereses"). Er argumentierte darin gegen die gnostische Glaubenslehre (gr. *gnosis*; „Wissen", „Kenntnis", „Erkenntnis"), die sich einiger Ideen der christlichen Lehre bediente, jedoch eine deutlich andere Auffassung der Beziehung zwischen Mensch und Gott entwickelte. Da sie erwartungsgemäß komplex, vor allem aber für die hier im Zentrum stehende Legitimation des Kreuzes nicht unmittelbar von Belang ist, soll sie nicht weiter thematisiert werden.

Als Ausgangspunkt für den Rechtfertigungsdrang, der sich auf das Material des Kreuzes bezieht, kann erneut der göttliche Fluch im Alten Testament dienen. Verflucht sei, „wer am Holzpfahl (*in ligno*) hängt". (Dtn 21,23) Ein Argument dafür zu finden, warum Gott ausgerechnet ein hölzernes Todeswerkzeug für seinen

Sohn wählte, fällt wohl selbst dem christlichen Laien nicht schwer. Es gibt zwei Bäume, die am Beginn der biblischen Menschheitsgeschichte stehen und die ersehnte göttliche Erlösung beziehungsweise das leidvolle irdische Schicksal symbolisieren. Gott pflanzte im Paradies „den Baum des Lebens in der Mitte des Gartens und den Baum des Wissens um Gut und Böse". (Gen 2,9) Das Verlangen nach der Frucht vom Baum der Erkenntnis war die Ursünde des Menschen, die den Urfluch Gottes provozierte und zur Verbannung aus dem Paradies führte. Kein Wunder also, dass Christus gerade an einem hölzernen Kreuz die Sündhaftigkeit der Welt auf sich nehmen und die göttliche Vergebung bewirken konnte. Irenäus brachte das folgendermaßen auf den Punkt: „Durch den Gehorsam nun, den [der Menschensohn] bis in den Tod festhielt, an das Holz gehängt, löste er den alten mit dem Holz verbundenen Ungehorsam auf"[65] sowie „Wie wir durch Holz Schuldner geworden sind vor Gott, so sollten wir durch Holz die Vergebung unserer Schuld erleben."[66] Der Gedanke, dass Christus den Fluch, der sich mit dem Holz verband, außer Kraft setzte, wurde durch die Vorstellung vom einsickernden Blut Christi umso stärker. Selbst die materielle Beschaffenheit des Holzes wandelte sich, da nun der Erlöser in ihm präsent war. Das Holz der Ursünde wurde zum Holz des Lebens (*lignum vitae*), das Kreuz Christi zum Baum des Lebens.

Auf dem Cloisters Cross ist diese Umwandlung bildlich dargestellt, denn auf seiner Vorderseite sieht man tatsächlich zwei Kreuze (Abb. 42, S. 188). Vor dem „Hauptkreuz" mit seinen geraden Linien und scharfen Kanten befindet sich ein Kreuz pflanzlicher Art. Es besteht aus kräftigen Ästen, aus denen in regelmäßigen Abständen abgeschnittene Seitentriebe hervorkommen. Denkt man sich die Figur des Gekreuzigten hinzu, so ergibt sich eine Konstellation, die der Erzählung in der „Legenda aurea" entspricht: Das Holz des Kreuzes Christi stammt vom toten Baum der Erkenntnis. Dessen Verwandlung in einen erneut sprießenden Lebensbaum ist zwar nicht zu sehen. Doch da die Äste so schmal und plastisch herausgearbeitet sind, entsteht der ambivalente

Eindruck, dass das Holzkreuz einerseits vor dem großen Haupt-kreuz steht, andererseits mit ihm untrennbar verbunden ist. Im großen Kreuz ist somit der Baum der Ursünde noch zu erkennen, den es gleichzeitig übertrifft.

Ganz unten, am Fuß des Längsbalkens, umklammern Adam und Eva den Kreuzfuß. Sie haben ihre Köpfe nach oben gereckt und schauten ursprünglich zum Gekreuzigten hinauf. Die kleinen Figuren haben sich nicht vollständig erhalten, doch ihre hilfe-suchende, um Vergebung und Errettung bittende Pose ist noch klar erkennbar. In ihrer Umklammerung des Baums wirken die beiden wie angekettet, was als weiteres Detail verdeutlicht, dass es sich um ihren Schicksalsbaum handelt, der durch den Tod Christi am Holzkreuz zum Baum des Lebens wird.

Ein zweiter Judas

Der Zweifel, den Jacobus de Voragine an der Geschichte mit Adam, Seth und dem Erzengel Michael an der Paradiespforte hegte, bezog sich nicht generell auf die Herkunft des Kreuzes-holzes, sondern auf die äußeren Umstände. Vielleicht passte es zu gut, dass das Holz aus dem Paradiesgarten gereicht wurde, als ausgerechnet Adam im Sterben lag, und dass es bereits am Grab des ersten Menschen das neue Leben verhieß, erkennbar am kräf-tigen Baum. Obgleich die folgenden Ereignisse ähnlich glaub-würdig beziehungsweise unglaubwürdig klingen, musste Jacobus sie nicht weiter infrage stellen, da er auf ausreichend seriöse Schriftquellen verweisen konnte.

Nachdem aus dem Setzling über dem Grab Adams ein präch-tiger Baum geworden war, ereilte das Holz in der Legende folgen-des Schicksal: Lange Zeit später fällte Salomon, König von Israel im 10. Jahrhundert v. Chr., den Baum, um das Holz für seine Pa-lastanlage zu verwenden. Er musste jedoch feststellen, dass es sich an keiner Stelle passgenau einfügen wollte. Um dennoch irgend-einen Nutzen daraus zu ziehen, legten es die Handwerker als Brücke über einen Teich. Als wenig später die Königin von Saba auf dem Weg zu Salomon war, um dessen allseits gerühmte Weisheit auf die Probe zu stellen, überschritt sie das Holz nicht, da sie dessen Heiligkeit erkannte. In einer anderen Version heißt es, dass das Holz doch verbaut wurde, die Königin es im Palast Salomons sah und ihn später warnte, „daß an jenem Holz einer aufgehängt werden sollte, durch dessen Tod das Königtum der Juden zerstört werden solle. Salomon entfernte darauf das besagte Holz von dort und ließ es in den tiefsten Schlünden der Erde versenken."[67] Es ist erstaunlich, dass König Salomon Feindseligkeit unterstellt wurde, da er auch aus christlicher Sicht ein vorbildlicher Herrscher war. Selbst die größte und weiseste irdische Macht, so lautete die Botschaft auf jeden Fall, konnte das Kreuz nicht bezwingen.

„In den tiefsten Schlünden der Erde" gab es in späterer Zeit einen Teich, aus dem das Holz zur Zeit der Kreuzigung wiederauftauchte. „Als die Juden das sahen, nahmen sie es und verfertigten das Kreuz für den Herrn daraus."[68] Wiederum wurde den Juden eine verächtliche und doch notwendige Rolle in der christlichen Heilsgeschichte zugewiesen. Spott und Häme konnten beim Erzählen der Legende gegen sie gerichtet werden, da sie unwissentlich ihr eigenes Unheil zimmerten und den Sieg der Christen herbeiführten.

Die Legende überspringt die Kreuzigung und kommt mit Helenas Auffindung des wahren Kreuzes zum dramatischen Höhepunkt. Im vorherigen Kapitel über die Kreuzreliquie ist noch nicht genauer darauf eingegangen worden, wie Helena vom genauen Ort der Kreuzigung wissen konnte. In der seit dem 5. Jahrhundert am weitesten verbreiteten Legendenversion heißt es, dass Helena einen jüdischen Bewohner der Stadt, in dessen Familie die Ortskenntnis über zwei Generationen hinweg weitergegeben worden war, foltern ließ, bis er sein Wissen preisgab. Jacobus de Voragine rechnete an dieser Stelle nach und hielt es für sehr unwahrscheinlich, dass das Wissen des Großvaters authentisch war und aus der 270 Jahre zurückliegenden Zeit der Kreuzigung stammte,

„wenn man nicht etwa annehmen will, daß die Menschen damals länger als heute lebten."[69] Er ließ es jedoch bei dieser Bemerkung bewenden und fuhr mit der Erzählung fort.

Der Jude, der Helena letztlich zur Kreuzigungsstätte führen sollte, heißt in der Legende Judas. Wie sein Namensvetter im Neuen Testament, der die Schergen zum Garten Gethsemane führte, wo sie Jesus festnahmen (Mt 26,47–50), und sich bald darauf an einem Baum erhängte (Abb. 1, S. 12), war er ein Verräter, nun jedoch von lobenswerter Art. Sein Verrat nämlich betraf die übrigen Juden der Stadt, mit denen er sich zunächst darauf geeinigt hatte, nichts zu sagen. Selbst nach Helenas Drohung mit der Feuerstrafe und seiner prompten Enttarnung durch die anderen blieb er standhaft. Er wurde in einen Brunnen geworfen, wo er sechs Tage lang Hunger litt, bis er bereit war zu reden. Als er mit Helena an der Kreuzigungsstätte ankam, „bebte die Stätte plötzlich, und man konnte Schwaden wunderbarer Düfte riechen, so daß Judas voll Verwunderung in die Hände klatschte und rief: ‚Wahrlich, Christus, du bist der Heiland der Welt.'"[70] Durch die übernatürlichen Phänomene zum christlichen Glauben konvertiert, übernahm Judas die Grabung selbst und entdeckte die drei Kreuze, von denen kurz darauf nur dasjenige Christi einen Verstorbenen zum Leben wiedererweckte. Nun aber zitiert die Legende den zürnenden Teufel, der sich direkt an Judas wandte und damit offenkundig machte, wie sehr Judas – stellvertretend für alle übrigen Juden – sein Werkzeug gewesen war: „O Judas, warum hast du das getan? Du hast meinem Judas zuwidergehandelt. Denn jener hat auf meinen Rat den Verrat [Jesu] begangen, und du hast gegen meinen Willen das Kreuz Jesu gefunden.'"[71] Judas zeigte keine Furcht, sondern verfluchte den Teufel, ließ sich taufen und nahm den Namen Cyriacus an. Die Legende wird entsprechend als die Judas-Cyriacus-Legende bezeichnet.

Abb. 47: Kreuz mit Szenen der Kreuzauffindung,
zwischen 1160 und 1170, 37,5 × 26 cm, Berlin, Staatliche Museen,
Kunstgewerbemuseum / London, The British Museum

Fixpunkt der antijüdischen Verdammung

Ein ungewöhnliches Kreuz, das sich heute im Berliner Kunstgewerbemuseum sowie (linker Querarm) im British Museum in London befindet und zur selben Zeit wie das Cloisters Cross im Maasland entstand, zeigt Schlüsselszenen der Legende (Abb. 47). Das Kreuz ist etwa 37 Zentimeter hoch und besteht aus vergoldeten Kupferplatten, die in der Technik des Grubenschmelzes bearbeitet sind. Dabei hob der Goldschmied die Flächen und Einzelelemente, die farbig erscheinen sollten, mit Meißel und Stichel aus der Platte heraus. In die Vertiefungen füllte er farbiges, pulverisiertes Glas, das bei den anschließenden Brennvorgängen schmolz, Farbflächen entstehen ließ und sich fest mit dem Metall verband. Nach dem Glätten und Polieren der Oberfläche hatte sich die schlichte Platte in eine Komposition aus Ornamenten und Figuren verwandelt. Die Technik ähnelt jener des Zellenschmelzes, mit der jedoch ungleich feinere Darstellungen möglich waren (Abb. 40, S. 176).

Vier Episoden der Auffindungslegende sind auf die Enden und das Zentrum des Kreuzes verteilt. Die Erzählung setzt ganz rechts ein (Abb. 47).

Helena thront am rechten Bildrand und schaut auf den greisen Mann vor ihr, der durch die Inschrift *IVD*(as) leicht zu identifizieren ist. Die erhobenen Hände geben zu erkennen, dass Judas und Helena miteinander sprechen. Zwei jüngere Männer drängeln am linken Bildrand und schieben Judas so weit nach vorn, dass er in das züngelnde Feuer zu fallen droht. Dessen rote Form ist eigentlich auffällig und eindeutig genug, doch neben ihr ist zusätzlich *IGNIS* („Feuer") zu lesen. Diese Hervorhebung macht deutlich, dass die Androhung der Feuerstrafe das Hauptthema des Bildes ist. Es zeigt exemplarisch den Autoritätsanspruch des Christentums, der sich bei der Auffindung des Kreuzes in historischen „Fakten" niederschlug. Mit der erzwungenen Hilfe eines Juden sollte Helena das verlachte, letztlich aber triumphale Kreuz Christi tatsächlich finden.

Abb. 48: wie Abb. 47
(rechtes Bildfeld),
Helena droht dem Juden Judas
mit der Feuerstrafe

Abb. 49: wie Abb. 47 (unteres Bildfeld), Die Auffindung der Kreuze

Das Bild des linken Querarms setzt die Erzählung mit dem Gespräch zwischen Helena und Judas fort. In der Szene am Kreuzfuß (Abb. 49), wo Helena erneut herrschaftlich am rechten Rand thront und gebieterisch ihre Hand erhebt, hat Judas zusammen mit einem anderen Mann zum Spaten gegriffen und die Arbeit fast erledigt. Schon ragen drei Kreuze aus der Erde hervor, ein blaues, ein rotes und, schwieriger zu erkennen, ein dunkelbraunes. Im zentralen Bild bezeugt Helena mit ihren Begleitern, dass das rote Kreuz einen Mann auf einer Totenbahre zum Leben wiedererweckt hat. Ganz oben schließlich fällt sie ehrerbietig vor einem Altar mit dem Kreuz nieder.

Zu dem Kreuz gibt es im British Museum ein in Gänze erhaltenes Pendant von identischer Größe und gleicher Herstellungstechnik. Es zeigt Szenen aus dem Alten Testament, die auf die Kreuzigung Christi verweisen. Man geht davon aus, dass beide Kreuze ursprünglich zusammengehörten und als Rückseite und Vorderseite zusammengefügt waren. Ungewöhnlich ist, dass das auf diese Weise zusammengesetzte Kreuz allem Anschein nach

218

weder Reliquien in sich barg noch eine Figur des Gekreuzigten trug, sondern ein reines „Bilderkreuz" war. Es demonstriert, wie sehr die Legende der Auffindung mit ihren antijüdischen Inhalten zum christlichen Kreuz gehört. Ob man will oder nicht, sie ist Teil seiner Geschichte und steckt in ihm. Man kann argumentieren, dass dies erst dann der Fall ist, wenn es um die Kreuzreliquie und deren Herkunft geht. Das Kreuz aber, das sich aus den Stücken in Berlin und London zusammensetzte, war nicht zwingend ein Reliquienkreuz.

Die Judas-Cyriacus-Legende ist nicht nur eine Erzählung über die Kreuzreliquie, sondern das christliche Kreuz generell. Rekapitulieren wir die historische Entwicklung, die im vorherigen Kapitel dargelegt wurde: Helenas Auffindung der Kreuzreliquie war für die Christen so wichtig, weil sie damit zeigen konnten, dass es das historische Kreuz auf Golgatha tatsächlich gegeben hat. Das galt als Beleg dafür, dass Christus tatsächlich den qualvollsten Tod erlitten und in dieser denkbar schlimmsten Bestrafung die Sünden der Menschen auf sich genommen hatte. Die Wundertätigkeit des Holzes bewies wiederum, dass er der göttliche Erlöser war. Seit dem 4. Jahrhundert gründete die Hoffnung auf Erlösung auf den Tod am Kreuz auf Golgatha. Es soll hier keinesfalls behauptet werden, dass dieser Glaube noch immer davon abhängig ist, ob man die Legende von der Auffindung kennt und glaubt oder nicht. Dennoch gehört die Legende zur Erfolgsgeschichte des christlichen Kreuzes. Man kann sie als mittelalterlichen Irrglauben abtun, jedoch ihre Aussagen über die historische jüdische Feindseligkeit gegenüber dem Kreuz nicht aus dem kollektiven Gedächtnis streichen.

Nimmt man das Cloisters Cross mit seinen Inschriften zu Ham und *Synagoga* hinzu, so zeigt sich eine weitere, durch das christliche Bibelverständnis gestützte, antijüdische Dimension des Kreuzes. Die Inschriften thematisieren nicht das Hinrichtungswerkzeug an sich, sondern den Kreuzestod und die Ereignisse während der Kreuzigung. Wie die Respektlosigkeit Hams gegenüber seinem Vater, so soll auch die Ungehörigkeit der Juden unter dem Kreuz mit Verstoßung vergolten werden. Das Kreuz erinnert außerdem an die übernatürlichen Phänomene, die den Anbeginn der neuen Zeit des christlichen Messias nur allzu deutlich signalisierten. Das Kreuz ist der Fixpunkt der antijüdischen Verdammung und von Aversionen umschlossen.

Schattenseiten des Kreuzes

Die in diesem Kapitel betrachteten Objekte aus dem 12. Jahrhundert demonstrieren auf künstlerisch wie konzeptuell beeindruckende Weise, dass das christliche Dominanzstreben dem Kreuz historisch innewohnt. Es ist umsponnen von typologischen Herleitungen und Legenden, die die Juden zwar als Widersacher des Kreuzes darstellen, ihnen aber zugleich ihren Platz im Heilsplan zuweisen. Die Objekte sollen allerdings nicht darüber hinwegtäuschen, dass es gerade im späten 11. und im 12. Jahrhundert eine Kultur des gelehrten Austauschs zwischen jüdischen und christlichen Theologen gab, der von gegenseitigem Respekt geprägt war. Das Paradebeispiel ist die Diskussion, die Gilbert Crispin, Abt von Westminster, mit einem namentlich nicht benannten jüdischen Gelehrten aus Mainz führte und 1092/93 niederschrieb. Das „Gespräch zwischen einem Juden und einem Christen" („Disputatio iudaei et christiani") zählt zwar zu demselben apologetischen Genre wie Justins „Adversus Iudaeos" aus der Mitte des 2. Jahrhunderts. Es gewährt jedoch dem jüdischen Gegenüber die Möglichkeit, mit seiner umfassenden Kenntnis der Heiligen Schriften eingehend gegen die christliche Position zu argumentieren. Gilbert redet seinen Gesprächspartner nicht nieder, sondern arbeitet sich an dessen Darlegung ab, wenn er auch deutlich länger sprechen darf. Im Kern geht es, wie schon bei Justin, um das wahre Verständnis der Bibel, insbesondere die typologische Deutung. „Du tust der Schrift Gewalt an", muss sich Gilbert anhören, „und verdrehst die Schriftstellen so lange, bis sie euren Glauben belegen."[72] Reine Willkür und Voreingenommenheit bestimme eine Auslegung der Schrift, die den Wortsinn überschreite. Dort, wo die beiden über Christus sprechen, geht es vor allem um dessen Menschwerdung; das Kreuz und die Kreuzigung sind kein Thema.

Auch wenn ein Objekt wie das – ebenfalls in England entstandene – Cloisters Cross somit nicht unmittelbar mit Gilberts „Gespräch" abgeglichen werden kann, stellt sich doch die Frage, ob es nicht in einem solchen Kontext des Respekts unter Gelehrten zu verorten ist. Immerhin ist sein Programm aus Bildern und Inschriften derart komplex, dass es nur von einem versierten Theologen entworfen worden sein kann. An dieser Stelle wird jedoch die Position bezogen, dass das Cloisters Cross eine andere Sprache spricht und einer antijüdischen Apologetik Raum verschafft. Es lässt sich den Texten nicht unterordnen, sondern besitzt eine eigene Aussagekraft.

N ede vff din crutze und gange nach mir
Oder gange vor ich wil gen dir
Ich muß dich erlösen und löesen
Du ast mide ich muß dich zeren

Ich muß nider biegen dinen boesen mut und hut
Wol uff gutes oder boes an dir berliben
Die wurdest andere gar zu gelle
Das ich dich mit zu wandelt minem fiende zu tele

Wie bistu mir so hude berlegen
Du muß verlieren als ein zegen
Was hastu durch mich berliden
Du hast noch gar brouslich gestriden

Sich uff min crutze und uff daz din
Sint sie beyde glich geladen
So wol ich min kraffter laßen sin
Was mag dir ein boese arbeit geschaden

Menschu zart huffenalde in rosen baden
Wie dunckstu dich so edel und so fin
Du muß durch die dornen riden
Vollen andere mine herzen frinde sin

Liebes kint laß din arbeit mit verdrießen
Gedenck an min mit freuden ewig sol wesen
In mere freuden und wollust in ewigkeit
Das die müede gegeben dise rode breite

Sis geduldig und wol gemut
Es wirt dir doch alles süße und gut
Behalte dich daß din ihr mag sin
In disser not gedenck an die hohen min

Liebes kint din herze gib mir
Was sicher dir ist numer geloßen dir
Das solt ich an wenig zu din andern müde sterben
In dynes finden laßich dich mit verderben

Ich dir nach iunge zart und krang
Wie mocht ich geholten den bettslang
Ein swere bürde kan ich nie getragen
Erbarme mir güte in mynen iungen tagen

O herre wie bistu mir also rechte hart
Ich wont du werest sůnmütig und zart
So mal sturwich und hart ist mir die fart
Wan noch nie mich über ruhet vff mich gelast

Sol ich wallten beden und zar zuverlesten
Nym vol liebe mer waz sol ich dan rusten
Und nauer und boch swere bürden trugen
Hilff mir du vil arme mit verhage

Hörstu din crutze off ich und muß es tragen
Erlaube mir zu geieden eyne cleyns zu clagen
O herre es ist boes was ich arme sol gedenken
Ich gan under disser bürden münkten und kranken

Ach lieber herre ich enhag nun ist sol sagen
Eist es mir nie wie ich sich min iungen
Doch offt ist wol ich es rugen
Was ich weiß es ist dir myner spot

Myneckliches lieb sint es nit andere mag geschen
Eo vergeben ich mich gants in din willen yn
Ich weiß sol ich ewig froelich mit dir leben
So muß ich mich gar in gnade ergeben

O lieber herre durch ymen heiligen namen drey
Mach mich von allen fonden frey
Ich begere an ynem crutze zu sterben
Vff siz ich dich yniger lieb mage verderben

Ach herr myn notdurfftikeit laß dich erbarmen
Versmaße nich meud und armen
Dynen heilligen willen vollbringe an mir
Mich ußlieflet wol zu gefallen dir Amen

Kapitel 8

Kreuztragung: Die Bürde des Kreuzes

Schwer lastet das massive Holzkreuz auf der Schulter der zierlichen, barfüßigen Frau in dunkler Ordenstracht. Der Kreuzstamm ragt diagonal nach vorn, was das Tragen umso mühsamer machen muss. In der Bildkomposition allerdings schafft die Diagonale eine Verbindung zu Christus, der der Nonne vorausgeht. Er trägt das Kreuz auf dem Rücken und schleift es hinter sich her, den Kopf zur Seite gerichtet und mit schmerzerfülltem Blick nach unten schauend. Die Dornenkrone sowie das Blut, das in seine Stirn rinnt, von den Händen tropft und an Hals und Bein zu sehen ist, steigern den Eindruck der körperlichen Qual. Christus wendet den Oberkörper zurück, doch da auch die Nonne zu Boden schaut, wirken beide Figuren wie eingekapselt in das eigene Leid.

Ein breiter roter Streifen teilt die schmale hochrechteckige Tafel in eine Bild- und eine Schriftfläche. Auf dem weißen Grund steht ein Gedicht, das eine gänzlich andere Beziehung zwischen Christus und der Frau herstellt. Es ist dialogisch aufgebaut: In den acht Strophen auf der linken Seite spricht Christus, dem die Nonne rechts antwortet. Rote Wellenlinien verbinden die Strophen paarweise, sodass die Interaktion auch in der Gestaltung sichtbar wird. Die ersten Worte spricht Christus: „Hebe auf dein Kreuz und gehe hinter oder vor mir, ich werde dir folgen. Ich muss dich zwingen und lähmen. Du bist wild, ich muss dich zähmen." (*Hebe vff din crutze vnd gange nach mir / Odder gange vor. ich volgen dir / Jch muß dich czwin(g)en vnd lemen / Du bist wilde ich muß dich zemen.*)[73] Im folgenden Wehklagen der Nonne wird deutlich, dass die Kreuzesbürde eine Metapher für die Ordenspflichten ist, für das Beten, Fasten und die Keuschheit. Das anfängliche Widerstre-

← Abb. 50: Mittelrheinischer Meister, Kreuztragung, um 1420, 62 × 30 cm, Madrid, Museo Nacional Thyssen-Bornemisza

ben der Nonne, diese Lebensführung zu akzeptieren, wandelt sich bis zum Ende des Gesprächs in die Beteuerung, dem Willen Christi zu folgen und sich ganz in seine Gnade zu stellen. Mehr und mehr wird sich die Nonne der eigenen Heilsbedürftigkeit und ihrer Sehnsucht nach Christus bewusst. Auch Christus verändert sein Verhalten und spricht bald nicht mehr befehlend, sondern ermutigend zu der Frau.

Die Figur der Nonne und das innige Zwiegespräch mit Christus machen es sehr wahrscheinlich, dass die Tafel für einen Nonnenkonvent entstand. Bild und Gedicht erfüllen das Verlangen nach individueller Nähe zu Christus auf jeweils eigene Weise. Im Dialog entsteht eine Intimität, in der sich Christus der Nonne annimmt, obgleich sie sich zunächst in Selbstmitleid ergeht. Im Bild, das die Metapher des Kreuztragens figürlich darstellt und den seelischen Konflikt um die körperliche Mühsal ergänzt, wartet er auf sie. Doch die Hinwendung zu Christus wird ein immenser Kraftakt sein, da die zierliche Frau das Kreuz nicht nur tragen, sondern zunächst hochstemmen und richtig ausrichten muss. Wie viel leichter es wäre, es auf den Boden zu legen, sich umzudrehen und fortzugehen. Anders als das Gedicht führt das Bild nicht zu einem hoffnungsfrohen Ende, sondern zeigt lediglich den Zustand der Beschwernis. Da es viel auffälliger und unmittelbarer ist als die Textzeilen, machte es den Nonnen beständig bewusst, zu welcher Lebensform sie sich entschieden hatten und welches Ausmaß an Hingabe und Leidensfähigkeit sie erforderte. Zugleich muss das Bild die Vorstellung eines gemeinsamen Weges mit Christus und damit die Gewissheit, von ihm begleitet zu werden, intensiviert haben.

Das Kreuzwort Jesu

Die Aufforderung Christi zur Kreuznahme, mit der das Gedicht beginnt, geht auf biblisch bezeugte Worte Jesu zurück: „Er sagte aber zu [seinen Jüngern]: ‚Wenn einer mir nachkommen will, soll er sich selbst verleugnen und er soll täglich sein Kreuz aufnehmen und mir folgen. Wer nämlich seine Seele retten will, wird sie zugrunde richten; denn wer seine Seele meinetwegen zugrunde richtet, wird sie retten. Was nämlich bringt es einem Menschen ein, wenn er die gesamte Welt gewinnt, sich selbst aber zugrunde richtet und sich selbst Schaden zufügt? Denn wer sich für mich und mein Reden geschämt hat, für den wird sich der Menschensohn schämen, wenn er kommt in seiner Hoheit und der des Vaters und der der heiligen Engel. [...].'" (Lk 9,23–27) Da es üblich war, dass der zur Kreuzstrafe Verurteilte den Querbalken selbst zur Hinrichtungsstätte schleppte – in den Worten Jesu sein Kreuz „aufnehmen" musste –, lässt sich der erste Satz als eine indirekte Ankündigung der Kreuzigung des Gottessohnes verstehen. Nach seinem Vorbild sollten auch diejenigen, die sich wahrhaft zu ihm bekannten und das ewige Seelenheil erhofften, weder Schande noch Schmerz, weder soziale Ächtung noch den Tod fürchten. Das Gebot der Kreuzesnachfolge verlangte eine Leidensbereitschaft, die derjenigen Jesu in nichts nachstand. Das Verständnis dieses Ideals und seiner lebenspraktischen Konsequenzen variierte je nach Zeit und Ort, religiöser Gemeinschaft und gesellschaftlichem Status, um nur wenige Faktoren zu nennen. Nicht immer musste man zum Martyrium bereit sein oder ein Leben in Askese führen.

Im 15. Jahrhundert kamen mit der sogenannten Devotio moderna („neue Frömmigkeit") die Ideale der *compassio* und *imitatio*, des Mitleidens und der Nachahmung Christi, auf. Die Frömmigkeit war nun von einer affektiv-emotionalen Konzentration auf Christus als leidenden Menschen geprägt, was an der um 1420 entstandenen Tafel exemplarisch verdeutlicht werden kann. Sowohl im Bild als auch im Gedicht wendet sich die Nonne an den kreuztragenden, ohne jedes Anzeichen von Heiligkeit leidenden Christus. Im Bild zeigt sich besonders deutlich, wie sehr sich der Fokus auf die Schmerzensthematik verengt, da die Nonne Christus „spiegelt" und sich ihrerseits unter dem Gewicht eines Kreuzes beugt. *Compassio* und *imitatio*, beides könnte einander kaum einprägsamer überlagern: Die Nonne empfindet das Leid Christi in größtem Maße nach, weil sie ihm kreuztragend zu folgen versucht. Anders als wir schaut sie Christus dabei nicht an. In dem auf den Boden gerichteten Blick deutet sich an, dass die Devotio moderna kontemplativer Art war und eine individuelle Versenkung in die Passion vorsah. Das Gedicht wiederum, in dem der Kontakt zu Christus ein unmittelbarer ist, enthält mit dem Eingeständnis der eigenen Verfehlungen und dem Bemühen um ein gottgerechtes Leben weitere zentrale Inhalte der Andacht: Die Nonne gibt ihre Ungenügsamkeit unverhohlen zu, gesteht aber bald ihr Heilsverlangen ein und begibt sich deshalb in die entsagungsreiche Obhut Christi.

Das biblische „Kreuzwort" Jesu, dessen Aufforderung, das Kreuz selbst auf sich zu nehmen, machte die Kreuztragung zum Leiden par excellence für die andächtige Übung in *compassio* und *imitatio*. Es geriet jedoch nicht allein zum Leitbild spätmittelalterlicher Frömmigkeit, sondern hatte ein politisches Potenzial, das sich erstmals Papst Urban II. zunutze machte. Nun legitimierte es den heiligen Krieg.

Der Erste Kreuzzug als Nachfolge Christi

Von der Rede, mit der Urban II. am Ende des Konzils in Clermont 1095 zum Kreuzzug aufrief, berichten insbesondere die drei Chronisten Fulcher von Chartres, Robert von Reims und Balderich von Dol, die auf dem Konzil anwesend waren – oder dies zumindest behaupten. Balderich zufolge untermauerte Urban II. seinen Befehl, die Christen vom Joch der Unterdrückung im Herrschaftsgebiet der „Türken" (Seldschuken) zu befreien und das Heilige Grab in Jerusalem wieder in Besitz zu nehmen, mit dem Kreuzwort Jesu, wobei er eine kürzere Fassung aus dem Lukasevangelium zitierte: „Und wer nicht sein Kreuz trägt und mir nachfolgt, kann nicht mein Schüler sein." (Lk 14,27) Der Papst verpflichtete die Kreuzfahrer im Namen Christi, indem er dessen Metapher der Kreuztragung für den Glaubenskrieg instrumentalisierte.

Die Männer und Frauen, die nun zu Zehntausenden aufbrachen, galten gleichermaßen als *peregrini* („Pilger") wie *milites Christi* („Ritter Christi"). Die spezifische Bezeichnung *crucesignatus* („mit dem Kreuz versehen") für die Teilnehmer an einem Kreuzzug kam erst in den 1190er Jahren auf. Gleichwohl weist sie auf ein Ritual hin, das schon in Clermont dem Aufbruch voranging und von jedem der drei Chronisten erwähnt wird. An dieser Stelle sind vor allem zwei Textstellen erwähnenswert. Fulcher schrieb euphorisch: „Oh wie würdig und ergötzlich war es für uns alle, jene schönen, seidenen, aus Gold gewebten oder irgendeinem anderen Stoff bestehenden Kreuze zu sehen, die sich die Pilger nach ihrem Gelübde, [ins Heilige Land] zu gehen, auf Befehl des Papstes auf ihren Mänteln, Untergewändern [sic] oder Kutten auf die Schultern nähten."[74] Die Stoffkreuze, manche glänzend, manche ganz schlicht, waren das Zeichen des Pilgergelübdes, das alle Kreuzfahrer einte und sie von den „normalen" Pilgern unterschied. Sie kennzeichneten die waffentragenden *milites Christi*, Pilger, die in einen heiligen Krieg zogen. Die von Christus befohlene Kreuztragung wandelte sich somit auf zweifache Weise: Urban II. machte sie zu einem Kriegszug, bei dem das Kreuz als Symbol getragen wurde.

Balderich von Dol wählte eine aufschlussreiche Bezeichnung für die Stoffkreuze: „Und sogleich nähten alle das *vexillum* des heiligen Kreuzes auf ihre Mäntel. So nämlich hatte es der Papst befohlen".[75] Mit seiner Eignung als *vexillum*, als militärisches Feldzeichen, hatte die Erfolgsgeschichte des Kreuzes im 4. Jahrhundert begonnen, wie im dritten Kapitel dieses Buches nachzulesen ist. Als erster römischer Kaiser hatte Konstantin der Große die Macht des Christengottes in der militärischen Siegesgarantie erkannt und das *labarum*, die kreuzförmige Standarte, in jede seiner Schlachten mitgeführt. Bei Balderich wird deutlich, dass diese Auffassung des Kreuzes fortbestand: Obgleich nur aus Stoff, sollte es nicht lediglich Kennzeichen und Symbol, sondern unbezwingbar machender, den Triumph herbeiführender Schutzschild sein.

Urban II. bekräftigte seinen Aufruf nicht allein mit dem

Kreuzwort Jesu, sondern schuf einen gänzlich unbiblischen Anreiz für die Teilnahme am Kreuzzug: Jedem *peregrinus* beziehungsweise *miles Christi* stellte er einen „vollkommenen" Ablass in Aussicht. Ablass (*indulgentia*) bedeutet eine Minderung der zeitlichen Sündenstrafen für denjenigen, der seine Verfehlungen zutiefst bereute und in der Beichte eingestanden hatte. Nur dann wandelte Gott die eigentlich drohende, ewige und unentrinnbar in die Hölle führende Sündenstrafe in eine zeitliche Strafe, die abgegolten werden konnte. Die Kirche gab sich zweierlei Befugnisse der Strafminderung und legte einerseits Bußleistungen zur Tilgung der zeitlichen Sündenstrafen fest, etwa ein längeres Fasten. Andererseits vermochte sie durch den Gnadenakt des Ablasses nicht nur die Bußstrafen, sondern damit verbunden auch die Sündenstrafen zu erlassen. Mit dem „vollkommenen" Ablass jedoch, so das Versprechen, würden nicht nur die zeitlichen Sündenstrafen, sondern auch die ewigen Sünden (*remissio omnium peccatorum*)[76] annulliert werden. Dieser Plenarablass war ein nie zuvor dagewesener Verdienst für eine beispiellose Bußleistung. Wer sich größten Gefahren für Leib und Leben aussetzte, um den Sieg für die Christenheit zu erringen, sollte reich entlohnt werden. Das Kreuz auf dem Körper bekundete somit einen Leidenswillen, der nicht nur zum Sieg der Kirche, sondern auch zum eigenen Seelenheil führen sollte.

So konträr die spätmittelalterliche Frömmigkeitspraxis der *compassio* und *imitatio Christi* einerseits und der Krieg gegen die Glaubensfeinde andererseits auch sein mögen, beides galt als Kreuzesnachfolge Jesu. Andersherum gesagt, setzte das Gebot Jesu, jeder möge sich nach seinem Vorbild das Kreuz aufbürden, nach 1095 ungeahnte religiöse wie politische Dynamiken frei, die sich häufig, doch auf immer wieder andere Weise überlagerten. Im Folgenden soll dies an den Reisen, die europäische Pilger im 15. Jahrhundert ins Heilige Land unternahmen, verdeutlicht werden. Zuvor jedoch muss auf das eingegangen werden, was als Prophezeiung im Kreuzesgebot enthalten war und am Beginn aller weiteren Ambitionen stand: die Kreuztragung Christi.

Pilgerwege als Kreuzparcours

Den Leidensweg von der Verurteilung Jesu im Prätorium (Amts-sitz) des Pilatus bis zu seiner Kreuzigung auf dem Hügel Golgatha bringen die Evangelisten schnell hinter sich. Johannes verwendete darauf nicht mehr als einen Halbsatz, der jedoch ein wichtiges, die Qual veranschaulichendes Detail enthält: Jesus hatte sein Kreuz demnach nicht geschultert oder in einer anderen Weise umfasst, sondern trug es – wie im Bild der eingangs betrachteten Tafel (Abb. 50, S. 223) – auf dem Rücken („baiulans sibi crucem"; Joh 19,17). Im Gegensatz dazu gibt es in den übrigen Evangelien ein Vorkommnis, in dem Jesus von seiner Last befreit wird: „Und als sie ihn abführten, ergriffen sie Simon, einen Kyrener, der vom Landgut kam, und sie luden ihm das Kreuz auf, es hinter Jesus herzutragen." (Lk 23,26) Es kann sein, dass die Soldaten und der Pulk von Menschen hinter ihnen schlichtweg schneller voran-kommen wollten, um noch vor Sonnenuntergang zur Kreuzi-gungsstätte zu gelangen. In moralischer Hinsicht mag die Figur des Simon ein Vorbild für die Kreuzesnahme in der Nachfolge Jesu gewesen sein

Schwierig zu deuten ist auch die zweite, etwas verstörende Episode, die Begegnung Jesu mit den Frauen von Jerusalem: „Es folgte ihm aber eine große Menge an Volk und Frauen, die wein-ten und ihn beklagten. Zu ihnen gewandt aber sagte Jesus: ‚Töch-ter Jerusalems, weint nicht über mich, sondern weint über euch selbst und über eure Kinder! Denn siehe: Es werden Tage kom-men, an denen sie sagen werden: ‚Selig sind die Unfruchtbaren und die Leiber, die nicht geboren haben, und die Brüste, die nicht gestillt haben.'" (Lk 23,27–29) Der Trost Jesu nimmt die Form einer Ermahnung sowie einer beängstigenden, kaum verständli-chen Prophezeiung an. Mehr als diese beiden Episoden haben die Evangelisten nicht zu berichten.

Dessen ungeachtet wurde die „Via Crucis" („Weg des Kreuzes") in Jerusalem – seit dem 15. Jahrhundert auch als „Via Dolorosa" („Schmerzlicher Weg") bezeichnet – während des Mittelalters zu einem Parcours mit mehreren Stationen. Wann die nichtbiblische Ausgestaltung einsetzte, lässt sich nicht mehr rekonstruieren. Man liest davon erstmals im „Buch der Pilgerreise" („Liber peregrinationis"), das Ricoldus de Monte Crucis, ein Dominikaner aus Florenz, 1294 verfasste.[77] Von 1285 bis 1290 hatte er sich als Pilger und Missionar im Heiligen Land aufgehalten und in Jerusalem unter anderem an einer Gruppenführung teilgenommen: Angekommen beim Haus des Herodes war man zum nahegelegenen Haus des Pilatus gegangen und darin zu der Stelle, auf der Jesus bei seiner Verurteilung gestanden hatte. Die Pilger sahen die Straße, auf der sich die Menschen versammelt hatten, um Jesus bei seiner öffentlichen Zurschaustellung zu verspotten. Auf dem Weg, den er von dort mit dem Kreuz auf dem Rücken gegangen war, kamen die Pilger zu den Stationen mit den Töchtern Jerusalems; der Ohnmacht Marias; dem Fall Jesu; seiner kurzen Rast; Simon von Kyrene.

An den hinzugefügten Orten konnte nicht nur die Qual Jesu unmittelbarer, weniger verklausuliert als in den biblischen Episoden nachvollzogen werden, vielmehr galt die Aufmerksamkeit nun auch dem überwältigenden Schmerz seiner Mutter, deren Anwesenheit in den Evangelien überhaupt kein Thema ist. Dass sie in der Vorstellung der Pilger am Wegesrand stand, erklärt sich mit der innigen Verehrung Marias seit dem 12. Jahrhundert. Nicht erst in der Devotio moderna im 15. Jahrhundert, sondern schon hier richtete sich die Andacht auf die *compassio* aus, nun auf die trauernde Maria, die zum Vorbild der *compassio* schlechthin wurde. Wer mit ihr litt, erfuhr indirekt auch den Schmerz Jesu; wer sich in dessen Schmerz versenkte, tat es Maria gleich. Einer Legende nach schritt bereits Maria die Via Crucis im Gedenken an ihren Sohn ab, sodass die Kreuzwegfrömmigkeit als *imitatio Mariae* empfunden werden konnte, was aber in den spätmittelalterlichen Pilgerberichten kaum Erwähnung fand.

Die Führung der Pilgergruppen durch Jerusalem übernahmen die ortsansässigen Mitglieder des Franziskanerordens. Die Franziskaner hatten bereits 1217 die Ordensprovinz „Oltre Mare" („Jenseits des Meeres") mit der Teilprovinz „Custodia Terrae Sanctae" („Kustodie des Heiliges Landes") eingerichtet. Nach dem Fall von Akko 1291 und dem endgültigen Niedergang der Kreuzfahrerstaaten wurden sie weiterhin in Jerusalem geduldet. Ihrer Gründung eines Klosters mit Pilgerhospiz auf dem Sionhügel südwestlich der Stadt in den frühen 1330er Jahren gingen diplomatische Verhandlungen mit den mamlukischen Sultanen voraus. Man kam überein, dass – ausschließlich – die Franziskaner den christlich-lateinischen Ritus in der Grabeskirche sowie an anderen heiligen Stätten weiterhin pflegen, außerdem die Pilgertouren organisieren, nicht aber missionieren durften. Auf dieser Grundlage wurde die bis heute bestehende Ordensprovinz „Custodia Terrae Sanctae" wieder eingerichtet und die in der Bezeichnung „Custodia" enthaltene Aufgabe, die christlichen Stätten Palästinas in Obhut zu nehmen, 1342 von Papst Clemens VI. offiziell bestätigt.

Der Machtwechsel im Heiligen Land tat dem christlichen Pilgerwesen keinen Abbruch, vielmehr war es nun besser organisiert als jemals zuvor. Die Reiseberichte, die in auffallend großer Zahl aus dem 15. Jahrhundert überliefert sind, geben davon ein eindrückliches Bild. Die Pilger fanden sich in Venedig in Gruppen zusammen und fuhren mit dem Schiff bis nach Jaffa, wo die Einreisemodalitäten für sie geklärt wurden und die von den Franziskanern geleitete Tour – auf Eseln oder Maultieren und inklusive Unterkunft und Verpflegung – begann. Jerusalem und dort das Heilige Grab war der von den Pilgern am meisten ersehnte Ort. Der Zugang zur Grabeskirche war allerdings reglementiert, da sich der Schlüssel in muslimischem Besitz befand. So befremdlich diese Enteignung erscheinen mag, so sehr unterband sie Konflikte unter den verschiedenen christlichen Konfessionen, die in der Grabeskirche ihre jeweils eigene Liturgie feierten. Daran hat sich bis heute nichts geändert: Noch immer obliegt das Auf- und Zuschließen der Kirche einer muslimischen Familie, die dieser Aufgabe seit Generationen nachkommt.

Erst nach ihrem Besuch der Grabeskirche begaben sich die Pilger im 15. Jahrhundert auf den Weg mit den Stationen der

Kreuztragung. Die Gruppen hatte sich über Nacht in der Grabeskirche einschließen lassen, um darin möglichst viel Zeit verbringen zu können. Die Chronologie der Ereignisse kehrte sich damit um, denn die letzten Stationen des Weges – die Entkleidung Christi; die Annagelung an das Kreuz; die Kreuzaufrichtung; die Abnahme vom Kreuz und die Grablegung – war man im Inneren der Kirche schon abgeschritten. Am frühen Morgen ging es in dieser chronologischen Gegenrichtung vom Vorplatz aus weiter, das heißt, der Weg führte zum Haus des Herodes (Lk 23,7–11) und ging nicht von ihm aus. Auffällig ist auch, dass die Führung dort nahtlos fortgesetzt wurde, das Haus also nicht den Endpunkt des Stadtrundgangs bildete. Die Pilger berichteten nahezu einhellig, sie seien auf der Strecke nicht allein auf die Stationen der Kreuztragung, sondern auch auf das Haus des reichen, unbarmherzigen Mannes aus einem Gleichnis Jesu (Lk 16,19–31) sowie die Stelle, wo sich die Schule Marias befunden habe, hingewiesen worden. Die Strecke der Kreuztragung, so ist von ihnen zu erfahren, war in die Fülle der Orte sowie ein Kontinuum aus Pilgerwegen eingebettet.

Hans Tuchers Pilgerbericht

Einen lebensnahen Eindruck einer solchen Führung vermittelten Hans Tucher und Sebald Rieter, Nürnberger Patrizier und Ratsherren, die 1479/80 das Heilige Land, den Sinai, Kairo und Alexandria besuchten. Hans Tucher verfasste die „Reyß ins Heylig Land" („Reise ins Heilige Land") auf der Grundlage des gemeinsamen Tagebuchs und ließ den Text erstmals 1482 in Augsburg drucken. Über den Weg ab der Station mit Simon von Kyrene liest man darin Folgendes: „Danach gingen wir weiter rechterhand von der oben erwähnten Ecke in die Gasse hinein und geradeaus bis zu dem Punkt nach 85 Schritten. Dort kommen wir zu der Stelle, an der die Muttergottes gestanden hat und ihr liebes Kind, den allmächtigen Gott, das schwere Kreuz neben den beiden Schächern tragen sah. Sie stand dort in großer Trauer und so bestürzt, dass sie ohnmächtig wurde. An derselben Stelle ließ die Heilige Helena eine Kirche bauen, die jetzt ganz abgebrochen ist und die man Unser Frauen Ohnmacht genannt hat. [...] Danach gingen wir die niedrige Gasse ein wenig hinein. Über ihr steht ein gewölbter Steinbogen, in den zwei weiße, breite Steine eingemauert sind. Auf dem einen stand einst Gott, als das Todesurteil über ihn erging. Auf dem anderen Stein stand zur selben Zeit Pilatus, als er das Urteil über den allmächtigen Gott sprach. [...] Danach gingen wir nicht weit geradeaus. Dort ist die Schule gewesen, in der unsere Liebe Frau gelernt hat, als sie jung war. [...] Danach gingen wir die Gasse geradeaus weiter und kommen zu dem Haus des Pilatus. Das ist 200 Schritte von der Stelle, an der die Muttergottes stand, wie oben bereits steht, und wo sie ihr liebes Kind das schwere Kreuz tragen sah. In demselben Haus des Pilatus wurde der allmächtige Gott gegeißelt, festgebunden, geschlagen und mit der Dornenkrone gekrönt und zum Tod verurteilt."[78]

Es fällt nicht schwer, der Pilgergruppe im Geiste durch die Gassen zu folgen. Wir stellen uns eine Kirchenruine vor und bücken uns unter dem Steinbogen, die beiden Steine im Blick. Gleichzeitig haben wir das Schicksal Jesu vor Augen, wenn wir auch chronologisch etwas hin und her springen müssen und außerdem der Muttergottes gedenken: Ohnmacht Marias – Todesurteil Jesu – Kindheit Marias – Geißelung und Krönung und nochmals Todesurteil Jesu. Der Gang durch die Gassen führt durch verschiedene Zeitschichten hindurch: von der Zeit Jesu durch die nicht näher bestimmbaren Jahrhunderte, in denen die Schule Marias verschwand, die weißen Steine versetzt und eingemauert wurden und die Kirche verfiel. Die Kirche der Ohnmacht Marias (Sancta Maria de spasmo), nur der Legende nach eine Gründung der Kaiserin Helena, war vermutlich ein Bau aus der Kreuzfahrerzeit. Mit dem Hinweis auf den ruinösen Zustand holte Tucher seine Leser in die eigene Gegenwart zurück.

Die Information zu den Schrittzahlen war keinesfalls eine Marotte Tuchers, sondern resultierte aus dem zeittypischen Bedürfnis der Pilger, die Maße von heiligen Orten und Dingen zu kennen. Den eigenen Körper zum Messinstrument und zur Maßeinheit zu machen, bewährt sich noch heute. Das Raumvolumen des Heiligen Grabes wird anschaulich, wenn man berichtet, wie viele Personen dort in etwa hineinpassen. Die Länge der Grabbank kann man sich gut vorstellen, wenn man die eigene Körpergröße kennt. Auf den Pilgerreisen kamen zusätzlich Messutensilien zum Einsatz, etwa Bänder für den Umfang der Geißelsäule. Die heiligen Maße konnten somit auf unterschiedliche Weise mit nach Hause genommen werden, als körperliche Erfahrung oder materieller Gegenstand. Das Bedürfnis danach hatte sicherlich viele Ursachen, etwa den Wunsch nach einer möglichst lebendigen und authentischen Erinnerung an die heiligen Stätten oder den Glauben, etwas von der heilenden Kraft in sich selbst sowie den Souvenirs, die die heiligen Orte und Dinge berührt hatten, zu bewahren. Was die Via Crucis betrifft, so gab es eine spezifische Verwendung der Schrittzahlen, denn sie dienten dazu, den Weg mit seinen Stationen andernorts „originalgetreu" zu rekonstruieren.

Von Jerusalem nach Nürnberg

Der Fokus auf die Kreuzwegstationen zwischen dem Haus des Herodes und der Kreuzigungsstätte ist nicht dem Reisebericht, sehr wohl aber einer Zeichnung Hans Tuchers zu entnehmen (Abb. 51). Eine feine Linie führt bis zum Hügel Golgatha, zunächst ganz gerade und mit rechten Winkeln, dann in einem bogenförmigen Verlauf. Sie setzt ganz oben beim Haus des Pilatus an, ein paar Treppenstufen vom Haus des Herodes entfernt. Zahlreiche Inschriften füllen die Seite. Sie benennen fast ausnahmslos die Kreuzwegstationen; nur an zwei Stellen leiten sie durch die Gassen, ohne auf spezifische Vorkommnisse oder Orte zu verweisen. Wie im Reisebericht überlagern sich auch in der Zeichnung Gegenwart und Vergangenheit, nun aber auf andere Weise. Tucher

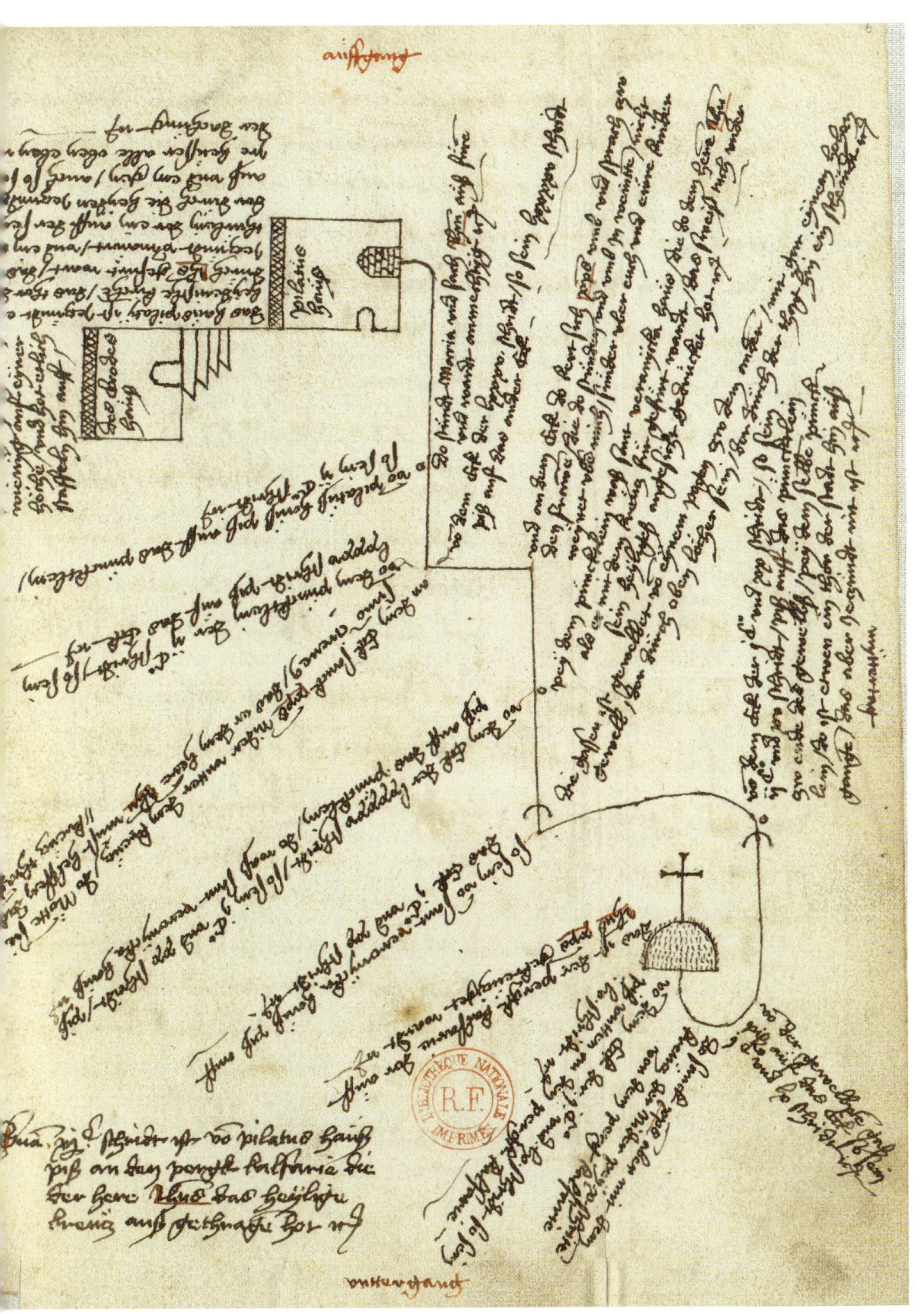

Abb. 51: Hans Tucher, Zeichnung des Kreuzwegs in Jerusalem, 1479,
Paris, Bibliothèque nationale de France, Rés O²f.13 ad 1, fol. 6r

nutzte den Text einerseits und die Zeichnung andererseits für zwei zeitliche Ebenen. Während der Text auf die Gassen und Straßenecken der Pilgertour Bezug nimmt, führt die gezeichnete Linie in die Vergangenheit, nämlich nach Golgatha, wo wie zur Zeit Jesu allein das Kreuz, nicht aber die Grabeskirche steht.

Der längere Text beim Haus des Pilatus informiert darüber, dass sich darin jetzt eine „heidnische Kirche" (*heidenische kirchen*)[79] befinde und das Tor, durch das man Jesus führte, zugemauert sei, was sich auch auf der Zeichnung erkennen lässt. Dieses Detail ist der einzige offenkundige Gegenwartsbezug. Auch das Haus des Herodes war unzugänglich; in den wenigen Zeilen wird lediglich seine Lage beschrieben. Beide Passionsorte befanden sich auf dem ehemaligen Gelände der Antoniaburg, eines im Jahr 70 zerstörten Festungsbaus des Herodes, wo seit Anfang des 14. Jahrhunderts eine islamische juristisch-theologische Hochschule stand, die im 15. Jahrhundert zum Gouverneurssitz umgebaut wurde. Die folgenden Inschriften entlang der Linie verdeutlichen wesentlich klarer als der Reisebericht, dass zu jeder Erwähnung einer Kreuzwegstation auch die Schrittzahlen gehörten.

Welche Funktion die Zeichnung für Hans Tucher besaß, ist schwer zu sagen. Man bringt sie schnell mit dem Kreuzweg in Verbindung, der zwischen 1490 und 1508 vor den Stadtmauern Nürnbergs errichtet wurde und vom Neutor bis zum Friedhof St. Johannis führte. Er bestand aus sechs Relieftafeln, die entlang des Weges auf Sandsteinstelen angebracht waren (Abb. 52), einer weiteren Tafel auf der Friedhofsmauer sowie mehreren Skulpturengruppen. Sämtliche Bildwerke stammen von dem Bildhauer Adam Kraft, einem der angesehensten Künstler Nürnbergs, der insbesondere in den 1490er Jahren lukrative Aufträge erhielt. Welcher Patrizier oder Kaufmann jedoch den Kreuzweg bei ihm bestellte, ist erstaunlicherweise nicht dokumentiert.

Die Bildwerke haben sich nicht vollständig erhalten. Die Relieftafeln, seit dem 16. Jahrhundert Wind und Wetter ausgesetzt, wurden im 19. und 20. Jahrhundert aus konservatorischen Gründen durch Kopien ersetzt und in die Sammlung des Germanischen Nationalmuseums aufgenommen. Dank der Kopien ist es noch immer möglich, den Kreuzweg abzuschreiten, wenn auch nicht mehr vor den Mauern der imposanten Reichsstadt, sondern auf asphaltierten, von parkenden Autos gesäumten Straßen durch eines der Stadtviertel hindurch. Die allein aus späteren Darstellungen bekannte, monumentale Kreuzigungsgruppe, die unmittelbar vor dem Friedhof stand, muss schon von Weitem zu sehen gewesen sein. Der Weg endete hier noch nicht, sondern führte auf den Friedhof bis zu einer Grabkapelle, die an das Heilige Grab in Jerusalem erinnern sollte. Noch heute ist darin die nahezu lebensgroße Skulpturengruppe mit der Grablegung Christi zu sehen.

Die sechs Relieftafeln zur Kreuztragung zeigen die Ohnmacht Marias (Abb. 52); Simon von Kyrene; die Töchter Jerusalems; die Heilige Veronika mit dem Schweißtuch, auf dem das Antlitz Christi erscheint; die bösen Juden (Abb. 53) und den Fall Christi unter dem Kreuz. Da sie zahlreiche Fehlstellen haben, nimmt man die künstlerische Qualität der Reliefs nicht auf Anhieb wahr. Auf der Tafel mit der Ohnmacht Marias ist ausgerechnet der Kopf Christi nicht mehr vorhanden, und zahlreiche der übrigen Figuren sind verwittert. Christus schreitet mit dem diagonal ins Bild ragenden Kreuz auf seine Mutter zu, die ihren Sohn jedoch nicht sieht. In sich zusammengesunken und den Kopf zur Seite geneigt, wird sie von dem Jünger Thomas und einer kaum noch erkennbaren weiblichen Figur gestützt. Hinter der Dreiergruppe sind weitere Figuren zu sehen, die jedoch weniger plastisch aus der Fläche hervorkommen. Im Gegensatz dazu treten der kreuztragende Christus und der Scherge hinter ihm fast dreidimensional aus dem Bild heraus. Der Künstler schuf auf der nur etwa 60 Zentimeter tiefen Steinplatte einen gestaffelten Bildraum, in dem die variantenreichen Posen eine große Dynamik erzeugen. Sie erfasst auch den Betrachter, der aus der Stadt kommend von rechts an den Bildern vorbeigeht. Er wird zu einem Begleiter Christi und zieht mit dem gesamten Pulk gen Golgatha. Da die Komposition auf jedem der Reliefs ähnlich ist und das Kreuz immer diagonal

Abb. 52: Adam Kraft, Ohnmacht Marias, Nürnberg,
zwischen 1490 und 1508, Nürnberg, Germanisches Nationalmuseum

von rechts in das Bild hineinragt, setzt sich die gemeinsame Bewegung bis zum Friedhof fort.

Unter jeder der Tafeln befand sich eine Inschrift, die nicht nur erklärte, welche Szene jeweils zu sehen war, sondern auch die zunehmende Entfernung vom Haus des Pilatus bezifferte. Unter der Ohnmacht Marias hieß es: *Hir begegnet Cristus seiner wirdigen lieben Muter die vor grossem herzenleit amechtig ward llc [200] Srytt von Pilatus haus.*[80] Hans Tuchers Schrittzahl ist identisch; an anderen Stationen jedoch weicht der Nürnberger Kreuzweg von Tuchers Pilgerstrecke in Jerusalem ab. Dass es in Nürnberg gar nicht gezielt darum ging, den Weg aus den Reiseberichten so authentisch wie möglich nachzubilden, wird an der Station mit den bösen Juden

Abb. 53: wie Abb. 52, Jesus und die bösen Juden,
Johann Adam Hahn, Fotografie, vor 1897

deutlich. *Hier tregt Cristus das Crewtz vnd wird von den Juden ser hart geslagen VIIcXXX [780] Srytt von Pilatus Haws* (Abb. 53). Diese Episode kam in Jerusalem nicht vor, sondern wurde neu hinzugefügt. Eine vergleichbare Szene, von der einer der Jerusalempilger zu berichten wusste, blieb wiederum unberücksichtigt. Es habe, so schreibt er, zu Zeiten Christi entlang des Weges zur Hinrichtungsstätte eine Taverne gegeben, wo „etliche barmherzige Juden [waren], die bezahlten den Wein für die, die man töten wollte, und da gab man ihnen zu trinken, damit sie [...] fröhlicher stürben. An dem Ort gab man den zwei Schächern zu trinken. Aber für Jesus, den Herrn, wollte niemand den Wein bezahlen."[81]

Die Schilderung stammt aus dem Reiseführer für eine imaginäre Pilgerfahrt, den der Ulmer Dominikanermönch Felix Fabri für die Ordensschwestern eines schwäbischen Dominikannerinnenklosters schrieb. Wenn die Nonnen die „Geistliche Pilgerfahrt oder die Sionpilger" (vor-)lasen, konnten sie sich der Pilgergruppe im Geiste anschließen, so lückenlos und anschaulich waren die Beschreibungen. Fabri, der das Heilige Land 1480 sowie erneut 1483/84 besucht hatte, schöpfte aus seinen eigenen religiösen sowie rein praktischen Reiseerfahrungen und ermöglichte es den Nonnen auf diese Weise, eine „authentische" spirituelle Pilgerreise zu unternehmen. Mit deutlich engerem Fokus sollte auch der Nürnberger Kreuzweg diese Funktion erfüllen. Wer die Gefahren der langen Reise scheute, zu gebrechlich oder weniger wohlhabend war, konnte sich auf dem Weg zum Friedhof in die Fußstapfen der Pilger begeben und vom Haus des Pilatus bis nach Golgatha laufen. Während Fabris „Geistliche Pilgerfahrt oder die Sionpilger" die spirituelle Imagination anregte, setzte der Kreuzweg auch den Körper des Gläubigen in Bewegung. Die Orte des Leidens Christi konnte man nun Schritt für Schritt zu Hause besuchen. Nikolaus Wanckel jedoch, ein Franziskaner aus Nürnberg oder Bamberg, der sechs Jahre lang in Jerusalem gelebt hatte, beteuerte in seiner 1521 in Nürnberg erschienenen Flugschrift „Die geystlich straß", dass die Einhaltung des vorgegebenen Maßes gar nicht so wichtig sei. Weder müssten die Bildstöcke in der angegebenen Distanz aufeinander folgen noch die Gläubigen die Schrittzahl einhalten. Viel entscheidender sei es nämlich, „mit dem Herzen und dem Gebet viel und weit gegangen zu sein als mit den Füßen".[82]

Der Nürnberger Kreuzweg ist alles andere als ein singuläres Beispiel, vielmehr gab es seit der Mitte des 15. Jahrhunderts ähnliche Anlagen in zahlreichen deutschen Städten, die nicht selten von Jerusalempilgern in Auftrag gegeben wurden. Andernorts haben sich jedoch nur wenige Fragmente oder ausschließlich schriftliche Dokumente erhalten. Manche Wege erstreckten sich ohne Zwischenhalt vom Haus des Pilatus bis zu einer Kreuzigungsgruppe oder Heilig-Grab-Kapelle, andere hatten zusätzlich einzelne Stationen, die je nach Anzahl, Episoden und Anordnung variieren konnten. Wie beliebt die Station mit den bösen Juden war, lässt sich nicht mehr nachvollziehen. In Homberg bei Kassel hat sich ein Bildrelief ohne Inschrift erhalten, das um 1520/25 entstanden ist und demjenigen in Nürnberg sehr ähnelt. Das Bild allein ist jedoch an beiden Orten recht unspezifisch, denn die Figuren, die Christus malträtieren, tragen keine spitzen „Judenhüte" und sind auch nicht auf andere Weise als Juden gekennzeichnet. Da das Nürnberger Relief nur sehr fragmentarisch erhalten ist, soll hier eine Fotografie vom Ende des 19. Jahrhunderts zur Veranschaulichung dienen (Abb. 53). Eine Figur in kurzem Rock und Stiefeln scheint Christus einen Stab in den Rücken zu stoßen; eine andere in recht simpler Rüstung steht unmittelbar vor ihm und zieht an dem Seil, mit dem seine Hände gefesselt sind. Es wird sich schlichtweg um Schergen handeln. Im Hintergrund holt ein behelmter Soldat mit einer Peitsche zum Schlag aus. Das Bild gibt kein klares Verständnis vor, vielmehr ist es erst die Inschrift, die keinerlei Deutungsspielraum zulässt.

Kreuzwege und Ablasskritik

Nikolaus Wanckel muss die inhaltliche Unmissverständlichkeit der Bilder nur recht gewesen sein, denn bereits 13 Jahre nach der Fertigstellung des Kreuzwegs beklagte er polemisch zugespitzt ein fehlgeleitetes Interesse an ihnen: „Gleichwohl es viele Bilder des Leidens Christi in den Kirchen und an den Straßen gibt, so ist doch wenig Mitleid beim Anschauen dieser Bilder. Es gibt mehr solcher Menschen, die sie besichtigen, um die Kunst, Farbe, das Aussehen, die Posen und dergleichen wahrzunehmen, als andächtige Betrachter des Leidens. Denn mancher besichtigt häufig eine Tafel oder steht vor einem Bild, sei es in den Kirchen oder auf den Straßen, ohne ein Ave-Maria zu beten, sich über die Bedeutung der Darstellung Gedanken zu machen oder Ehrfurcht zu verspüren, obgleich eine solche Darstellung nichts anderes als eine Ermahnung sein soll."[83] Wanckel wird den Nürnberger Kreuzweg und die Bürger der Stadt vor Augen gehabt haben. Deren Kunstsinn ging ihm nun entschieden zu weit. Vor allem die Mitglieder der Patrizierfamilien hatten in den Jahrzehnten zuvor ein Vermögen in die Herstellung von Bildwerken gesteckt und Künstler beauftragt, die der ganze Stolz der Stadt waren, darunter die Maler Hans Pleydenwurff und Michael Wolgemut, das Universaltalent Albrecht Dürer, die Bildhauer Adam Kraft, Peter Vischer und Veit Stoß, der 1496 von Krakau nach Nürnberg übersiedelte. Die noch heute in den Stadtpfarrkirchen St. Sebald und St. Lorenz erhaltenen, von Patriziern gestifteten Bildwerke – Flügelaltäre, Epitaphien, Heiligen- und Madonnenskulpturen – demonstrieren, dass sich Frömmigkeit und Kunstgenuss nicht ausschlossen, sondern im Gegenteil aufs Beste miteinander verbanden. 1521 allerdings, so die Klage Wanckels, hatte sich die Situation zuungunsten der religiösen Verwendung der Bilder gewandelt.

Tatsächlich war es mit der Stiftertätigkeit der Patrizier um 1520, als sich unter ihnen erste Sympathisanten der Glaubenslehre Martin Luthers fanden, abrupt vorbei. Fünf Jahre später erklärte der Rat Nürnberg zu einer lutherischen Stadt. Die theologische Neuausrichtung, die sich mit der Abkehr von der päpstlichen Kirche vollzog, veränderte die gesamte religiöse Kultur und somit auch die Auffassung religiöser Bilder. Die Kritik der Bilder als inhaltsleere und irrelevante bis zu götzenhaft verführerische Machwerke ist zu komplex, als dass sie hier dargelegt werden könnte. Sie fand ihren extremsten Ausdruck in zerstörerischen Attacken und zeigte sich für Wanckel in der beklagenswerten Distanz, aus der heraus ein Bildwerk nur mehr für seine künstlerische Qualität wertgeschätzt wurde. In Wanckels kulturpessimistischem Vorwurf, es werde nicht einmal mehr ein Ave-Maria gesprochen, deutet sich schemenhaft an, worin die spezifische Funktion der Kreuzwegbilder wohl auch in Nürnberg bestanden hatte. Für einige Orte ist belegt, dass die Bilder und Skulpturen nichts weniger als Medien des Straferlasses waren. Wer den Weg abschritt und an den Stationen betete, durfte auf einen Ablass, die bereits oben erwähnte Minderung der zeitlichen Sündenstrafen, hoffen.

Auf dem Kreuzweg in Toblach in Südtirol beispielsweise konnte der reumütige Gläubige vor jeder Station 100 Tage Ablass erwirken, wenn er mindestens ein Vaterunser und ein Ave-Maria betete. Er war damit von einer Sündenstrafe befreit, für die er 100 Tage Bußleistung hätte erbringen müssen. Diese Ablasswirksamkeit des Kreuzwegs musste durch eine urkundliche Bestimmung des Papsts oder eines ranghohen Klerikers, zumeist eines Erzbischofs oder Bischofs, verfügt worden sein. Für Nürnberg hat sich jedoch keine derartige Urkunde erhalten.

Die Kreuzwege gehörten somit zu jenem Bereich kirchlicher Selbstbefugnis, die Luther vehement, wenn auch nicht gleich gänzlich vernichtend kritisierte. Untragbar war für ihn die Auffassung, Gottes Gnade ließe sich berechnen. Seine Überzeugung, dass die von der Kirche festgelegten Zahlen kein göttliches Richtmaß waren, nahm den Ablässen das Versprechen, für Heilssicherheit zu sorgen. Luthers Argument, die Ablässe könnten lediglich für die von der Kirche selbst verhängten Bußstrafen gelten, wurde hinfällig, als er so weit ging, auch den Bußleistungen und guten

Werken jegliche Relevanz für das Seelenheil abzusprechen. In seiner Theologie war es dem Menschen nicht möglich, die eigene Sündenlast zu mindern, vielmehr musste er bedingungslos auf die Gnade Gottes hoffen. Für die Bürger Nürnbergs, die sich von Luthers Heilslehre überzeugt zeigten, besaßen die Vaterunser und Ave-Maria vor den Bildstelen des Kreuzwegs somit keinen religiösen Wert mehr. Glaubt man Wanckel, ließen sie das Beten gleich ganz bleiben.

Ablässe entlang der Kreuzwege des 15. und frühen 16. Jahrhunderts entsprachen den Gegebenheiten in Jerusalem und damit den Erfahrungen beziehungsweise Erwartungen der Pilger. Jede Pilgerfahrt war eine Ablassreise. Man machte sich mit der Gewissheit auf, an sämtlichen Gnaden- und Gedenkorten Ablässe zu erhalten. Dieser Profitgedanke erinnert an die Kreuzzüge, mit denen die Ablassfülle im Heiligen Land begonnen hatte. Zwar werden sich die Pilger kaum als *milites Christi*, die im Dienst der Kirche standen und den Ablass erst durch die Rückeroberung des Heiligen Grabes erhalten würden, aufgefasst haben. Doch die Kreuzfahrer hatten ihnen den Weg dafür geebnet, die fromme, immer noch mühsame Reise zu den heiligen Stätten mit Seelenheil vergütet zu bekommen.

Viele, wenn auch längst nicht alle Reiseberichte geben darüber im Einzelnen Auskunft. Als Beispiel kann der oben zitierte Passus dienen, in dem Hans Tucher eine Teilstrecke der Jerusalemer Via Crucis beschreibt. An jedem der Orte – der ehemaligen Kirche Unser Frauen Ohnmacht; dem Steinbogen; der Schule Marias und dem Haus des Pilatus – gab es demnach einen Ablass von sieben Jahren und sieben Quadragenen, das heißt siebenmal 40 Tagen: „Do jst ablaß vij jar vnd vij karen."[84] Glücklich preisen konnten sich insbesondere diejenigen, die, wie Hans Tucher bei seinem Aufenthalt 1479, ins Innere des Hauses des Pilatus gelangten, wo Christus gequält, verhöhnt und zum Tod verurteilt worden war: „In dem Haus ist vollkommener Ablass, und die Pilger ließ man dort nicht hinein, wiewohl ich mit meiner Gesellschaft dort drinnen war. Das geschah aber, nachdem die anderen Pilger schon etliche Tage weg waren durch die heimliche Hilfe der Heiden."[85] Ausgerechnet einer jener Orte mit einem Plenarablass, an dem also alle Sündenstrafen auf einen Schlag erlassen wurden, befand sich nun in einem mamlukischen Hochschulbeziehungsweise Verwaltungsgebäude.

Auf der Pilgerreise summierten sich die Ablässe bis ins Unermessliche, und dies ungeachtet der Tatsache, dass sie längst nicht alle päpstlich sanktioniert waren. Für die Pilger waren die Franziskaner der „Custodia Terrae Sanctae" vertrauenswürdig genug. Das Privileg, Hüter der heiligen Stätten zu sein, kam in der römischen Kirche allein ihrem Orden zu. Es verwundert daher nicht, dass sich auch im fernen Nürnberg oder Bamberg ausgerechnet ein Franziskanermönch über das despektierliche Verhalten an den Kreuzwegstationen beschwerte und in seiner „Geystlich straß" zum Gebet vor den Bildern ermutigte. Nikolaus Wanckel wäre weniger pessimistisch gewesen, hätte er um die weitere Entwicklung der Kreuzwegandacht in der römischen Kirche gewusst. Nicht nur wurde ihr durch offizielle Ablässe neue Intensität verliehen, sondern auch die privilegierte Zuständigkeit des Franziskanerordens bestärkt. Beides soll im Folgenden an einem Gemäldezyklus aus der Mitte des 18. Jahrhunderts verdeutlicht werden.

Giandomenico Tiepolo und die Last der Sünde

Als der venezianische Maler Giandomenico Tiepolo um 1747 den Auftrag für einen Bildzyklus zum Kreuzweg Christi für das Oratorio del Crocifisso der Kirche San Polo erhielt, müssen die Kunstkritiker der Stadt erstaunt gewesen sein. Tiepolo – mit diesem Namen verband man Giambattista, den Vater Giandomenicos, einen der gefragtesten Künstler der Zeit, dessen Gemälde und Fresken in zahlreichen Kirchen und Palazzi Venedigs zu sehen waren. Möglicherweise hatte Giambattista genug mit anderen Aufträgen zu tun; möglicherweise erachtete man den Kreuzweg Christi als passendes Thema für den knapp zwanzigjährigen

Abb. 54: Giandomenico Tiepolo, Christus wird das Kreuz aufgebürdet,
Venedig, zwischen 1741 und 1749, ca. 100 × 80 cm, Venedig,
San Polo, Oratorio

Abb. 55: wie Abb. 54, erster Fall Christi

Giandomenico, der erst noch aus dem Schatten des Vaters heraustreten und seine eigene Karriere verfolgen musste.

Der Zyklus besteht aus 14 Bildern und reicht von der Verurteilung Jesu, die sich vor der aufgebrachten, seinen Tod einfordernden Menschenmenge vor dem Palast des Statthalters Pilatus ereignete, bis zur Grablegung. Das Kreuz tritt erstmals im zweiten Bild in Erscheinung (Abb. 54). Christus trägt es auf der linken Schulter und hält es am Querbalken fest. Hinter ihm drängt die Menge durch den Torbogen. Die Rute, mit der der vorderste Mann zum Schlag ausholt, zeigt kompositorisch noch einmal auf die nur noch schemenhaft erkennbare Brüstung hin, hinter der Christus der Öffentlichkeit preisgegeben worden war. Ganz vorn in der linken Bildecke sitzt ein Mann, dessen Gewand im Tageslicht golden leuchtet. Es ist eine jener Rätsel aufgebenden Figuren, wie sie auf den Bildern des Vaters, Giambattista Tiepolo, so häufig vorkommen. Höchstens von der Seite, meistens aber in Rückenansicht dargestellt, treten sie als innerbildliche Betrachter auf. Sie sind rätselhaft, weil sie sowohl beteiligt als auch unbeteiligt erscheinen, der Szene zwar angehören, von dem Geschehen aber gänzlich unbeeindruckt bleiben. Der Mann schaut Christus an, dessen blutüberströmtes Gesicht, die Dornenkrone und den Heiligenschein. Christus wiederum schaut hinauf zu seinem himmlischen Vater, die Büste des Kaisers Tiberius nicht zur Kenntnis nehmend. Das massive Holzkreuz kann er gerade so umfassen. Es zeichnet sich mit seiner verschatteten Vorderseite prägnant vom hellen Farbgrund ab. Diagonal vom Boden aufragend, gibt es die Richtung vor.

Christus wird auf seinem Weg zur Kreuzigungsstätte drei Mal unter dem Kreuz zu Boden fallen. Zwei dieser Szenen sind hier zu sehen (Abb. 55 und 56). Im ersten Bild, dem dritten des gesamten Zyklus, ist die dichtgedrängte Menschenmenge hinter Christus zu Halt gekommen. Das Kreuz ragt hier zwar nicht aus der Figurengruppe hervor, fällt aber erneut als dunkler Gegenstand auf, nun vor den halbnackten, geschundenen Körpern der beiden Verbrecher, die zusammen mit Jesus gekreuzigt werden sollen. Dargestellt ist der Moment unmittelbar nach dem Fall: Schon versuchen zwei der Männer, das Kreuz in einem gemeinsamen Kraftakt hochzuheben. Einer der beiden hat den Querbalken umfasst, der andere kniet darunter, unmittelbar neben Christus, ihn mit der Hand stützend. Die dunkle Farbe lässt das Kreuz massiv und schwer erscheinen. Bereits zu Beginn des Weges wird Christus durch das Kreuz erniedrigt.

Kurz vor der Kreuzigungsstätte kommt Christus ein drittes Mal zu Fall (Abb. 56). So unmittelbar vor dem Ziel scheint dies jedoch kaum noch jemanden zu interessieren. Der Maler veranschaulicht die einsame Qual Christi, indem er ihn weit unten in einem kleinen Bildausschnitt zwischen dem Kreuz und den umstehenden Figuren einkeilt. Außerdem sorgt er dafür, dass wir bei der Betrachtung des Bildes immer wieder von Christus abschweifen. Gäbe es nicht den aufragenden Querbalken, der den Blick zu ihm hinführt, könnte man sich in den ungewöhnlichen Details verlieren. Da ist der breite, muskulöse Rücken eines in sich versunkenen Mannes, der uns den Blick auf Christus verstellt; eine Betrachterfigur in üppigem Gewand am linken Rand; der Junge in der Menschenmenge, der frontal aus dem Bild herausschaut; der weite Himmel; der Felsen mit den zwei Kindern, von denen eines auf die Zahl 1747 zeigt, die auf dem Felsen etwas verdeckt geschrieben steht. In diesem unerklärlichen Durcheinander weist jedoch das Kreuz unerbittlich den Weg hinauf zur Kreuzigungsstätte, wo Christus zunächst entkleidet wird (Abb. 57). Die obere Hälfte dieses Bildes gestaltete Giandomenico als eine lichte Fläche, auf der neben Christus und dem Kreuz nur noch ein Scherge zu sehen ist. Wie in einer Geste des endgültigen Triumphs richtet sich das Kreuz neben dem geschwächten und hilflosen Gottessohn auf. Es dominiert das Bild, während der Körper Christi im hellen Farbgrund bald zu verschwinden scheint.

Die Kritiker bemängelten den Grad der historischen Untreue in den Bildern Giandomenicos. Manche Figuren seien viel zu modisch gekleidet. Die junge Frau, das Mädchen und der Greis im Vordergrund der Entkleidungsszene sind die besten Beispiele da-

Abb. 56: wie Abb. 54, dritter Fall Christi

für (Abb. 57). Ihnen ist unmissverständlich anzusehen, dass sie nicht aus der Zeit Jesu, sondern aus dem 18. Jahrhundert stammen. Der Illusion, den Kreuzweg aus nächster Nähe mitzuverfol-

Abb. 57: wie Abb. 54, Entkleidung Christi

gen, können wir uns vor diesem Bild nicht mehr hingeben. Die drei Figuren haben eine eigenartige Mittlerfunktion: Einerseits führt uns die Geste des alten Mannes in das historische Geschehen hinein, andererseits verweisen uns die direkten Blicke darauf, dass wir lediglich vor dem Bild stehen und einer anderen Zeit angehören. Wiederum werden wir dazu gebracht, mehr über die künstlerischen Einfälle Giandomenicos nachzudenken, als auf den Leidensweg Christi zu achten.

Dieser Ansicht lässt sich entgegenhalten, dass man die Blicksteuerung des Malers durchaus als Strategie verstehen kann, die Konzentration auf Christus und das Kreuz zu lenken. Die Bilder fordern ein aktives, bewusstes Schauen: Wer sich auf den gefallenen Christus konzentrieren möchte (Abb. 55 und 56), darf den vielen Verlockungen des Bildes nicht folgen; wer das mächtige Kreuz und den erbarmungswürdigen Gottessohn auf sich wirken lassen will (Abb. 57), darf sich nicht auf den Blick der jungen Frau einlassen. An dieser Stelle ist es wichtig, sich den Ort und die Funktion des Bildzyklus in Erinnerung zu rufen. Im Oratorio del Crocifisso der Kirche San Polo dienten die Bilder dem andächtigen Nacherleben des Leids, das Christus von seiner Verurteilung bis zur Grablegung widerfahren war. Wer die Bilder abschritt, um sich in den Schmerz Christi zu versenken, durfte sich nicht von anderen Details ablenken lassen. Es ließe sich die Hypothese aufstellen, dass Giandomenico die Bilder so spannungsreich gestaltete, um die Andacht zu intensivieren. Wie schnell gab man sich dem Müßiggang im Bild hin, doch wie wenig wollte man zu denjenigen zählen, die Christus missachteten und ihn seinem Schicksal ohne jedes Mitgefühl überließen. Die Anstrengung, Christus im Blick zu behalten, konnte den Gläubigen noch stärker spüren lassen, wie schwer das Leid Christi zu ertragen war. Je mehr sich der andächtige Betrachter seiner Verführbarkeit bewusst wurde, umso reuevoller konnte er sein Gebet sprechen und umso intensiver den Schmerz Christi in den Blick nehmen.

All dies wird besser nachvollziehbar, wenn man in die erstmals 1731 erschienene, offizielle Anleitung zur Kreuzwegandacht schaut. Für den Betrachter des dritten Falls Christi (Abb. 56) enthält sie die folgenden Ermahnungen und Gebetsverse, hier zitiert nach der Ausgabe von 1739: „Unter der Bürde deiner Sünde ist

Jesus gefallen. Zögere nicht länger! Er ist geschwächt und ohnmächtig. Lass ab von der Sünde, wenn du ihn von seiner Last befreien willst. / Ach, wie schmerzlich war dieser Sturz meines Jesus! Betrachte, mit welchem Zorn dieses überaus sanftmütige Lamm von diesen wütenden Wölfen geschleppt wird. Schaue dir an, wie sie es prügeln, schlagen und ganz mit Schlamm bedecken. O verfluchte Sünde, die den Gottessohn auf diese Weise quälte! Verdient nicht ein derart unterdrückter, ein mit Füßen getretener Gott deine Tränen? Nur zu, spreche weinend zu ihm: Mein allmächtiger Gott, der Du mit einem einzigen Finger den Himmel und die Erde stützt, wer war die Ursache dieses so schmerzvollen Falles? Ach, es waren meine Rückfälle, es war meine wiederkehrende Böswilligkeit. Und ich habe Dir Qual auf Qual gehäuft, da ich Sünde auf Sünde häufte. Doch nun bin ich hier voll Reue zu Deinen Füßen und fest entschlossen, dem ein Ende zu bereiten. Mit Tränen und mit Seufzern werde ich es hundert, tausend Mal wiederholen: Nie mehr sündigen, mein Gott, nie mehr, nie mehr. *Pater, Ave, Gloria.*"[86] In diesen Sätzen der Gewissensqual und Selbsterniedrigung, aber auch der Hoffnung auf göttliche Gnade empfindet der Gläubige eine unerträgliche Mitschuld an dem Schmerz, mit dem Christus die Sünden der Menschen sühnte. In den Misshandlungen erkennt er seine eigene Schlechtigkeit und schwört ihr ab. Die verführerischen Motive des Bildes im Oratorio del Crocifisso konnten die Selbstpein weiter anfachen. Bei der Betrachtung muss zudem der Wunsch entstanden sein, Christus vom Kreuz zu befreien und es auf dem eigenen Rücken durch die lärmende Menge der Glaubensfeinde zur Kreuzigungsstätte zu tragen.

Bei der hier zitierten Anleitung zur Kreuzwegandacht handelt es sich um ein Büchlein mit dem Kurztitel „Via Sacra spianata", verfasst von dem Franziskaner Leonardo da Porto Maurizio. „Der Heilige Weg" ist der Kreuzweg Christi, der im Text für den frommen Nachvollzug „geebnet" wird und in 14 Stationen unterteilt ist. Die Vorschrift lautet, dass jede Station mit einem Bild oder zumindest einem Kreuz ausgestattet sein soll. Der Gläubige begleitet Christus von der Verurteilung im Haus des Pilatus bis zur Grablegung unweit der Kreuzigungsstätte. Der Kreuzweg im engeren Sinne, das heißt der Weg der Kreuztragung, beginnt mit der Aufbürdung des Kreuzes (Abb. 54) und endet mit dem dritten Fall (Abb. 56). Was dazwischen passierte, legte erst die „Via Sacra spianata" verbindlich auf acht Stationen fest. Bis ins 18. Jahrhundert hatten sowohl die Anzahl als auch die Abfolge der Stationen variiert.

Anders als Nikolaus Wanckels „Die geystlich straß" von 1521 hat Leonardos Anleitung zur Kreuzwegandacht keinen kleinmütigen, sondern einen autoritativen Gestus. Die Franziskaner waren im 17. Jahrhundert immer umfänglicher von den Päpsten befugt worden, Kreuzwege allerorts in ihren Ordenskirchen einzurichten und mit Ablässen zu versehen. 1731 kam nicht nur die Erlaubnis hinzu, auch andere Kirchen mit Kreuzwegen auszustatten, vielmehr erklärte die Ablasskongregation Leonardos „Via Sacra spianata" zur allgemeingültigen Unterweisung. Wie das zum dritten Fall Christi unter dem Kreuz zitierte Gebet verdeutlicht, sollte sich der Gläubige der eigenen Schuld an den Qualen Christi bewusst werden. Anders als bei der Kreuzwegandacht im 14. und in der ersten Hälfte des 15. Jahrhunderts richtete sich das Miterleiden der Kreuztragung Christi nun auf die seelische Selbstpeinigung. Die 1747/49 entstandenen Bilder des venezianischen Malers Giandomenico Tiepolo (Abb. 54–57) waren allerdings noch entschiedener als die Bildreliefs Adam Krafts religiöse „Ermahnung", um in der Diktion Wanckels zu bleiben, und künstlerische Ambition zugleich, schließlich malte Tiepolo nicht zuletzt für die Augen der Kunstkritiker, die ihn als eigenständigen Künstler wahrnehmen sollten. Wem es aber gelang, sich im Oratorio del Crocifisso der Kirche San Polo auf die religiöse Funktion der Bilder zu konzentrieren und die Schmerzen Christi im Sinne der „Via Sacra spianata" zu Herzen zu nehmen, ließ Venedig hinter sich und begab sich im Geiste nach Jerusalem, beschritt die wahre Via Crucis und bekam die gleichen Ablässe wie in der Heiligen Stadt, die mittlerweile zum Osmanischen Reich gehörte.

Ablasseifer versus Verinnerlichung

Mit dem Aufruf Urbans II. zum Ersten Kreuzzug wurde die Kreuztragung zu einem lukrativen Geschäft und der Verdienstgedanke zum ewigen Begleiter. Ablässe waren nun das Ziel. Die Gegenleistungen variierten von der lebensbedrohlichen Heldentat auf dem Kreuzzug bis zur innerlichen Selbstpeinigung vor den – manchmal allzu kunstreichen, verführerischen – Bildern, die Christus auf dem Weg nach Golgatha zeigten. Zwischen diesen beiden Polen bewegten sich Pilger wie Hans Tucher, den auf der Via Crucis weniger der Schmerz Jesu vorantrieb als vielmehr ein wenig Abenteuerlust gepaart mit dem Eifer, Ablässe zu sammeln. Dafür hatte er weder die Kosten noch das Ungemach der Reise gescheut. Das metaphorische Kreuzwort Jesu, die Aufforderung zur Nachfolge, konnte unterschiedlichste Praktiken sanktionieren, die stets eine – mal mehr, mal weniger entbehrungsreiche – Leidensbereitschaft einforderten. Nicht immer jedoch ging es um das Kalkül von Ablässen, und auch die Auffassung des Kreuzes variierte. Hatten es sich die Kreuzfahrer noch als *vexillum*, als militärisches Schutzzeichen, angeheftet, so war das Kreuz in der spätmittelalterlichen Frömmigkeit kein Zeichen des Triumphs, sondern eine Bürde, ein Todeswerkzeug. In der *compassio* und *imitatio Christi* lud sich der Gläubige das Kreuz im Geiste selbst auf die Schultern. Die hier zu Beginn betrachtete Tafel führt vor Augen, dass es ein schmuckloses, großes und schweres Holzkreuz ist, das im Spätmittelalter die Auffassung des Kreuzes bestimmte. In dem – deutlich späteren – Bild der Entkleidung Christi von Tiepolo (Abb. 57) ragt es wie ein Triumphzeichen des Leidens auf, dem jegliche Erlösungsbotschaft fehlt.

Abb. 58: Adam Elsheimer, Die Verherrlichung des Kreuzes,
Mitteltafel des Frankfurter Altars, Rom, um 1603/05,
48,5 × 35 cm, Frankfurt am Main, Städel Museum

Kapitel 9

Das katholische Kreuz:
Verehrung und Verherrlichung

Licht. Wo man mit der Betrachtung auch beginnt, ob bei den gut erkennbaren Figuren im Vordergrund oder dem zentralen Kreuz, das Auge wandert nach wenigen Momenten zu der himmlischen Lichtquelle oben links im Bild. Das Licht ist diffus und gleißend. Die kleinen Engel, die es wie ein Kranz umgeben, lösen sich auf, und die Konturen der Wolken verschwimmen. Umso besser ist die kleine Gestalt der knienden, in einen blauen Umhang gehüllten Maria zu erkennen, die von einer schemenhaften Gottesfigur aus dem Licht heraus gekrönt wird. Von dort gehen die breiten, transparenten Strahlen aus, die das Auge nach oben geleitet haben und nun wieder ins Bild hinabführen. Zum Vordergrund hin werden die Figuren immer größer und die Farben kräftiger. Während sich die Gestalten in der rechten Bildhälfte wie in einem Reigen nach vorn staffeln, markiert in der linken die verschattete, sich im Profil abzeichnende Mönchsgestalt eine klare Grenze zwischen Vorder- und Hintergrund. Hier ist besonders deutlich zu erkennen, dass das schmale, hoch aufragende Kreuz nicht auf den dunklen Wolken weiter vorn, sondern in der lichtdurchfluteten Himmelssphäre steht. Es bildet die Mittelachse des Bildes und sticht als einziges Motiv mit geraden Linien und rechten Winkeln aus dem Wust von Gestalten hervor. Obgleich innerhalb des Bildes kaum jemand das Kreuz zu beachten scheint – im Vordergrund blicken nur wenige Figuren zu ihm hinauf und weiter oben richtet sich fast alles auf die Krönung Marias aus –, nimmt es der Betrachter des Bildes als dessen Hauptgegenstand wahr. Dazu trägt auch die Inszenierung des Kreuzes im Licht bei. Es ist nur wenige Millimeter schräg in den Raum gestellt, gerade so viel, dass man die linke, leuchtende Kante des Längsbalkens erkennen kann. Obgleich also der Betrachter nur die verschattete Seite wirklich sieht, bleibt ihm nicht verborgen, dass das Kreuz auf der abgewandten Seite im gleißenden Licht erstrahlt. Nicht die Aufmerksamkeit der Figuren, sondern dieser malerische Effekt bietet ein erstes Indiz dafür, dass das Bild die „Verherrlichung des Kreuzes Christi" zeigt.

Das Bild stammt von dem 1578 in Frankfurt am Main geborenen Maler Adam Elsheimer, der sich auf die Miniaturmalerei – im Sinne des französischen *en miniature*, „im kleinen Maßstab" – spezialisiert hatte. Er nutzte dafür Kupfertafeln, Ölfarben und äußerst feine Pinsel sowie vermutlich eine Lupe, ein Instrument, das man auch für die Betrachtung des erstaunlichen Detailreichtums seiner Bilder zur Hand haben sollte. Die lediglich 48,5 × 35 Zentimeter große „Verherrlichung des Kreuzes Christi" demonstriert Elsheimers Bravour – in der Darstellung der dichten Figurenkonstellationen, der Detailliertheit bis hin zu den entschwindenden Engeln, der räumlichen Komposition sowie dem Zusammenspiel der Farben und des Lichts – auf besonders eindrückliche Weise. Bei dem Bild handelt es sich jedoch nicht um ein Einzelwerk, sondern um die Mitteltafel des sogenannten Frankfurter Altars, einem Altaraufsatz mit architektonischem Rahmenwerk (Abb. 59). Die „Verherrlichung" wird darin von einem sechsteiligen Bildzyklus zum wahren Kreuz Christi eingefasst, dessen Episoden bereits im sechsten und siebten Kapitel dieses Buches beschrieben wurden. Ganz links schifft Helena, die Mutter Kaiser Konstantins des Großen, nach Jerusalem ein, wo sie von einem Juden den Ort der Kreuzigung erfährt, daraufhin an der richtigen Stelle graben lässt und schließlich durch das Wunder der Auferweckung eines Toten das Kreuz Christi identifiziert. Mit den beiden rechten Bildern springt die Erzählung vom 4. ins 7. Jahrhundert, indem sie den byzantinischen Kaiser Heraklius I. bei der Rückführung des durch die Perser geraubten Kreuzes nach Jerusalem zeigt.

Elsheimer malte die Bilder zwischen 1603 und 1605 in Rom, wo er seit 1600 lebte und – darauf deutet nicht zuletzt der Frankfurter Altar – für seine Kunstfertigkeit in der Miniaturmalerei

Abb. 59: wie Abb. 58 (Gesamtansicht)

sehr geschätzt wurde. Auf wessen Bestellung er die Altartafeln anfertigte und von wem der Entwurf stammte, ist nicht bekannt. Am Bildprogramm fällt auf, mit welcher Konsequenz es ausschließlich das Kreuz und dessen Legende thematisiert. Es gibt keine Szenen aus der Bibel und den Heiligenlegenden. Auf der Mitteltafel kommen zwar etliche Heilige und biblische Gestalten zusammen, doch die Gesamtkomposition dient dazu, das Kreuz zur Geltung zu bringen. Umgeben von Figuren in unterschiedlichsten, Lebendigkeit verleihenden Posen, wirkt es nicht nur statisch und schlicht, sondern auf eine bestimmte Art auch leer. Die Figur Christi kommt im gesamten Bildprogramm nicht vor, weder am Kreuz noch in der Menschenmenge oder den äußeren Szenen aus der Kreuzlegende. Christus ist im Bild lediglich auf unsichtbare Weise präsent, da das Kreuz nur als sein Kreuz, als das von ihm berührte, wahre, wundertätige Kreuz Bedeutung erlangt. Und dennoch wird hier schlaglichtartig dessen eigene Geschichte erzählt. Das Kreuz ist im Frankfurter Altar nicht lediglich ein Repräsentant Christi, sondern der Hauptprotagonist.

Freskenprogramme zur Kreuzlegende in Rom

Der Fokus auf das Kreuz war in der zeitgenössischen Kunst Roms ein aktuelles Thema. Elsheimer konnte gleich mehrere Freskenzyklen zur Kreuzlegende studieren, insbesondere in der Orsini-Kapelle der Kirche SS. Trinità dei Monti (1540er Jahre; nicht erhalten), dem Oratorio SS. Crocifisso (zwischen 1578 und 1582) und der Helenakapelle der Kirche S. Croce in Gerusalemme (vor 1593; Fresko in der Apsis, 1490er Jahre). Jeder dieser Bildzyklen war anders. Anzahl und Auswahl der Szenen stimmten nicht überein; Malstil und Komposition unterschieden sich deutlich. Elsheimer schuf wiederum eine ganz eigenständige, noch weniger vergleichbare Bildfolge. Die Kupfertafeln sind winzig in Relation zu den großen, im Oratorio SS. Crocifisso nahezu monumentalen Wandbildern. Die Fresken bestehen aus wässrigen Farben, die auf den noch feuchten Putz aufgetragen wurden, Elsheimers Bilder hingegen aus pastosen, weniger schnell trocknenden Ölfarben. Der Maler konnte die Figuren in den Farbschichten besser modellieren, die Intensität der Farben variieren und prägnante Licht- und Schatteneffekte setzen. Auch die Arbeitsweisen haben wenig gemein. Elsheimer musste sich tief über die Kupfertafel beugen, den Blick auf kleinste Details verengt. Ein Freskenmaler führte den Pinsel hingegen gestischer und trug die Farbe mal flächenfüllend, mal nuancierend auf. Er arbeitete auch nicht allein, sondern stand mit Werkstattgehilfen auf dem Gerüst. Im Oratorio SS. Crocifisso waren gleich mehrere etablierte Maler engagiert, darunter auch Niccolò Circignani, der in S. Croce in Gerusalemme den gesamten Zyklus schuf. Zu der dortigen Bildfolge gehört eine Darstellung der „Anbetung des Kreuzes" durch Helena und Bischof Makarius, der ihr in einer Fassung der Kreuzlegende bei der Kreuzauffindung zur Seite stand. Da Circignanis Bild neben der „Verherrlichung" von Elsheimer sehr simpel erscheint und einem Vergleich nicht standhalten würde, soll es an dieser Stelle genügen, auf seinen Inhalt hinzuweisen.

Der Auftrag an die Künstler, Freskenzyklen zur Kreuzlegende zu entwerfen, lässt sich in beiden Fällen mit dem Ort der Bilder erklären. Das Oratorio SS. Crocifisso wurde für die Confraternita del SS. Crocifisso erbaut, eine in den 1520er Jahren gegründete und noch heute bestehende Bruderschaft, die für den Kult eines ganz besonderen Kreuzes zuständig ist. Es handelt sich um das spätmittelalterliche hölzerne Kruzifix – ein Kreuz mit der Figur des Gekreuzigten – in der nahegelegenen Kirche S. Marcello. Seitdem es 1519 beim Brand der Kirche wundersamerweise unversehrt geblieben und 1522 in einer mehrtägigen Bittprozession gegen die – bald darauf endende – Pest mitgeführt worden war, gilt es als wundertätig. Auch diese Episoden zur Geschichte der Bruderschaft sind im Freskenprogramm des Oratorio enthalten. Als die Bilder 1582 vollendet waren, vergegenwärtigen sie somit einerseits die nur wenige Jahrzehnte zurückliegenden Ereignisse und andererseits die historisch fernen Episoden aus der Kreuzlegende. Die

Geschichte des lokalen Kruzifixes von S. Marcello wurde um die „Urgeschichte" des Kreuzes Christi, oder besser der Reliquie des wahren Kreuzes, ergänzt. So naheliegend diese Kombination erscheint, so erstaunlich ist sie, macht sie doch auf einen „Mangel" des Kruzifixes aufmerksam: Es enthält keine Kreuzreliquie, sondern besteht gänzlich aus profanem Holz. Zwar ist ihm eine wunderwirkende, heilige Kraft verliehen, doch es stammt nicht unmittelbar vom wahren, von Helena entdeckten Kreuz ab. Warum die Kreuzlegende dennoch die Verehrung des Kruzifixes von S. Marcello bekräftigen konnte, soll weiter unten näher erläutert werden.

In S. Croce in Gerusalemme hingegen hatte Erzherzog Albrecht VII. von Habsburg, seit 1577 Titelkardinal der Kirche, eine Kreuzreliquie gespendet und die Erneuerung der Helenakapelle beauftragt. Es hätte keine passendere Stiftung geben können. Ein Eintrag im „Liber Pontificalis", dem chronologischen Geschichtswerk, das Mitte des 4. Jahrhunderts mit Auflistungen der Päpste beginnt und bald ausführlichere Angaben zu den Ereignissen während der Pontifikate enthält, geht in die Entstehungszeit der Kirche zurück. In dem Anfang des 6. Jahrhunderts geschriebenen Passus zur Vita von Papst Silvester (314–353) heißt es rückblickend, Konstantin der Große habe die Kirche gegründet und ihr die erste Kreuzreliquie Roms gestiftet. Seitdem werde sie „Jerusalem" genannt. Wie Santa Pudenziana (Abb. 26, S. 109) entstand S. Croce in Gerusalemme in einem bereits vorhandenen Baukomplex, hier dem kaiserlichen Palast Sessoriano am Esquilin, in dem vermutlich die Kaisermutter und Kreuzauffinderin Helena wohnte. Inwieweit die Gründung auf sie zurückgeht oder zu ihrem Gedenken war, lässt sich den Quellen allerdings nicht entnehmen.

Protestanten versus Katholiken

Die Freskenzyklen aus der zweiten Hälfte des 16. Jahrhunderts weisen zwar auf ein neues Interesse an der Kreuzlegende, lassen jedoch die heftige Debatte über die Kreuzverehrung zwischen den katholischen Theologen auf der einen Seite und den Reformatoren auf der anderen nicht erahnen. Es war ein eindeutiges Für und Wider, ein Schlagabtausch, in dem sich allerdings verschiedene Argumentationsstränge überlagerten und in der ersten Phase über die Verehrung des Kruzifixes, weniger des Kreuzes als solchem, gestritten wurde.

Bereits in der Predigt Martin Luthers vom 14. September 1522, die noch im selben Jahr in Wittenberg gedruckt wurde, kamen grundlegende Kritikpunkte zur Sprache. Luther kontrastierte den Missbrauch des Kruzifixes durch die Papstkirche mit seinem Kreuzverständnis, das er vom Kreuzwort Jesu (Mt 16,24) ableitete. Er forderte die Verinnerlichung des Kreuzes im Herzen, was er als Bereitschaft, den Widrigkeiten eines gottesfürchtigen Lebens nicht zu trotzen, umschrieb. Zwei Bezichtigungen des Irrglaubens, die letztlich übergeordneter Art sind, doch in Bezug auf das Kruzifix besonders vehement vorgebracht wurden, sind schon hier deutlich zu erkennen: zum einen der Reliquienkult, zum anderen die Verehrung von Bildwerken. In Luthers Predigt ist beides in seine Kritik des Ablasswesens eingebettet: Die Kreuzreliquie diene dazu, die Gläubigen anzulocken, um Ablässe zu vergeben, und dies unabhängig von der Frage nach der Authentizität des Holzes. Luther, der den Reliquienkult gänzlich ablehnte, maß die Kirche an ihren eigenen Mitteln. Mit der ungefähren Kalkulation, die auf der Welt vorhandenen Kreuzreliquien reichten für den Bau eines Hauses, warf er ihr vor, für jedwede Art von Holz – selbst den Splitter eines Galgens – die Gnade Gottes einzufordern. Die wundertätigen Bildwerke – Kreuze, die „geschwitzt haben und geblutet"[87] – waren für ihn ein ähnlich irreführendes Ärgernis, nichts als Ziele des lukrativen Wallfahrtswesens.

In Luthers Predigttext sowie der 1525 veröffentlichten „Widerlegung" („Confutatio"), in der sein ungnädigster Gegner Johannes Cochläus Passus für Passus mit wenigen Sätzen kommentierte, ist die Verehrung von Kreuzreliquien und Kruzifixen nur ein Thema unter vielen. Die Reformatoren, die die Kritik an den religiösen Bildwerken bis zu deren Zerstörung radikalisierten, äußerten sich dezidierter zum Kruzifix, das ihnen als besonders verwerflich galt. Argumente gab es viele, darunter erneut solche, die das wahre Verständnis der Kreuzesnachfolge betrafen. Die äußere Fixierung auf den Gekreuzigten, so der Vorwurf, überblende die Verinnerlichung der Worte Jesu von Schuld und Erlösung. Hier knüpfte ein Argument an, das nicht theologischer, sondern bildgeschichtlicher Art war. Wer ein Bildwerk so inniglich betrachte, sei vom Götzendienst nicht fern. Aus streng reformatorischer Sicht war die christliche Religion zu einem Kult der Statuen und Bilder, vermeintlich göttlicher, wundertätiger und Gnade spendender Machwerke, verkommen. Erst indem man sie entfernte und zerstörte, konnte man ihren Bann brechen. In diesem radikalen Verhalten zeigte sich in letzter Konsequenz, dass auch die reformatorischen Bilderstürmer die Verführungskraft der Bilder fürchteten.

Um die Mitte des 16. Jahrhunderts begann eine Debatte eigens über das Kreuz, die explizit auch das Kreuz ohne Christus, wie es im Bild Elsheimers (Abb. 58, S. 257) zu sehen ist, thematisierte. In der Zeit um 1600, als Elsheimer an der „Verherrlichung des Kreuzes Christi" arbeitete, gab es bereits eine umfängliche Spezialliteratur, in der katholische Gelehrte die Verehrung des Kreuzes verteidigten. In gewisser Weise ähnelten sie den bereits in vorherigen Kapiteln erwähnten, frühchristlichen Apologeten des Kreuzes, doch ihr Ansatz war längst nicht nur die Auslegung der Bibel. Der radikalen Kritik an den Kreuzreliquien und mit ihnen an den Legenden des wahren Kreuzes, an Kreuzbildwerken, der Gebärde des Kreuzeichens und den liturgischen Kreuzfesten begegneten sie mit einer Vielzahl historiografischer Argumente. Alle Formen der Kreuzverehrung, das galt es zu zeigen, konnten mit der Autorität der Apostel, Kirchenväter und zahlreicher an-

derer Gelehrter bis in die Frühzeit des Christentums zurückver-
folgt werden. Diese Vorfahren attestierten, dass der Kreuzkult der
katholischen Kirche keine Verirrung war, sondern der urchristlichen Lehre und Glaubenspraxis entsprach. Manche der katholischen Gelehrten des späten 16. und frühen 17. Jahrhunderts
machten sich noch immer die Mühe, die reformatorischen Ge-
genstimmen aufzunehmen. Das beste Beispiel dafür ist der Jesuit
Jakob Gretser aus Ingolstadt, der sein Traktat „De cruce Christi"
zwischen 1598 und 1616 kontinuierlich ergänzte und auf diese
Weise die bis heute umfangreichste Abhandlung schuf. Anderen
Texten sind die Anzweifelungen nur noch indirekt zu entnehmen,
wenn sie – auf der Grundlage der in den Jahren zuvor publizierten
Bücher – das gesamte Spektrum der Kreuzverehrung und ihrer
Tradition entfalten.

Adam Elsheimers „Verherrlichung des Kreuzes Christi" als gelehrtes Bild

Zu dieser Kategorie gehört Giacomo Bosios „La trionfante e gloriosa Croce" (Abb. 60), das 1610 in Rom auf den Buchmarkt kam
und mit seinem Titel wie ein Pendant zu Elsheimers „Die Verherrlichung des Kreuzes Christi" wirkt. Viele der Themen aus den vorherigen Kapiteln des vorliegenden Buches können bei Bosio –
etwas ausführlicher – nachgelesen werden, etwa die Kosmologie
des Kreuzes; die Wandlung vom Schandzeichen zum triumphalen
Symbol; die frühe Ikonografie des Kreuzes; Konstantins Sieg und
Helenas Auffindung. Erst gegen Ende des letzten der insgesamt
sechs Bücher, die die Abhandlung unterteilen, geht es explizit um
die Kreuzverehrung. Bosio kündigt an, dass wir „jeden Disput
hinter uns lassen und kurz sowie entschlossen fortfahren wollen.
Wir werden in diesem Kapitel zeigen und klar beweisen, dass das
Heilige Kreuz mit aller Hingabe verehrt werden muss."[88] Gleich zu
Beginn fällt auf, dass die Bilder und die Reliquien nicht nur gleichermaßen gutgeheißen, sondern auch im Vergleich zueinander

bestimmt werden. Bosio war bei Weitem nicht der Einzige, der sich mit dieser komplexen Frage auseinandersetzte, und soll deshalb nur als Beispiel dienen. Die Unterschiede macht er an der Unvollständigkeit beziehungsweise Vollständigkeit des Kreuzes sowie der Relation zu Christus fest: Ein Bild könne das Kreuz in Gänze darstellen und so den Gekreuzigten repräsentieren; eine Kreuzreliquie sei zwar nur ein Fragment, habe aber den Körper Christi berührt. Der Nachteil des einen gerät zum Vorteil des anderen, ohne dass sich daraus eine Wertung ergibt.

Bosios Reflexion über Bildwerk und Reliquie führt zurück zum Freskenprogramm des Oratorio SS. Crocifisso mit seinen Zyklen zur Auffindung des wahren Kreuzes einerseits und zum wundertätigen Kruzifix von S. Marcello andererseits. Nach der Lektüre Bosios vermitteln die Bilder keine Hierarchie, sondern eine Ähnlichkeit von Kreuzreliquie und Kruzifix, die nun allerdings auch deren Wundertätigkeit betrifft. In diesem Punkt war die Reliquie eine Art Schutzherrin: Kaum hatte Helena das Holz des wahren Kreuzes gefunden, erweckte es einen Toten zum Leben. Wer also behauptete, ein materielles Kreuz könne eine göttliche Kraft besitzen, konnte auf das Kreuzesholz verweisen. Zwar war das Kruzifix von S. Marcello nur ein Bildwerk aus gewöhnlichem Holz und eine Repräsentation des Gekreuzigten, die niemals mit ihm in Kontakt gekommen war. Da es aber in der Nachfolge des wahren Kreuzes stand, wohnte ihm das Potenzial zur Wundertätigkeit inne.

Folgt man allerdings der reformatorischen Lehre, fällt das Ganze wie ein Kartenhaus in sich zusammen: Wenn der Reliquienkult verfehlt ist, nützt auch das Kreuzesholz nichts und die Legende seiner Auffindung erübrigt sich. Wenn man diesen Teil des Freskenprogramms übertüncht, fehlt dem Überirdischen des Kruzifixes von S. Marcello die historische Legitimation. Selbstredend war dies nur ein Argumentationsstrang der Reformatoren, galt ihnen doch die Verehrung von Kruzifixen ganz grundsätzlich als Abirrung von der wahren Kreuzesnachfolge. Nicht um das Spektakel von Bildwerken, die vermeintlich einen Brand

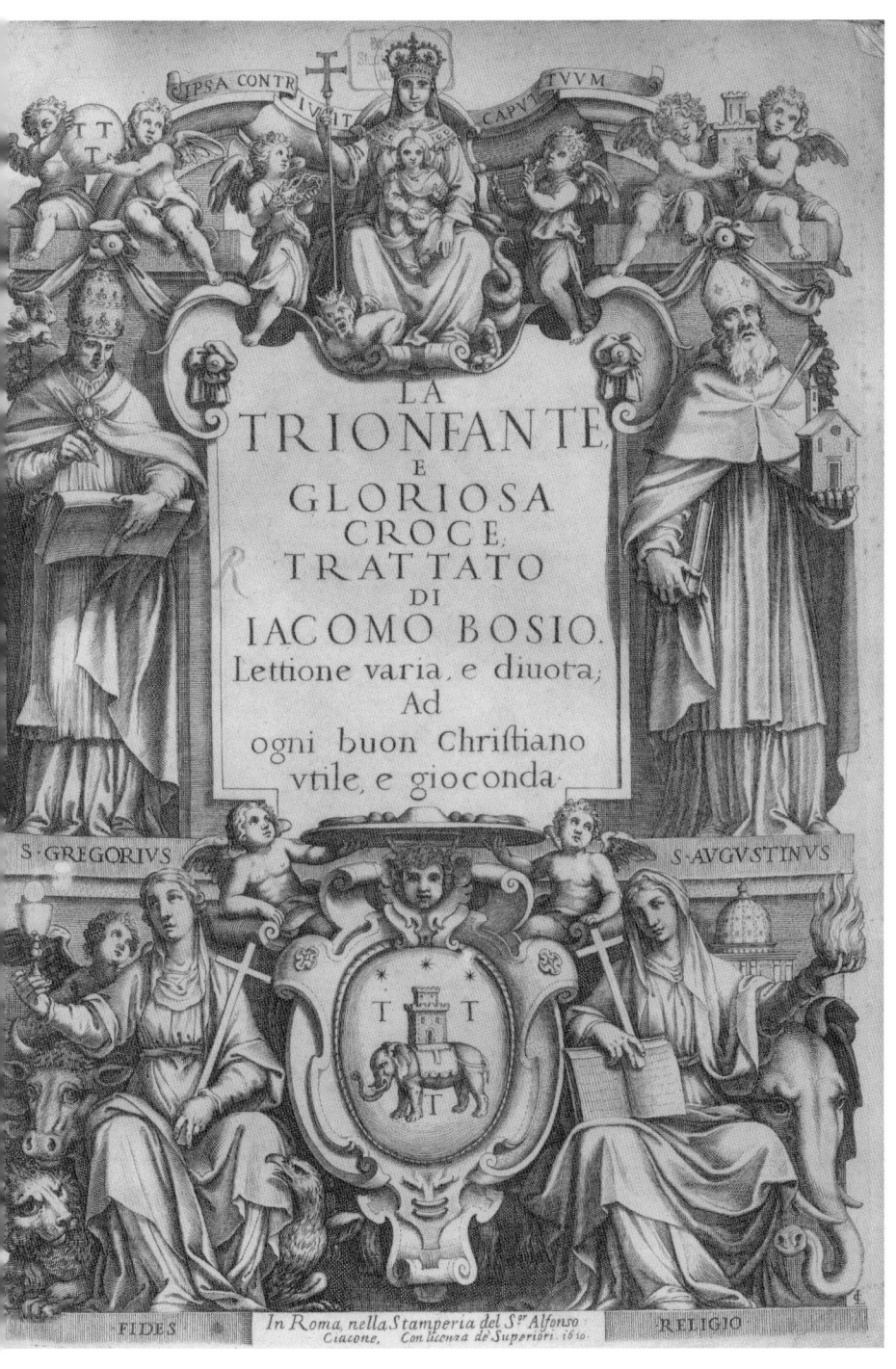

Abb. 60: Giacomo Bosio, La trionfante e gloriosa Croce,
Rom 1610, Frontispiz

unversehrt überstanden und die Pest beendeten, sollte es gehen, sondern um die innere Bürde des Kreuzes.

Elsheimers durch und durch katholische „Verherrlichung des Kreuzes Christi" (Abb. 58, S. 257) ist dem Irdischen gänzlich entrückt. Zwar sehen wir das wahre, aus Holz bestehende und am oberen Ende mit dem Titulus versehene Kreuz, an dessen Fuß Helena kniet. Es steht jedoch nicht auf Golgatha, sondern auf einer der Wolken, die nur dem Anschein nach massives Gestein sind. Wenn man das Bild im Kontext der zeitgenössischen Kreuztraktate betrachtet, gewinnt es eine ganz erstaunliche Bedeutung hinzu. Es gelingt Elsheimer, im Bildraum der Verherrlichung die Argumentationsweise der zeitgenössischen Autoren zu veranschaulichen. So wie sie die Propheten und Stammesväter aus dem Alten Testament, die Evangelisten, Apostel, christlichen Theologen und Philosophen zitieren, versammelt Elsheimer die Figuren um das Kreuz herum. Nah an uns herangerückt sitzen die Kirchenväter und Märtyrer. Ganz vorn ist zum Beispiel Hieronymus in die Heilige Schrift vertieft; von Stephanus, der mit Laurentius spricht, sehen wir nur den Rücken und die nackten Fußsohlen. Hinter Hieronymus diskutieren Sebastian und Gregor I.; über ihnen legt Katharina von Alexandrien den Kopf auf die Schulter Maria Magdalenas. Von den beiden Frauen zu Franziskus von Assisi, der verdunkelten Figur im strengen Halbprofil, vollzieht sich ein chronologischer Sprung vom Ur- und Frühchristentum in die Zeit um 1200. Licht und Schatten schaffen eine zeitliche, wenn auch nicht streng chronologische Ordnung. Von oben führen die Himmelsstrahlen durch die lichte, weiter in der Vergangenheit liegende Sphäre der Bibel. Hier sitzen die Evangelisten beieinander; Adam und Eva neigen sich einander zu; die schon farbintensivere Figurenkaskade aus Moses, Abraham, David und Daniel führt zu Jona, der zum Kreuz emporschaut. Wenn wir seiner Rückenlinie folgen, kommen wir wieder in der Frühzeit des Christentums an. So wie die Traktate den Stimmen Gehör verschaffen und dabei auch Episoden aus den Märtyrerlegenden wieder aufleben lassen, verschafft das Bild der Vertrautheit und Diskussionsfreude Lebendigkeit. Wir dürfen annehmen, dass sich hier niemand ernsthaft widerspricht. Das Kreuz – das wahre Kreuz Christi – ist das Zentrum, der Dreh- und Angelpunkt dieser überzeitlichen Gemeinschaft.

Steht man zu zweit vor dem Frankfurter Altar und kommt über die Kreuzdarstellung der Mitteltafel ins Gespräch, kann man sich als Teil der Gemeinschaft fühlen. Vielleicht weist man sich gegenseitig auf einzelne Details hin, ganz so wie Stephanus und Laurentius in der linken unteren Bildecke. Sie sind – wenn auch nur in Miniaturgröße – unsere innerbildlichen Pendants und kommen uns zudem räumlich am nächsten, denn die bloßen Füße von Stephanus ragen über den Bildrand hinaus in unseren Raum vor dem Bild. Obgleich die Figur uns den Rücken zuwendet, „öffnet" sie den Bildraum und lässt uns an der himmlischen Verherrlichung teilhaben. Es ist gut vorstellbar, dass sich der Auftraggeber auf eine intensive, religiöse sowie intellektuelle Weise als zugehörig empfand. Er muss kein Verfasser einer Abhandlung zum Kreuz gewesen sein, gehörte aber sicherlich zu jenen Kreisen katholischer Gelehrter, in denen sich erstaunlicherweise auch Elsheimer bewegte.

Die Schlüsselfigur war der Maler Peter Paul Rubens, den Elsheimer 1601 in Rom kennenlernte. Auch Philip Rubens, der ältere Bruder, hielt sich in der Stadt auf und schloss hier sein Studium des Rechts ab. Philip war ein Schüler des an der Universität Löwen lehrenden Philologen und Philosophen Justus Lipsius, dessen erstmals 1593 in Antwerpen erschienenen „Drei Bücher über das Kreuz. Nützlich für die heilige wie die profane Geschichte" („De Cruce Libri Tres. Ad sacram profanámque historiam utiles") im ersten Kapitel dieses Buches dazu dienten, die Form des Kreuzes bei den Römern zu bestimmen. Lipsius' Forschungen verdeutlichen das historisch-philologische Interesse am Kreuz, das im Kontext der theologischen Debatten entstand, am prägnantesten. „De Cruce Libri Tres" ist allerdings alles andere als ein zentrales Werk von Lipsius. Es ließe sich wohl auch für Philip Rubens und die befreundeten Intellektuellen – Philologen, Naturwissenschaftler, Mediziner – nur schwerlich behaupten, dass die Kreuzfrage eines ihrer Kernthemen war. Da aber der Frankfurter Altar von einer vertieften, durch Kenntnisse aus der theologischen Fachliteratur fundierten Auseinandersetzung mit der Kreuzverehrung zeugt, wird der Auftraggeber aus diesem sowohl gelehrten als auch schöngeistigen Milieu gestammt haben. Dass nicht zuletzt der Katholizismus eine Zusammengehörigkeit stiftete, wird in Elsheimers eigener Abkehr vom Protestantismus und seiner Konversion zum katholischen Glauben deutlich. Angesichts der leuchtenden Farben und der illustren Gesellschaft in der „Verherrlichung des Kreuzes Christi" ist diese Entscheidung nur allzu verständlich.

Bedeutung über Bedeutung

Das katholische Kreuz überstrahlt alles, und auch die Kapitel dieses Buches stehen in seinem Licht. Sie reichen allerdings nicht an Adam Elsheimer und dessen Konsequenz, Christus in der „Verherrlichung des Kreuzes" auszublenden, heran. Vor dem Frankfurter Altar könnte man ohne Vorwissen meinen, der Hauptgegenstand des christlichen Glaubens sei das Kreuz. Tod, Blut und Schweiß des Erlösers sind eine so selbstverständliche Voraussetzung für das Göttliche des Kreuzes, dass sie in den Bildern des Altars getrost ausgespart werden können. Das Kreuz besitzt seine eigene Legende, in der Christus nur mittelbar präsent ist. Ob man – wie das siebte Kapitel dieses Buches – bis zum Holz des Lebensbaums im Paradies zurückgeht oder – wie der Frankfurter Altar – erst bei Helena einsetzt, das Kreuz steht für sich. In Elsheimers Bild ragt es wie ein Solitär auf, den allein Helena berührt. Was wie ein zeitloses Kreuz wirken könnte, wird durch diese intime Nähe eindeutig zum Kreuz auf Golgatha.

Elsheimers Bild entfaltet den Kosmos des historischen Kreuzes in den Bildraum hinein. Je mehr Figuren, je mehr Heilige, Märtyrer und Gelehrte es gibt, die das Kreuz verehren, desto besser. In Giacomo Bosios „La trionfante e gloriosa Croce" greift ein Argument in das andere, sodass ganz gezielt eine Gleichzeitigkeit historisch-theologischer Deutungen entsteht, die kaum noch voneinander zu trennen sind. Text und Bild ergänzen sich, denn hier sind die Stimmen derjenigen zu vernehmen, die im Bild Gestalt annehmen. Mit Bosios Traktat in der Hand könnte man die Figuren des Bildes zum Sprechen bringen und ein emphatisches Durcheinander des Kreuzeslobes vernehmen. Von den diffamierenden und gewaltsamen Instrumentalisierungen sowie von der Bürde des Kreuzes ist hier nichts zu spüren.

Abb. 61: Kardinal Reinhard Marx, Erzbischof von München, und Landesbischof Heinrich Bedford-Strohm, Ratsvorsitzender der Evangelischen Kirche in Deutschland, in der Altstadt von Bethlehem, Oktober 2016

Kapitel 10

Außer Kontrolle: Heutige Debatten über das Kreuz

Wie zwei Versager standen sie für manche da, im spartanischen Lutherrock der eine, im schwarzen Gewand mit scharlachrotem Gürtel der andere, doch beide mit nackter Brust. Für ihren Besuch des Jerusalemer Tempelbergs und der Al-Aksa-Moschee im Oktober 2016 hatten Kardinal Reinhard Marx, Erzbischof von München, und Landesbischof Heinrich Bedford-Strohm, Ratsvorsitzender der Evangelischen Kirche in Deutschland, ihre langen Halsketten mit dem großen metallenen Kreuzanhänger abgenommen. Sie leisteten damit einer Aufforderung von muslimischer Seite Folge, handelten zwar nicht freiwillig, doch ohne zu zögern. Was die beiden kirchlichen Würdenträger als Respektbekundung gegenüber den muslimischen Gläubigen zu verstehen wissen wollten, sorgte in der deutschen Presse für einen Eklat. Selbstverleugnung und Unterwerfung lauteten die Vorwürfe. Die Beschwichtigung, die Brustkreuze seien lediglich Insignien des Bischofsamtes, sozusagen ein institutionelles Accessoire auf demonstrativ christlichen Gewändern, nahm sich gegenüber dem Eindruck des politischen Versagens recht spitzfindig aus. Die Episode galt als weiteres Beispiel für die Feindeshaltung islamischer Autoritäten, denen sich Marx und Bedford-Strohm mit ihrem konfliktscheuen Verständnis von interreligiöser Toleranz widerstandslos unterworfen hätten. Dabei wurde nur am Rande erwähnt, wenn nicht sogar geflissentlich außer Acht gelassen, dass die beiden Kleriker ihre Brustkreuze auch an der Klagemauer des jüdischen Tempels nicht trugen. Nach der harschen öffentlichen Kritik äußerte sich Bedford-Strohm im Dezember 2016 reumütig über den Besuch der beiden heiligen Stätten und die mangelnde Reisevorbereitung in einer politisch besonders angespannten Situation. Dass ausgerechnet der Umgang mit dem Kreuz zum Prüfstein wurde, ist angesichts des historischen Konfliktpotenzials dieses Symbols kaum verwunderlich. In der öffentlichen Debatte wurde das Kreuz recht eindimensional als einendes, die Christenheit stärkendes Bekenntniszeichen beschworen. Nichts weniger als die Unerschrockenheit der Märtyrer sollten Marx und Bedford-Strohm unter Beweis stellen. „Wo", fragte etwa Michael Wolffsohn in der „Bild" am 14. November 2016, „ist der Bekennermut der deutschen Kirchenvertreter?"[89] Schon wähnt man sich durch die eilfertige Selbsterniedrigung der Kirchenobersten in die bedrohliche Zeit vor dem 4. Jahrhundert zurückversetzt, mit einem kleinen Ring am Finger, der kein Kreuz, sondern ein weniger plakatives Christogramm trägt (Abb. 19, S. 76). In dieser Frühphase war das Kreuz vor allem eine rituelle Geste und kein sichtbar bleibendes Zeichen. Seine triumphale Kraft musste sich erst noch erweisen. Mit dem christlichen Bekenntnis und den militärischen Siegeszügen Konstantins des Großen avancierte das Kreuz in der zweiten Hälfte des 4. Jahrhunderts zu einem Symbol, das genau diese beiden Aspekte in sich verschränkte: Es zeigte zum einen die Glaubenszugehörigkeit und enthielt zum anderen den Gedanken des Triumphs über den Feind, sei er der Tod, der Teufel, der politische Widersacher oder der Andersgläubige. Konstantins *labarum*, seine kostbar geschmückte, kreuzförmige Standarte, bildete den – in seiner Schönheit unerreichbaren – Prototyp für das Kreuz als Kriegsinstrument. Dass diese politisch-militärische Dimension des Sieges selbst auf unausgesprochene Weise fortdauert, ist einem Interview des Kölner Domradios zu entnehmen, in dem Michael Doll vom Deutschen Verein vom Heiligen Lande die Demutsgeste von Marx und Bedford-Strohm verteidigte: „Wir würden es auch nicht gerne sehen, wenn [ein Vertreter des Islams eine christliche Kirche] mit der Fahne Mohammeds betreten würde. Oder ein Israeli, ein Jude, mit einer israelischen Flagge mit Davidstern. Das würden wir auch als zumindest sehr befremdlich empfinden. Wenn wir es denn überhaupt dulden würden."[90] Lediglich Zeichen des Bekenntnisses? Weit gefehlt: Die Brustkreuze, so ist dem Vergleich zu entnehmen, sind Standarten mit territorialem Anspruch. Dass die Respektsbekundung auch ein Eingestehen dieser politischen Strahlkraft des Kreuzes war, liegt an den heiligen Stätten Jerusalems, die seit dem 7. Jahrhundert von Juden, Christen und Muslimen gleichermaßen für sich reklamiert wurden, besonders nahe.

Schaut man sich jedoch das Foto an, auf dem die beiden Kleriker in der Altstadt von Bethlehem in die Höhe schauen, entsteht ein völlig anderer Eindruck (Abb. 61). Die schlichten, leuchtenden Kreuze heben sich in bescheidener Pracht von dem schwarzen und roten Stoff ab. Nichts in dem Bild ist von einem solchen Glanz; auch der Ring des Erzbischofs wirkt vergleichsweise stumpf. Diese Brustkreuze stehen in der Tradition der frühmittelalterlichen Gemmenkreuze (Abb. 25, S. 100), die das hölzerne Marterwerkzeug des Todes in ein edles Triumphzeichen der Auferstehung und des ewigen Lebens verwandeln. Dies mag die unverfänglichste und zugleich theologisch zentrale Botschaft der Brustkreuze sein. Sie schafft eine ganz andere, der mühseligen Gegenwart entrückte Zeitlichkeit, in der es keine Zwietracht mehr gibt. Die verklärten Blicke und das Staunen in den Gesichtern von Marx und Bedford-Strohm erwecken den Eindruck, dass die beiden für einen Moment in eine solche Welt entrückt sind. Gleich werden sie wieder auf dem Boden der Tatsachen stehen, mit Kreuzen um den Hals, die sie in eine komplizierte Gemengelage aus Vergangenem und Gegenwärtigem verstricken, denn die Brustkreuze sind Amtskreuze, Bekenntniszeichen, Machtsymbole und Erlösungsversprechen zugleich. Sie enthalten die Geschichte des Kreuzsymbols und schreiben sie fort, ohne sich des Ballasts entledigen zu können.

Behördenkreuze

Am 24. April 2018 beschloss das Kabinett des frisch gebackenen Bayerischen Ministerpräsidenten Markus Söder eine Änderung der Allgemeinen Geschäftsordnung für die Behörden des Freistaates Bayern, die zum öffentlichen Ärgernis wurde: „§28: Anbringung von Kreuzen in Dienstgebäuden. Im Eingangsbereich eines jeden Dienstgebäudes ist als Ausdruck der geschichtlichen und kulturellen Prägung Bayerns gut sichtbar ein Kreuz anzubringen." Gleich im Anschluss an die Sitzung ließ sich Söder medienwirksam fotografieren, wie er das Bronzekreuz des Kabinettsaals (Abb. 62), ein Geschenk des Münchner Kardinals Friedrich Wetter an den bis 2007 amtierenden Ministerpräsidenten Edmund Stoiber, ins Foyer der Staatskanzlei trug und dort an die Wand hielt. Mit der Segnung von Johannes Friedrich, dem damaligen Landesbischof der Evangelisch-Lutherischen Kirche in Bayern, wurde es zu einem ökumenischen, die beiden christlichen Konfessionen vereinenden Kreuz.

Die Beanspruchung von Kreuz und Kirche für Geschichte und Kultur Bayerns sorgte für einige Irritation. Im Zentrum der Debatte stand jedoch weniger die Allianz zwischen Kirche und Freistaat als vielmehr das verklausulierte Verständnis des Kreuzes. Man durfte sich an den Rechtstreit über die Kruzifixe in den bayerischen Volksschulen und den Karlsruher Kruzifixerlass aus dem Jahr 1995 erinnert fühlen. Die gesetzliche Vorschrift, ein Kruzifix in ausnahmslos allen Klassenzimmern aufzuhängen, wurde damals als verfassungswidrig erklärt. Das daraufhin abgeänderte Bayerische Gesetz über Erziehung und Unterrichtswesen berücksichtigt die Kruzifix-Abneigung besorgter Erziehungsberechtigter und sieht Möglichkeiten der Schlichtung vor, stellt dem Passus jedoch nichtsdestotrotz die folgenden Sätze voran: „Angesichts der geschichtlichen und kulturellen Prägung Bayerns wird in jedem Klassenraum ein Kreuz angebracht. Damit kommt der Wille zum Ausdruck, die obersten Bildungsziele der Verfassung auf der Grundlage christlicher und abendländischer Werte unter Wahrung der Glaubensfreiheit zu verwirklichen." (Artikel 7, Absatz 4) Geschichtlich und kulturell, christlich und abendländisch – das Gesetz ist zwar weniger wortkarg, doch in seinem Kreuzverständnis gleichermaßen schwammig.

Während sich die Bedeutungsschichten der Brustkreuze von Reinhard Marx und Heinrich Bedford-Strohm ausdifferenzieren

Abb. 62: Bronzekreuz im Eingangsbereich der Bayerischen Staatskanzlei, gehalten vom Bayerischen Ministerpräsidenten Markus Söder, München, April 2018

lassen, ist in den Behördenfoyers alles und nichts möglich. Als Wahrzeichen bayerischen Selbstverständnisses, als „Zeichen eines kulturellen Selbstbehauptungswillens"[91] ist das Kreuz ausgrenzend und antimodern, ohne jeglichen Bezug zu unserer pluralistischen Gesellschaft. Söders Reduktion des Kreuzes auf abendländisch-universelle Werte – wie Nächstenliebe, Barmherzigkeit, Versöhnung und Toleranz – war ein recht krampfhafter, letztlich vergeblicher Versuch, das Religiöse auszublenden. Ohne diese Sinndimension ist das christliche Kreuz nicht zu haben. Ob man die verwirrende Botschaft der Erlösung – durch ein Hinrichtungswerkzeug – tatsächlich versteht, ist dabei nicht relevant. Sie war von Beginn an umstritten – man erinnere sich an die Spötter unter dem Kreuz Jesu, von denen die Evangelisten berichten. Die Situation ist vertrackt: Wer eingesteht, dass das Kreuz immer auch ein religiöses Symbol ist, kann sich kaum noch auf dessen einende Kraft berufen. Wer heute sein politisches Handeln nach einem Wertekanon des Kreuzes ausrichtet, sollte nicht vergessen, dass es sich um ein historisches Symbol fataler politischer Instrumentalisierungen handelt. In dieser Hinsicht erscheint es wenig ratsam, das Kreuz als Leitmotiv in die ministerialen Eingangsbereiche zu hängen. Es ist in seiner Symbolgeschichte insgesamt zu kompliziert, als dass es selbstredend für freiheitlich-demokratische Grundwerte stehen könnte.

Die in diesem Buch vorgestellten mittelalterlichen Objekte lassen jedoch hoffen, dass sich die aufgehängten Kreuze selbst im Spannungsfeld von Religion, Kultur, Geschichte und Politik verorten. Das Cloisters Cross aus dem 12. Jahrhundert zum Beispiel (Abb. 42, S. 188) trifft mit seinem typologisch-antijüdischen Programm theologische Aussagen, die der Bayerischen Staatskanzlei eine politische Schlagseite geben würden. Das dortige, von Söder so stolz präsentierte Bronzekreuz ist allerdings eine Enttäuschung (Abb. 62). Wie von einem Kardinalsgeschenk nicht anders zu erwarten, zeigen die in feinem Relief gearbeiteten Bilder Szenen aus der Vita Christi, im Zentrum die Kreuzigung und darüber die Auferstehung. Ein bayerisches Spezifikum lässt sich darin jedoch nicht erkennen. Vielleicht handelt es sich um das Werk eines Künstlers aus dem Freistaat, und der Kreuzerlass hat letztendlich als Kunstförderung gewirkt? Das wäre zumindest ein schöner Nebeneffekt.

Kuppelkreuz und Reichsapfel

Im Kreuzfeuer einer ganz ähnlichen Debatte steht das Kreuz auf der Kuppel des Humboldt Forums in Berlin (Abb. 63 und 64). Während jedoch die Behördenkreuze eine rein bayerische Angelegenheit blieben, der selbst Markus Söder schon bald keine große Aufmerksamkeit mehr schenkte, stellt das Kuppelkreuz das Konzept eines Mammutprojekts infrage, das mit über 600 Millionen Euro aus Bundes- und Landesmitteln finanziert wurde. Mit der Umwidmung des wie aus dem Nichts wiederaufgebauten Schlosses der Hohenzollern ins Humboldt Forum sollte aus dem kolossalen Bau dynastischer Herrschaft ein Zentrum globaler Kultur und Wissenschaft werden. Für die vehemente Kritik, das Humboldt Forum scheitere in jeder Hinsicht an seinem Anspruch, ein Ort kultureller Hierarchiefreiheit zu sein, ist das Kreuz ein besonders plakatives Argument. Es wurde im Mai 2020, etwa ein halbes Jahr vor der Teileröffnung des Forums, angebracht und bildete gewissermaßen den krönenden Abschluss des acht Jahre zuvor begonnenen Wiederaufbaus.

Deutlicher noch als in Bayern geht die Rechtfertigung fehl, das Kuppelkreuz sei letztlich ein Symbol für die gesamte Menschheit, da es die global gültigen, Demokratie und Frieden bewirkenden Werte der christlichen Lehre enthalte. Tatsache ist, dass es als historisch authentisch verstanden werden soll. Kreuz, Kuppel und darunter die Hofkapelle wurden zwischen 1845 und 1853 auf Wunsch des preußischen Königs Friedrich Wilhelms IV. oberhalb des Westportals errichtet. Anders als die rekonstruierten Schlossfassaden, die den Barockbau aus dem frühen 18. Jahrhundert wiedererstehen lassen, vergegenwärtigt der Kapellenbau somit die Zeit der bürgerlichen Revolution und der restaurativen Politik des preußischen Königs, der das Gottesgnadentum für sich reklamierte und eine sakrale Monarchie anstrebte. Das rekonstruierte Kuppelkreuz ist deshalb alles andere als ein gemeinschaftsstiftendes Zeichen, sondern ganz im Gegenteil ein historisches Machtsymbol Friedrich Wilhelms IV.

Zu dem Eindruck, dass der Geist des Königs über der Kuppel schwebt, trägt ganz wesentlich die Inschrift am unteren Kuppelrand bei. Der leuchtend blaue Streifen mit den goldenen Großbuchstaben ist ein besonders prägnanter Bestandteil des Baus, der schon von Weitem auffällt (Abb. 64). Der umlaufende, etwas holprige Satz, der sich aus zwei – leicht abgewandelten – Versen aus dem Neuen Testament zusammensetzt (Apg 4,12 und Phil 2,10), stammt von Friedrich Wilhelm IV. selbst: „Es ist kein ander Heil, ist auch kein anderer Name den Menschen gegeben,

denn in dem Namen Jesu, zur Ehre Gottes, des Vaters, dass im Namen Jesu sich beugen sollen aller derer Knie, die im Himmel und auf Erden und unter der Erde sind." Auf Erlösung darf somit nur hoffen, wer den am Kreuz erhöhten Gottessohn verehrt. Die Anbringung der Inschrift am Kuppelrand hat zwei Effekte: Zum einen wirkt sie wie ein Kommentar zum Kreuz, das nun explizit zum Symbol Christi wird. Zum anderen gerät sie zur autoritären Anweisung, weil man weit zu ihr hinaufschauen muss und sich damit bereits in der untergeordneten Position befindet, die sie einfordert. Friedrich Wilhelm IV. ergänzte das Barockschloss somit um eine Kuppel, die Glaube und Herrschaft mit großer Außenwirkung ineinanderfügte.

Dass man sich mit diesem historischen Verständnis von Kreuz und Kuppel noch keine Deutungshoheit verschafft, macht die postkoloniale Kritik am Humboldt Forum deutlich. Die christliche Selbstüberhöhung Friedrich Wilhelms IV. ist aus dieser Perspektive nur ein weiteres Beispiel für die gewaltsame politische Unterdrückung, die auf allen Kontinenten im Zeichen des Kreuzes erfolgte und nach wie vor wirksam ist. Das Kreuz besitzt von dieser Warte aus eine negative Strahlkraft unabhängig von Zeit und Ort. Es wird zu einem Symbol des Schreckens und stellt das Humboldt Forum als weltoffenes Haus, das eine machtfreie, von gegenseitiger Wertschätzung geprägte Begegnung der Kulturen ermöglichen will, in ein schlechtes Licht. Anders herum gesagt, bringt das Humboldt Forum das Unrühmliche des Kreuzes hervor. Man könnte das Kreuz, dem Beispiel von Reinhard Marx und Heinrich Bedford-Strohm folgend, wieder abmontieren und damit vor seiner Bedeutungsgeschichte und Unbeherrschbarkeit kapitulieren. Eine andere Möglichkeit wäre, eine schlaglichtartige politische Geschichte des christlichen Kreuzes in das Humboldt Forum zu integrieren. Das Kuppelkreuz von außen mit Gegen-

⟵ Abb. 63: Kuppellaterne mit Kreuz und Reichsapfel, Berlin, Schloss/Humboldt Forum, Mai 2020

installationen anzugehen, könnte vergeblich sein, weil es sich nicht so schnell beeindrucken lässt.

Der Anschein des Unbezwingbaren wird dem Kuppelkreuz auch durch seine Form verliehen (Abb. 63). Es steht auf einer Kugel und ähnelt darin dem um 1200 entstandenen, sehr kleinen, ungleich formschöneren Reichsapfel in Wien (Abb. 13, S. 58). Auf der Kuppel handelt es sich somit um eine Herrscherinsignie, deren Pendant allerdings nicht das Wiener Exemplar bildet, sondern der Reichsapfel der preußischen Kronjuwelen, genauer des für Friedrich I. angefertigten Grundstocks. Wie der mittelalterliche Prototyp in Wien besitzt die obere Kugelhälfte des preußischen Reichsapfels eine Fassung aus Edelsteinbändern. Die Kugel des Kuppelkreuzes hingegen wird von ihren wulstartigen Bändern gänzlich umschlossen, sodass auf der Kugel deutlich sichtbar eine zweite Kreuzform entsteht. Da das aufrecht stehende Kreuz unmittelbar darüber montiert wurde, tritt die Verdopplung prägnant vor Augen. Erinnert man sich daran, dass die Kugel des Reichsapfels seit dem 11. Jahrhundert die Welt symbolisiert und die Bänder die kreuzförmige, sich in alle vier Himmelsrichtungen erstreckende Umschließung des Kosmos darstellen, so wird eines klar: Die königliche Insignie auf der Kuppel manifestiert in aller Deutlichkeit den universellen Gültigkeitsanspruch des christlichen Kreuzes.

Zu allem Überfluss kommt noch eine weitere Problematik hinzu, denn die Bauherren – der Förderverein Berliner Schloss e.V. und die Stiftung Humboldt Forum im Berliner Schloss – hätten ihre Identifikation mit der christlichen Glorie des Kreuzes kaum deutlicher machen können als mit der Verwendung des Reichsapfels als „Zeitkapsel" („time capsule"). Er birgt eine Kupferkassette, deren Inhalt sich nur recht vage, doch anschaulich genug benennen lässt: Zeichnungen des Architekten des Humboldt Forums Frank Stella, eine tagesaktuelle Ausgabe der „Berliner Zeitung" – vermutlich vom 29. Mai 2020, dem Tag der Anbringung des Kuppelkreuzes –, eine Ausgabe des Extrablatts des Fördervereins sowie Unterlagen der Stiftung.[92] Sollte die Wahl des

Abb. 64: Berlin, Schloss/Humboldt Forum, Ansicht von Nordwesten

Reichsapfels für die institutionelle Gründungsgeschichte unbedacht erfolgt sein? Dann zeigte sich in der Einverleibung eine Fehleinschätzung jenes Herrschaftsanspruchs, der dem Kreuz zu eigen ist. Unwillentlich hätte man sich einem Zeichen eingeschrieben, dessen Bedeutungen erst in der öffentlichen Debatte zutage traten und immer wieder relativiert werden mussten. Eine bewusste Entscheidung für die Herrscherinsignie ließe die Beschwichtigungen zu Lippenbekenntnissen werden und käme einer politischen Aussage gleich. Indem man den Reichsapfel zum Ort des institutionellen Gedächtnisses machte, wurde er zur Schnittstelle zwischen Vergangenheit und Zukunft. Die Kupferkassette enthält mit den historischen Dokumenten die Geschichte des Forums, die sich in die Zukunft wendet. Möge man den Initiatoren des Wiederaufbaus gedenken, mögen die Ideale des Humboldt Forums Wirklichkeit werden. Doch dort oben, eingefügt in die Achse mit der Hofkapelle Friedrich Wilhelms IV., seiner Kuppelinschrift und dem Kreuz, verankert sich das Forum in einer Geschichte, die über die eigenen Anfänge hinausgeht. Überspitzt gesagt, verleiht es der restaurativen, christlich verbrämten Politik Friedrich Wilhelms IV. traditionsstiftende Anerkennung. Die Symbolik der Insignie bleibt wirksam: Im Inneren des Reichsapfels stellt sich das Forum – dem König gleich – unter den Schutz des Kreuzes, dessen es sich aber – wie der König auch – als würdig erweisen muss. Das Sendungsbewusstsein auf der Kuppel konterkariert unweigerlich jenes des Humboldt Forums, denn das Machtstreben des Christentums lässt sich mit einem Bekenntnis zur globalen Pluralität nicht vereinen. Das leuchtende Kuppelkreuz – mitsamt dem Reichsapfel, der Inschrift und der Hofkapelle – beschert dem Forum somit eine ungeahnte, nicht zu entwirrende Fülle an schwerwiegenden Problemen. Doch wo, wenn nicht hier, könnte es als Störfaktor kultureller Identität ernst genommen und vermittelt werden.

Schlusswort

Wo immer das Kreuz heute öffentlichkeitswirksam getragen, aufgerichtet oder abgenommen wird, sorgt es für Probleme. Es kommt zu einem Hin und Her, mal wird dort eine Deutung absolut gesetzt, mal hier beschwichtigt, selten klein beigegeben und häufig polemisiert. Der Bedeutungsüberschuss des Kreuzes hält die Debatte am Laufen und fordert zu Abwägungen und Eingeständnissen auf. Man sieht sich einem religiösen Gegenstand gegenüber, der nicht nur auf eine einzige Weise verstanden werden kann, sondern immer auch etwas anderes ist und sich der Kontrolle entzieht. Dieses Buch zeigt, wie frühchristlich und mittelalterlich manche Argumente sind – und sein müssen, da in der Zeit vom 1. bis zum 15. Jahrhundert wesentliche Deutungen des Kreuzes entwickelt wurden. Bereits die Verherrlicher des Kreuzes aus dem späten 16. Jahrhundert griffen auf die Argumente ihrer frühchristlichen Vorgänger zurück. Nach der Lektüre dieses Buches sind viele der in Giacomo Bosios „La trionfante e gloriosa Croce" von 1610 zitierten Verteidiger des Kreuzes, Theologen und historische Helden alte Bekannte. Der umfängliche, dicht gedruckte Text vermittelt den Eindruck, dass hier nochmals ein Fundament für die Kreuzverehrung gelegt wurde. Die Geschichte hörte damit bei Weitem nicht auf, vielmehr wurde das Ganze nur noch komplexer. Das Buch musste vieles auslassen. So fordern interreligiöse und interkulturelle Auseinandersetzungen das eigene Verständnis nicht erst heute heraus, sondern spielten von Beginn an eine Rolle. Nichtsdestoweniger soll dieses Buch erhellen, wie weit und zugleich eng das Feld der historischen Kreuzdeutungen abgesteckt ist, in dem wir uns noch heute bewegen. Die Bildwerke sollten dabei nicht unterschätzt werden, denn sie sind Hauptakteure der Geschichte des Kreuzes.

Ein Lieblingsstück unter den hier diskutierten Objekten auszuwählen, fällt schwer. Jedes von ihnen führt in eine eigene Welt und trägt zur Geschichte des Kreuzes bei. Form, Material, Bild und Inschrift verwandeln das recht simple, aus horizontalen und vertikalen Linien bestehende Todeswerkzeug in eine kosmische Figur, ein überwältigendes Symbol jeder Art von Sieg, ein Instrument der eigenen Pein oder kollektiven Machtbehauptung. Die Objekte machen aus dem Kreuz von Golgatha ein sinnstiftendes Zeichen, wenn auch nicht immer auf den ersten Blick. Dieses Buch soll auch eine Einladung sein, die Welt der mittelalterlichen Bildwerke weiter zu ergründen. Sie sind nicht nur von einer faszinierenden, ungewohnten Schönheit, sondern schaffen historische Kontinuitäten bis in die Gegenwart. Was wir als Kunstwerk einer fernen Zeit in den Museen oder Bibliotheken bestaunen, trägt noch immer zum Verständnis der Gegenwart bei.

Anhang

Anmerkungen

Die Bibel wird zitiert nach der Ausgabe Biblia sacra vulgata. Lateinisch-deutsch, hrsg. von Andreas Beriger, Widu-Wolfgang Ehlers und Michael Fieger, 5 Bde., Berlin/Boston 2018.

Die Übersetzungen und Transkriptionen stammen, sofern nicht anders angegeben, von der Autorin.

[1] Flavius Josephus, De bello Judaico. Der Jüdische Krieg. Griechisch und Deutsch, Bd. II: Buch IV–VII, hrsg. und mit einer Einl. sowie mit Anm. vers. von Otto Michel und Otto Bauernfeind, Darmstadt 1963, Buch 5, Kapitel 11, S. 181.

[2] Hier zitiert nach: Justus Lipsius, De Cruce Libri Tres. Ad sacram profanámque historiam utiles, Antwerpen: Johann Moretus, 1594, Buch 1, Kapitel 8–10, S. 15–24.

[3] Hrabanus Maurus, In honorem sanctae crucis, hrsg. von Michel Perrin, Turnhout 1997, Kreuzgedicht VII, S. 69. Übersetzung: Winfried Wilhelmy, Rabanus Maurus. Auf den Spuren eines karolingischen Gelehrten (Ausstellungskatalog), hrsg. von Hans-Jürgen Kotzur, Mainz 2006, S. 57.

[4] Hrabanus Maurus, hrsg. Perrin 1997 (wie Anm. 3), S. 221. Übersetzung: Wilhelmy 2006 (wie Anm. 3), S. 77.

[5] Michele C. Ferrari, Die Welt im Buch. Hrabanus Maurus und sein „Buch des Heiligen Kreuzes", in: Sonja Glauch (Hrsg.), Große Texte des Mittelalters. Erlanger Ringvorlesung 2003, Erlangen/Jena 2005, S. 9–33, hier S. 20.

[6] Gregor von Nyssa, Große Katechese [Oratio catechetica magna], in: Des heiligen Bischofs von Nyssa Schriften, aus dem Griech. übers., München 1927, S. 1–85, hier Kapitel 32, Absatz 2, S. 64.

[7] Hrabanus Maurus, hrsg. Perrin 1997 (wie Anm. 3), S. 73.

[8] Ebd., S. 71.

[9] Ebd.

[10] Platon, Timaios. Griechisch-deutsch, hrsg., übers., mit einer Einl. und mit Anm. vers. von Hans Günter Zekl, Hamburg 1992, Kapitel 36 b–c, S. 43.

[11] Ebd., Kapitel 34 b, S. 41.

[12] Rodulfus Glaber, Historiarum libri quinque ab anno incarnationis 900 usque ad a. 1044, hrsg. von G. Waitz, in: Monumenta Germaniae Historica. Scriptores, Bd. 7, Hannover 1846, S. 51–72, hier S. 59.

[13] Justin, Apologien, übers. und erklärt von Jörg Ulrich, Freiburg/Basel/Wien 2019, Kapitel 55.1–4, S. 430.

[14] Hildegard von Bingen, Liber divinorum operum, hrsg. von A. Derolez und P. Dronke, Turnhout 1996, Teil 1, Vision 2, S. 60–61. Übersetzung: Hildegard von Bingen, Das Buch vom Wirken Gottes. Liber divinorum operum. Neuübers. aus dem Lat. von Mechthild Heieck, 3. Aufl., Beuron 2021 [2012], Teil 1, Vision 2, S. 34.

[15] Tertullian, Vom Kranze des Soldaten [De corona militis], übers. und mit Einl. vers. von K. A. Heinrich Kellner, durchges. und hrsg. von Gerhard Esser, in: Ders., Ausgewählte Schriften ins Deutsche übersetzt, Bd. 2: Apologetische, dogmatische und montanistische Schriften, Kempten/München 1915, S. 230–263, hier Kapitel 3, S. 237.

[16] Übersetzung in Anlehnung an: Laktanz, De mortibus persecutorum. Die Todesarten der Verfolger, übers. und eingel. von Alfons Städele, Turnhout 2003, Kapitel 44.5, S. 201/203. Am Schluss heißt es: „Christum in scutis notat."

[17] Eusebius von Caesarea, De Vita Constantini. Über das Leben Konstantins, eingel. von Bruno Bleckmann, übers. und komment. von Horst Schneider, Turnhout 2007, Buch 1, Kapitel 28.2, S. 183.

[18] Ebd., Buch 1, Kapitel 29, S. 185.

[19] Ebd., Buch 1, Kapitel 32.2, S. 187/189.

[20] Ebd., Buch 1, Kapitel 31.1, S. 185.

[21] Tertullian, Apologeticum. Verteidigung des christlichen Glaubens, eingel. und übers. von Tobias Georges, Freiburg/Basel/Wien 2015, Kapitel 16.8, S. 141.

[22] Eusebius, übers. Schneider 2007 (wie Anm. 17), Buch 1, Kapitel 31.1, S. 185/187.

[23] Ebd., Buch 2, Kapitel 9.2, S. 237.

[24] Michael Eissenhauer (Hrsg.), Gemäldegalerie. 200 Meisterwerke der Europäischen Malerei, Berlin/Leipzig 2019, S. 54–57, hier S. 54 (Svea Janzen).

[25] Justin, Dialog mit dem Juden Tryphon [Dialogus cum Tryphone Judaeo], aus dem Griech. übers. und mit einer Einl. vers. von Philipp Haeuser, Kempten/München 1917, Kapitel 90.4, S. 149–150.

[26] Eusebius, übers. Schneider 2007 (wie Anm. 17), Buch 1, Kapitel 30–31.2, S. 185/187.

[27] Ebd., Buch 3, Kapitel 49, S. 371.

[28] Breviarius de Hierosolyma, hrsg. von Robert Weber, in: Itineraria et alia Geographica, Turnhout 1965, 2 Bde., hier Bd. 1, S. 109–112, hier Kapitel 2, S. 110. Übersetzung: Herbert Donner, Pilgerfahrt ins Heilige Land. Die ältesten Berichte christlicher Palästinapilger (4.–7. Jahrhundert), 2., durchges. und erg. Auflage, Stuttgart 2002, S. 221.

[29] Jerome's Epitaph on Paula. A Commentary on the „Epitaphium Sanctae Paulae", hrsg., eingel. und übers. von Andrew Cain, Oxford 2013, Kapitel 12.1, S. 58–59.

[30] Übersetzung in Anlehnung an: Beat Wolf, Jerusalem und Rom. Mitte, Nabel – Zentrum, Haupt. Die Metaphern „Umbilicus mundi" und „Caput mun-

di" in den Weltbildern der Antike und des Abendlands bis in die Zeit der Ebstorfer Weltkarte, Bern u. a. 2010, S. 328–329.

[31] Des Heiligen Cyrillus Bischofs von Jerusalem Katechesen [Procatechesis et Catecheses ad illuminandos], aus dem Griech. übers. und mit einer Einl. vers. von Philipp Haeuser, München/Kempten 1922, Katechese an die Täuflinge 13.28, S. 224.

[32] Eusebius, übers. Schneider 2007 (wie Anm. 17), Buch 3, Kapitel 28, S. 349.

[33] Itinerarium Burdigalense, hrsg. von P. Geyer und O. Cuntz, in: Itineraria et alia Geographica, Turnhout 1965, 2 Bde., hier Bd. 1, S. 1–26, hier S. 18. Übersetzung: Donner 2002 (wie Anm. 28), S. 57–58.

[34] Virgilio C. Corbo, Il Santo Sepolcro di Gerusalemme. Aspetti archeologici dalle origini al periodo crociato, 3 Bde., Jerusalem 1981.

[35] Kyrill, übers. Haeuser 1922 (wie Anm. 31), 13.22, S. 220.

[36] Ebd., 13.39, S. 232–233.

[37] Anonymer Pilger aus Piacenza, Itinerarium, hrsg. von P. Geyer, in: Itineraria et alia Geographica, Turnhout 1965, 2 Bde., hier Bd. 1, S. 127–153, hier Kapitel 19, S. 138. Übersetzung: Donner 2002 (wie Anm. 28), S. 261.

[38] Breviarius de Hierosolyma, hrsg. Weber 1965 (wie Anm. 28), Kapitel 1, S. 109–110.

[39] Theodosius, De situ Terrae Sanctae, hrsg. von P. Geyer, in: Itineraria et alia Geographica, Turnhout 1965, 2 Bde., hier Bd. 1, S. 113–125, hier Kapitel 7, S. 117–118. Übersetzung: Donner 2002 (wie Anm. 28), S. 196–197.

[40] Adomnan, De locis sanctis libri tres, hrsg. von L. Bieler, in: Itineraria et alia Geographica, Turnhout 1965, 2 Bde., hier Bd. 1, S. 177–234, hier Kapitel 5.1, S. 190. Übersetzung: Donner 2002 (wie Anm. 28), S. 324.

[41] Ebd.

[42] Jen-Marc Prieur, Das Kreuz in der christlichen Literatur der Antike, dt. Übers. von Ellen Pagnamenta, Bern u. a. 2006, Nr. 209, S. 174–175.

[43] Pseudo-Tertullian, Das „Carmen adversus Marcionitas", Einl., Text, Übers. und Kommentar von Karla Pollmann, Göttingen 1991, Buch 2.196–199, S. 81.

[44] Kyrill, übers. Haeuser 1922 (wie Anm. 31), 4.10, S. 67.

[45] Paulinus von Nola, Epistulae. Briefe, Teilband 2, übers. und eingel. von Matthias Skeb, Freiburg u. a. 1998, Brief 31.1, S. 731.

[46] Ebd., Brief 31.6, S. 743/745.

[47] Eusebius, übers. Schneider 2007 (wie Anm. 17), Buch 3, Kapitel 30.1, S. 351.

[48] Paulinus von Nola, übers. Skeb 1998 (wie Anm. 45), Brief 31.2, S. 731.

[49] Ebd., S. 733.

[50] Egeria, Itinerarium. Reisebericht, eingel. und übers. von Georg Röwekamp, Neuausg. der 3., völlig neu bearb. Auflage 1995/2000, Freiburg/Basel/Wien 2017, Kapitel 46.1 und 4, S. 271/273.

[51] Ebd., Kapitel 37.1–3, S. 249/251.

[52] Paulinus von Nola, übers. Skeb 1992 (wie Anm. 45), Brief 31.6, S. 743.

[53] Stefan Heid, Der Ursprung der Helenalegende im Pilgerbetrieb Jerusalems, in: Jahrbuch für Antike und Christentum, 32, 1989, S. 41–71, hier S. 47.

[54] Breviarius de Hierosolyma, hrsg. Weber 1965 (wie Anm. 28), Kapitel 1, S. 109. Übersetzung: Donner 2002 (wie Anm. 28), S. 219.

[55] Gregor von Nyssa, Lebensbeschreibung seiner Schwester Makrina [Vita Macrinae], in: Des heiligen Bischofs Gregor von Nyssa Schriften, aus dem Griech. übers., München 1927, S. 337–368, hier Kapitel 27, S. 361–362.

[56] Treasures of Heaven. Saints, Relics, and Devotion in Medieval Europe (Ausstellungskatalog), hrsg. von Martina Bagnoli u. a., New Haven/London 2010, Kat.-Nr. 77, S. 174 (Martina Bagnoli).

[57] Ebd.

[58] Wilhelm von Tyros, Chronique, hrsg. von R. B. C. Huygens, Turnhout 1986, Buch 9, Kapitel 4, S. 425.

[59] Alle Transkriptionen aus: Elizabeth C. Parker und Charles T. Little, The Cloisters Cross. Its Art and Meaning, London 1994.

[60] Justin, übers. Haeuser 1917 (wie Anm. 25), Kapitel 112.1–2, S. 180–181.

[61] Thomas P. F. Hoving und James J. Rorimer, The Bury St. Edmunds Cross, in: The Metropolitan Museum of Art Bulletin, 22, 1, 1964, S. 317–340, hier S. 338.

[62] Eva Haverkamp (Hrsg.), Hebräische Berichte über die Judenverfolgungen während des Ersten Kreuzzugs, Hannover 2005, S. 248/250 (Salomo bar Simson, Chronik, Prolog).

[63] Matthew Paris, Historia Anglorum, Bd. 2: A.D. 1189–1245, hrsg. von Frederic Madden, London 1866, S. 254.

[64] Jacobus de Voragine, Legenda aurea. Goldene Legende, Einl., Ed., Übers. und Kommentar von Bruno W. Häuptli, Freiburg/Basel/Wien 2014, 2 Bde., hier Bd. 1, S. 941.

[65] Irenäus von Lyon, Epideixis. Darlegung der apostolischen Verkündigung, in: Ders., Epideixis. Adversus Haereses. Darlegung der apostolischen Verkündigung. Gegen die Häresien, übers. und eingel. von Norbert Brox, Freiburg u. a. 1993, S. 32–97, hier Epid. 34, S. 56.

[66] Ders., Adversus Haereses. Gegen die Häresien, Teilband 5, übers. und eingel. von Norbert Brox, Freiburg u. a. 2001, Buch 5, Kapitel 17.3, S. 143.

[67] Jacobus de Voragine, übers. Häuptli 2014 (wie Anm. 64), Bd. 1, S. 941.

[68] Ebd., S. 943.

[69] Ebd., S. 953.

[70] Ebd.

[71] Ebd., S. 955.

[72] Gilbert Crispin, Disputatio iudaei et christiani, in: ders., Disputatio iudaei et christiani. Disputatio christiani cum gentili de fide Christi. Religionsgespräche mit einem Juden und einem Heiden, Lateinisch–Deutsch, übers. und eingel. von Karl Werner Wilhelm und Gerhard Wilhelmi, Freiburg/Basel/Wien 2005, S. 32–135, hier S. 81.

[73] Volker Honemann, Die „Kreuztragende Minne". Zur Dialogizität eines spätmittelhochdeutschen geistlichen Gedichtes, in: Susanne Beckmann, Peter-

Paul König und Georg Wolf (Hrsg.), Sprachspiel und Bedeutung. Festschrift für Franz Hundsnurscher, Berlin 2000, S. 471–480, hier S. 472.

[74] Fulcher von Chartres, Historia Hierosolymitana (1095–1127), mit Erläuterungen und einem Anhange hrsg. von Heinrich Hagenmeyer, Heidelberg 1913, Buch 1, Kapitel 4.4, S. 140–141.

[75] Balderich von Dol, Historia Jerosolimitana, in: Recueil des historiens des croisades. Historiens occidentaux, Bd. 4, Paris 1879, S. 5–111, hier S. 16.

[76] Fulcher von Chartres, hrsg. Hagenmeyer 1913 (wie Anm. 74), S. 135, Anm. 21.

[77] Ricoldus de Monte Crucis, Pérégrination en Terre Sainte et au Proche Orient. Lettres sur la chute de Saint-Jean d'Acre, hrsg. und übers. von René Kappler, Paris 1997.

[78] Randall Herz, Die „Reise ins Gelobte Land" Hans Tuchers des Älteren (1479–1480). Untersuchungen zur Überlieferung und kritische Edition eines spätmittelalterlichen Reiseberichts, Wiesbaden 2002, S. 414–415.

[79] Randall Herz, Briefe Hans Tuchers d. Ä. aus dem Heiligen Land und andere Aufzeichnungen, in: Mitteilungen des Vereins für Geschichte der Stadt Nürnberg, 84, 1997, S. 61–92, hier S. 78.

[80] Alle Transkriptionen aus: Frank Matthias Kammel (Hrsg.), Adam Kraft. Der Kreuzweg (Ausstellungskatalog), Nürnberg 2018.

[81] Felix Fabri, Die Sionpilger, hrsg. von Wieland Carls, Berlin 1999, S. 131.

[82] Nikolaus Wanckel, Die geystlich straß, Nürnberg: Jobst Gutknecht, 1521, S. (4).

[83] Ebd., S. (1).

[84] Herz 2002 (wie Anm. 78), S. 414–415.

[85] Ebd., S. 415–416.

[86] Hier zitiert nach: Leonardo da Porto Maurizio, Via Sacra spianata, ed illuminata, Rom 1739, S. 44–45. Übersetzung in Anlehnung an: Ders., Kreuzwegandacht des seligen Leonard v. Porto Maurizio, ins Deutsche übertragen und mit einem kurzen Unterrichte versehen von Alois Rolfs, 3. Aufl., Münster 1869, S. 41–42.

[87] Martin Luther, Werke. Kritische Gesamtausgabe/Weimarer Ausgabe, Teil 1, Bd. 10, Abt. 3, Weimar 1905, Nr. 49, S. 332–341, hier S. 335.

[88] Giacomo Bosio, La trionfante e gloriosa Croce, Rom 1610, S. 754.

[89] Michael Wolffsohn, Kirchen-Sensation. Kardinal und Bischof verzichten aufs Kreuz, in: Bild, 3.11.2016. URL: https://www.bild.de/politik/inland/kardinal/kardinal-und-bischof-verzichten-aufs-kreuz-48564234.bild.html [9.8.2022].

[90] „Aus Respekt abgelegt". Warum Kardinal und Bischof ihre Kreuze am Tempelberg ablegten. Interview von Hilde Regeniter mit Michael Doll, domradio. de, 4.11.2016. URL: https://www.domradio.de/artikel/warum-kardinal-und-bischof-ihre-kreuze-am-tempelberg-ablegten [9.8.2022].

[91] Malte Lehming, Das gottverlassene Kreuz der Bayern, in: Der Tagesspiegel, 1.6.2018. URL: https://www.tagesspiegel.de/politik/soeders-erlass-das-gott verlassene-kreuz-der-bayern/22634764.html [9.8.2022].

[92] Ich danke Dr. Laura Goldenbaum, Wissenschaftliche Referentin am Humboldt Forum, sehr herzlich für ihre Auskünfte. Auch der Förderverein konnte leider keine genaueren Angaben machen. In einem Interview äußerte sich Wilhelm von Boddien, Gründer des Vereins, bis 2004 dessen Erster Vorsitzender und seit 2004 Geschäftsführer, am 25.5.2020 wie folgt: „Nach meiner Kenntnis werden Baupläne, Münzen, eine Tageszeitung sowie unser „Berliner Extrablatt" vom Spätsommer 2002 eingebracht werden. Dieses enthielt damals eine komprimierte Geschichte des Schlosses, den Bericht über die entscheidende Bundestagsdebatte vom 4. Juli 2002 und einem [sic] Ausblick auf die Aufgaben des kommenden Humboldt Forums im Berliner Schloss." URL: https://www.humboldtforum.org/de/magazin/artikel/ein-zeichen-der-versoeh nung/?dossier=1 [8.8.2022].

Literaturempfehlungen

Bitte beachten Sie auch die in den Anmerkungen genannte Literatur.

Allgemein

Stefan Heid, Vexillum crucis. Das Kreuz als Religions-, Missions- und Imperialsymbol in der frühen Kirche, in: Rivista di archeologia cristiana, 78, 2002, S. 191–260.

Robin M. Jensen, The Cross. History, Art, and Controversy, Cambridge, MA/ London 2017.

Kreuz und Kruzifix. Zeichen und Bild (Ausstellungskatalog), Red. Sylvia Hahn, Carmen Roll und Peter B. Steiner, Lindenberg im Allgäu 2005.

SIGNVM SALVTIS. Cruces de orfebrería de los siglos V al XII, Oviedo 2008 (sehr schöner Bildband mit den Goldschmiedekreuzen des 5. bis 12. Jahrhunderts).

Jeffrey Spier (Hrsg.), Picturing the Bible. The Earliest Christian Art (Ausstellungskatalog), New Haven/London 2007.

Kapitel 1
Hohn und Spott: Die Schmach des Kreuzes

Erich Dinkler, Signum crucis. Aufsätze zum Neuen Testament und zur Christlichen Archäologie, Tübingen 1967.

Felicity Harley-McGowan, The Maskell Passion Ivories and Greco-Roman Art. Notes on the Iconography of Crucifixion, in: Juliet Mullins, Jenifer Ní Ghrádaigh und Richard Hawtree (Hrsg.), Envisioning Christ on the Cross. Ireland and the Early Medieval West, Dublin 2013, S. 13–33.

Bernd Mohnhaupt, Beziehungsgeflechte. Typologische Kunst des Mittelalters, Bern u. a. 2000.

Friedrich Ohly, Typologie als Denkform der Geschichtsbetrachtung [1983], in: ders., Ausgewählte und neue Schriften zur Literaturgeschichte und zur Bedeutungsforschung, hrsg. von Uwe Ruberg und Dietmar Peil, Stuttgart/Leipzig 1995, S. 445–472.

Gerhard Schmidt, Die Armenbibeln des XIV. Jahrhunderts, Graz/Köln 1959.

Hanna Wimmer, Malena Ratzke und Bruno Reudenbach (Hrsg.), Studien zur Biblia pauperum, Wien 2016.

Kapitel 2
Kosmos: Das Kreuz und die Beschaffenheit der Welt

Ulrich Ernst, Carmen figuratum. Geschichte des Figurengedichts von den antiken Ursprüngen bis zum Ausgang des Mittelalters, Köln/Weimar/Wien 1991.

Stefan Heid, Kreuz – Jerusalem – Kosmos. Aspekte frühchristlicher Staurologie, Münster 2001.

David C. Lindberg, Von Babylon bis Bestiarium. Die Anfänge des abendländischen Wissens, aus dem Amerik. von Bettina Obrecht, Stuttgart 1994 [Originalausgabe Chicago 1992].

Lukas Madersbacher, Der Reichsapfel. Genese und Bedeutungswandel eines Siegessymbols, in: Michaela Fahlenbock, Lukas Madersbacher und Ingo Schneider (Hrsg.), Inszenierung des Sieges – Sieg der Inszenierung. Interdisziplinäre Perspektiven, Innsbruck/Wien/Bozen 2011, S. 129–142.

Winfried Wilhelmy, Rabanus Maurus. Auf den Spuren eines karolingischen Gelehrten (Ausstellungskatalog), hrsg. von Hans-Jürgen Kotzur, Mainz 2006.

Kapitel 3
Sieg: Der Triumphzug des Kreuzes

Alexander Demandt und Josef Engemann (Hrsg.), Konstantin der Große. Imperator Caesar Flavius Constantinus (Ausstellungskatalog), Mainz 2007.

Alexander Demandt und Josef Engemann (Hrsg.), Konstantin der Große. Geschichte, Archäologie, Rezeption. Internationales Kolloquium vom 10.–15. Oktober 2005 an der Universität Trier, Trier 2006.

Erika Dinkler-von Schubert, CTAYPOC. Vom ‚Wort zum Kreuz' (1 Kor 1,18) zum Kreuz-Symbol, in: Christopher Moss und Katherine Kiefer (Hrsg.), Byzantine East, Latin West. Art-Historical Studies in Honor of Kurt Weitzmann, Princeton 1995, S. 29–39.

Gertrud Schiller, Ikonographie der christlichen Kunst, Bd. 3: Die Auferstehung und Erhöhung Christi, 2., durchges. Aufl., Gütersloh 1986.

Jeffrey Spier, Late Antique and Early Christian Gems, 2., überarb. Aufl., Wiesbaden 2013.

Kapitel 4
Pracht: Das überirdische Kreuz

Matteo Braconi, Il mosaico del catino absidiale di S. Pudenziana. La storia, i restauri, le interpretazioni, Todi 2016 (sehr gute Abbildungen sowie Tafeln zu den Restaurierungen).

Friedrich Wilhelm Deichmann, Ravenna. Hauptstadt des spätantiken Abendlandes, 3 Bde., 6 Teilbände, Wiesbaden/Stuttgart 1969–1989.

Richard Gameson (Hrsg.), The Lindisfarne Gospels. New Perspectives, Leiden/Boston 2017.

David Ganz, Buch-Gewänder. Prachteinbände im Mittelalter, Berlin 2015.

SIGNVM SALVTIS, s. oben „Allgemein".

Rotraut Wisskirchen, Zum Gerichtsaspekt im Apsismosaik von S. Pudenziana/Rom, in: Jahrbuch für Antike und Christentum, 41, 1998, S. 178–192.

Kapitel 5
Golgatha: Der Ort des Kreuzes

Ingrid Baumgärtner, Erzählungen kartieren. Jerusalem in mittelalterlichen Kartenräumen, in: Sonja Glauch, Susanne Köbele und Uta Störmer-Caysa, Projektion – Reflexion – Ferne. Räumliche Vorstellungen und Denkfiguren im Mittelalter, Berlin/Boston 2011, S. 193–223.

Jürgen Krüger, Die Grabeskirche zu Jerusalem. Geschichte – Gestalt – Bedeutung, Regensburg 2000.

Max Küchler, Jerusalem. Ein Handbuch und Studienreiseführer zur Heiligen Stadt, 2., vollst. überarb. Aufl., Göttingen 2014.

Marcia Kupfer, The Jerusalem Effect. Rethinking the Centre in Medieval World Maps, in: Bianca Kühnel, Galit Noga-Banai und Hanna Vorholt (Hrsg.), Visual Constructs of Jerusalem, Turnhout 2014, S. 353–365.

Thomas O'Loughlin, Adomnán's Plans in the Context of His Imagining „The Most Famous City", in: Lucy Donkin und Hanna Vorholt (Hrsg.): Imagining Jerusalem in the Medieval West, Oxford 2012, S. 15–40.

Yamit Rachman-Schrire, The Rock of Golgotha in Jerusalem and Western Imagination, in: Hans Aurenhammer und Daniela Bohde (Hrsg.): Räume der Passion. Raumvisionen, Erinnerungsorte und Topographien des Leidens Christi in Mittelalter und Früher Neuzeit, Bern 2015, S. 29–48.

Bruno Reudenbach, Golgatha – Etablierung, Transfer und Transformation. Der Kreuzigungsort im frühen Christentum und im Mittelalter, in: Hans Aurenhammer und Daniela Bohde (Hrsg.), Räume der Passion. Raumvisionen, Erinnerungsorte und Topographien des Leidens Christi in Mittelalter und Früher Neuzeit, Bern 2015, S. 13–28.

Kapitel 6
Echtes Holz: Kreuzreliquien

Barbara Baert, A Heritage of Holy Wood. The Legend of the True Cross in Text and Image, Leiden 2004.

Stefan Heid, Der Ursprung der Helenalegende im Pilgerbetrieb Jerusalems, in: Jahrbuch für Antike und Christentum, 32, 1989, S. 41–71.

Holger A. Klein, Byzanz, der Westen und das „wahre" Kreuz. Die Geschichte einer Reliquie und ihrer künstlerischen Fassung in Byzanz und im Abendland, Wiesbaden 2004.

Bruno Reudenbach und Gia Toussaint (Hrsg.), Reliquiare im Mittelalter, 2., durchges. Auflage, Berlin 2011.

Gia Toussaint, Kreuz und Knochen. Reliquien zur Zeit der Kreuzzüge, Berlin 2011.

Kapitel 7
Gegen die Juden: Erniedrigungen durch das Kreuz

Stephan Borgehammar, How the Holy Cross Was Found. From Event to Medieval Legend, Stockholm 1991.

Elizabeth C. Parker und Charles T. Little, The Cloisters Cross. Its Art and Meaning, London 1994.

Heinz Schreckenberg, Die christlichen Adversus-Judaeos-Texte und ihr literarisches und historisches Umfeld (1.–11. Jh.), 4., überarb. und ergänz. Aufl., Frankfurt am Main 1999.

Heinz Schreckenberg, Die christlichen Adversus-Judaeos-Texte (11.–13. Jh.). Mit einer Ikonographie des Judenthemas bis zum 4. Laterankonzil, 3., ergänz. Aufl., Frankfurt am Main 1997.

Michael A. Signer und John Van Engen (Hrsg.), Jews and Christians in Twelfth-Century Europe, Notre Dame 2001.

SIGNA TAV. Grubenschmelzplatte eines typologischen Kreuzes, von Dietrich Kötzsche u. a., Ostfildern 2000.

Kapitel 8
Kreuztragung: Die Bürde des Kreuzes

William L. Barcham, Giandomenico Tiepolo's „Via Crucis" in San Polo. Its Devotional Foundations and Artistic Preparation, in: Gabriele Matino und Dorit Raines (Hrsg.), La chiesa e la parrocchia di San Polo. Spazio religioso e spazio pubblico, Rom 2020, S. 285–299.

Frank Matthias Kammel (Hrsg.), Adam Kraft. Der Kreuzweg (Ausstellungskatalog), Nürnberg 2018.

Krone und Schleier. Kunst aus mittelalterlichen Frauenklöstern (Ausstellungskatalog), München 2005.

Hans Eberhard Mayer, Geschichte der Kreuzzüge, 10., überarb. und erw. Aufl., Stuttgart 2005.

Gertrud Schiller, Ikonographie der christlichen Kunst, Bd. 2: Die Passion Jesu Christi, 2., durchges. Aufl., Gütersloh 1983.

Kapitel 9
Das katholische Kreuz: Verehrung und Verherrlichung

Carla Heussler, De cruce Christi. Kreuzauffindung und Kreuzerhöhung. Funktionswandel und Historisierung in nachtridentinischer Zeit, Paderborn/München 2006.

Rüdiger Klessmann, Im Detail die Welt entdecken. Adam Elsheimer 1578–1610 (Ausstellungskatalog), Wolfratshausen 2006.

Katja Richter, Der Triumph des Kreuzes. Kunst und Konfession im letzten Viertel des 16. Jahrhunderts, München/Berlin 2009.

Giuseppe Scavizzi, The Controversy on Images from Calvin to Baronius, New York 1992.

Norbert Schnitzler, Ikonoklasmus – Bildersturm. Theologischer Bilderstreit und ikonoklastisches Handeln während des 15. und 16. Jahrhunderts, München 1996.

Namensregister

Bildnachweis

S. 117: © The Morgan Library & Museum. MS M.1. Purchased by J. Pierpont Morgan (1837–1913) in 1901

S. 120: © ÖNB/Wien, Cod. 387, fol. 134r

S. 124: © Album / British Library / Alamy Stock Photo

S. 125: © Lichfield Cathedral

S. 130: © The Picture Art Collection / Alamy Stock Photo

S. 140 und 154: © Virgilio Canio Corbo; mit freundlicher Genehmigung des Studium Biblicum Franciscanum Photographic Archive. Jegliche Form der Vervielfältigung ist untersagt

S. 147: © Adamnan, Saint, Approximately 625–704 Author, Saint Augustine, Senator Cassiodorus, and Venantius Honorius Clementianus Fortunatus. „De Locis Sanctis" by Saint Adamnan, Together with Extracts from „De Virginitate" by Venantius, and Pages from Saint Augustine of Hippo, Senator Cassiodorus, and Others. [Place of Publication Not ldentified: Publisher Not ldentified, 700 to 899, 0700] Pdf. https://www.loc.gov/item/2021668238/

S. 152: © Kath. Kirchengemeinde St. Servatius, Siegburg; Foto: Matz & Schenk, Köln

S. 155: © Eddie Gerald / Alamy Stock Foto

S. 158 und 160: © Stephan Kube, SQB

S. 176: © Stauroteca bizantina Museo Dioceano di Monopoli – Bari – Italia; DAL TESORO DELLA CONCATTEDRALE DI MONOPOLI

S. 185: © Landesamt für Denkmalpflege und Archäologie Sachsen-Anhalt, Juraj Lipták

S. 188, 190, 193 und 201: © bpk / The Metropolitan Museum of Art

S. 208: © akg-images / British Library

S. 216: © bpk / Kunstgewerbemuseum, SMB

S. 218: Details: jew. © bpk / Kunstgewerbemuseum, SMB

S. 235: © Bibliothèque nationale de France

S. 238: © Kreuzwegstation Adam Kraft Inv.-Nr. Pl.O.1818, Germanisches Nationalmuseum, Nürnberg

S. 239: © Foto Joh. Hahn, Germanisches Nationalmuseum, Nürnberg

S. 246, 247, 250 und 251: © akg-images / Cameraphoto

S. 256: © mauritius images / Signal Photos / Alamy / Alamy Stock Photos – mauritius_images_2A2FT13.jpg

S. 259: © mauritius images / ART Collection / Alamy / Alamy Stock Photos – mauritius_images_HKRG83.jpg

S. 267: © Bayerische Staatsbibliothek München

S. 272: © picture alliance / dpa | Corinna Kern

S. 277: © picture alliance / Peter Kneffel / dpa | Peter Kneffel

S. 280: © IMAGO / Dirk Sattler

S. 283: © picture alliance / Bildagentur-online/Joko | Bildagentur-online/Joko